山东出版集团重点图书

江河万古流

——中华文明何以生生不息

武斌 著

山东人民出版社·济南

国家一级出版社 全国百佳图书出版单位

图书在版编目（CIP）数据

江河万古流：中华文明何以生生不息 / 武斌著 .
-- 济南：山东人民出版社，2024.7. -- ISBN 978-
7-209-14460-5

Ⅰ . K203

中国国家版本馆CIP数据核字第2024QX4258号

江河万古流——中华文明何以生生不息
JIANGHE WANGU LIU——ZHONGHUA WENMING HEYI SHENGSHENG-BUXI

武　斌　著

主管单位　山东出版传媒股份有限公司
出版发行　山东人民出版社
出 版 人　胡长青
社　　址　济南市市中区舜耕路517号
邮　　编　250003
电　　话　总编室（0531）82098914
　　　　　市场部（0531）82098027
网　　址　http://www.sd-book.com.cn
印　　装　山东临沂新华印刷物流集团有限责任公司
经　　销　新华书店

规　　格　16开（169mm×239mm）
印　　张　20.75
字　　数　310千字
版　　次　2024年7月第1版
印　　次　2024年7月第1次
ISBN 978-7-209-14460-5
定　　价　68.00元
　　　　　如有印装质量问题，请与出版社总编室联系调换。

新石器时期人面鱼纹彩陶盘

良渚文化的石器

商龟甲卜辞

西周墙盘铭文

〔清〕欧爵臣《孔子像》

曾侯乙墓出土的编钟

秦兵马俑一号铜马车

敦煌阳关的丝绸之路遗址纪念碑

莫高窟第23窟壁画《耕作图》

唐墓壁画《宫女图》(局部)

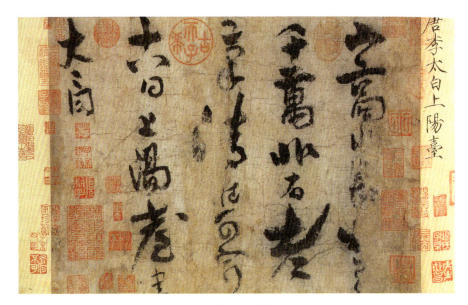

〔唐〕李白《上阳台帖》手迹

辽墓壁画《备茶图》

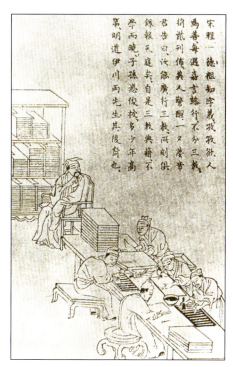

宋代的印书作坊

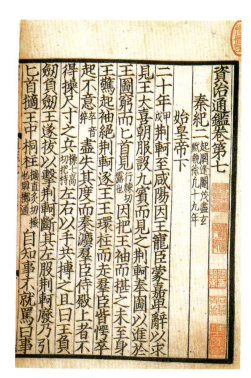

南宋刻本《资治通鉴》

〔清〕徐扬《姑苏繁华图》(局部)

前　言

　　中华文明是伟大的文明。中华文明的发展经历了一个伟大的、波澜壮阔的历程。

　　中华文明诞生于欧亚大陆的东部。这是一片广袤的大地，也是一片古老的大地。我们的先民，从远古走来，创榛辟莽，筚路蓝缕，开启了中华民族灿烂文明的先河。

　　东亚这片古老的大陆，地貌环境复杂，生物多样。不同的地理和自然环境，形成了不同的生产方式、生活方式，形成了不同的民族文化和民族精神。多样性和多元性是中华文明的基本特征。而多样性和多元性，最后都如条条溪流，汇入中华文明的大江大河，使得中华文明有了丰富多彩、辉煌壮丽的图景。

　　中华文明的历史是非常悠久的，早在五千多年前，我们的祖先就创造了最初的文化形态，成为世界上主要文明发源地之一。作为四大文明古国之一，中华民族所创造的文明形态，如万古江河，川流不息，成为唯一不曾间断并且始终蓬勃发展的文明。

文化是有生命的，文化的生命力是强大的。文化的生命力，就是人类文明的生命力，是文化的精神力量。中华文明源远流长、生生不息，具有严密的内在逻辑，展现出强大的生命力，也展现出强大的精神力量。

中华文化的精神力量，并不是一个概念或口号，而是很具体的，是在千百年来文化实践中不断积累和锻造的，是中华民族的集体精神气质和面貌。在漫长的历史进程中形成的生产方式和生活方式，独具特色的礼俗文化，具有东方神韵和气质的艺术，以孔子儒家学说为主体的哲学思想，都是这种精神气质的表现，它们共同塑造了中华民族的精神面貌。张岱年先生认为，儒家所倡导的"自强不息，厚德载物"，构成了中华民族共同心理的核心内容。他说："自强不息涵蕴着主体性的自觉。厚德载物显示着以和为贵的兼容精神。"[1]张岱年先生的这个论断，为我们把握中华文化精神提供了一个基本的思路。从大历史来看，"自强不息，厚德载物"是中华民族的核心精神，也是中华文化自身发展和不断创新的动力。

在漫长的历史发展中，中华文明形成了自己的突出特性，具有连续性、创新性、统一性、包容性与和平性。中华文明是世界上唯一绵延不断且以国家形态发展至今的伟大文明。这充分证明了中华文明具有自我发展、回应挑战、开创新局的文化主体性与旺盛生命力。中华文明是革故鼎新、辉光日新的文明。中华民族始终以"苟日新，日日新，又日新"的精神不断创造着自己的物质文明、精神

---

[1] 张岱年著：《文化论》，河北教育出版社1996年版，第68页。

文明和政治文明。中华文明长期的大一统传统，形成了多元一体、团结集中的统一性。中华文明从来不用单一文化代替多元文化，而是由多元文化汇聚成共同文化，从而化解冲突、凝聚共识。和平、和睦、和谐是中华文明五千多年来一直传承的理念，该理念主张以道德秩序构造一个群己合一的世界，在人己关系中以他人为重。这些文化特性是中华文明的本质反映，也是中华文明生生不息、持续发展的重要推动力量。

中华文明源远流长、博大精深。历史上，中国人所进行的文明创造是相当辉煌、相当壮观的。中国人的文化创造，无论是在器物文化层面还是在制度文化层面和精神文化层面，都取得了令人惊叹的巨大成就，是世界文化宝库中一个极为重要的组成部分，成为世界文明发展史上的主要源流之一。古代中国人不仅创造了发达的科技文化和物质文化，而且在哲学、艺术、文学、政治等许多领域取得了辉煌成就。

中华文明不仅具有强大的生命力，也具有强大的创新能力。"周虽旧邦，其命维新"，中华文明的发展历史，一方面是一脉相承的，另一方面是不断出新的。所以，我们才会看到一幅波澜壮阔、日新月异的精彩历史图景。创新是中华文明生生不息的源泉和动力。中华文明的创造性、创新性，使得中华文明如滔滔江水、奔流不息，永葆旺盛的生命活力，不断创造着中华文明辉煌灿烂、色彩斑斓、大气恢宏的发展史。

文化的创新发展，是我们的前辈先贤文化智慧的结晶，是世世代代中华儿女辛勤劳动的成果。创新不仅表现为对原有文化成果的继承、发展和超越，还表现为对外来文化的吸收和借鉴。中华文明具有全面开放的广阔胸襟和兼容世界文明的恢宏气度，与世界其他各国、各民族进行了范围广泛的交通往来。中华文明不是在自我封闭中而是在与世界各民族文化的广泛交流中成长的，因此才有了中华文明的博大精深、源远流长，才有了中华文明的生生不息、持续发展。横贯亚欧大陆的丝绸之路，为各民族、各文化之间的交往和交流提供了巨大的载体。通过丝绸之路，中国走向了世界，世界走近了中国。

通过丝绸之路，中华文明就不仅仅属于中国，而且属于世界，成为世界文明的组成部分，并且是其中很重要的、举足轻重的组成部分。长期以来，中华文明在世界文化总体格局中处于领先地位。从公元前后至19世纪中叶的将近两千年间，中国的经济总量在世界经济总量中一直占有大部分，在经济和科学技术上一直是推动世界发展的最重要力量。中华文明的先进性不仅仅是某个领域、某个方面居世界之先，而且是整体性地领先于世界其他文明。在全球史的视野中来看，18世纪欧洲工业革命以前，中国的经济和文化水平曾经在世界上长期处于领先地位。

18世纪中叶以后，首先在英国开始的产业革命开辟了人类征服自然的广阔可能性，使整个社会的生产方式乃至社会生活面貌都发生了重大变化。与新兴的、正在成长中的西方文明相比，仍然以农业经济为依托的中华文明就显得落后了一个历史发展阶段。因此，曾在世界文化格局中处领先地位的中华文明渐次落伍，世界文化交流的态势也发生了变化，由以前主要是西方向东方学习，变为主要是东方向西方学习。西方文化的大规模传播，对中国传统文化造成了巨大冲击。但是，在这样强烈的冲击面前，中华文明并没有被摧毁，并没有被西方文明所取代，而是激发了自身变革和发展的动力，实现了中华文明的自我改造和自我更新，促进中华文明向现代化方向的发展。中华文明完成从传统向现代的转化，经过了"浴火重生"的过程。中华文明的核心价值、文化理想，以及所锻造的思维方式和精神力量，开辟出新的境界、展示出新的气象。

经过现代化运动洗礼和改造的中华民族现代文明，从悠久的历史传统中汲取丰厚的文化资源，具有鲜明的中国风格和中国气派，又在新的社会实践中汲取创造性的力量，具有鲜明的时代性又有着无限的蓬勃生机，创造了人类文明的新形态。在建设中国式现代化的伟大历史进程中，中华民族以新的姿态、新的生命力在世界文化总体对话中塑造着自己的形象，为人类文明作出新的更大的贡献。

目　录

第一章

中华文明的历史连续性

连续性是中华文明的一个基本特征。中华文明的连续性，有其产生的客观基础，更是基于中华文明内在的强大生命力，还在于中华文明自觉的传承意识和有效的传承机制。

一、连续性是中华文明的基本特征

我们说中华文明生生不息，也就是讨论中华文明的连续性特征。这是中华文明最基本的特征之一。中华文明的连续性特征，是与其他民族文明相比较而得出的结论。这种比较，首先是在人类文明的起源阶段，与其他原生文明相比较。在世界文化的初创时期，栖息在不同地区的上古初民，各自独立地创造出具有自己特色的原生文化形态，发展起各自的地区性文明。这种在不同地区独立产生出来的文明被称为"第一代文明"或"原生型文明"。这些原生的文化形态是以后人类文化进化发展的历史性起源和基础。当时世界上存在着几个彼此互相独立的文化形态或文化区域，处于不同自然地理环境的各个文化，有其独特的历史发展过程。

学术界一般认为"第一代文明"或"原生型文明"包括古埃及文明、古巴比伦文明、古印度文明和古中国文明。此外，在中南美洲还有玛雅（Mayas）、阿兹忒克（Aztecs）与印加（Incas）等属于印第安文明的原生型文化，但直到15世纪哥伦布发现新大陆以前，印第安文明大体是在隔绝于东半球诸文明之外的情况下发展起来的。因此，在讨论人类文明的起源和早期世界文化格局的时候，人们一般都忽略印第安文明而只谈欧亚大陆的"四大文明古国"。较为正确的说法是，在世界文化的早期发展阶段，存在着欧亚大陆和中南美洲两大文化区，它们是并行存在而又相互隔绝、各自独立发展的。

各原生文明都是在新石器文化，也就是农业文明的基础上发展起来的。各地的新石器文化为原生文明的诞生奠定了坚实的基础。正是在史前文明充分发展的基础上，特别是在新石器时代农业文明发展的基础上，人类迈开了走向文明的坚实步伐，进入原生文明时代。中国与古埃及、古巴比伦、古印度四种原生型文化，在从东到西广阔的大陆上并行发展，相映生辉。它们也是最早的人类文明。原生文明在经济生活、社会管理、政治制度、科学技术和宗教艺术等方面都有了一定的发展。可以说，现代社会文明的基本方面，都在原生文明时代产生并发展起来了。

古埃及文明滋生于尼罗河第一瀑布（今阿斯旺附近）下游。古埃及人创造的辉煌的古代文化，主要依托于一片由大海和沙漠围护着、由尼罗河所滋润的三四万平方千米的冲积平原。大约在公元前3200年，埃及形成统一的国家，创造了初期的古埃及文明，从此古埃及文明繁荣发展了近2000年。古埃及创造了发达的农业、完整的灌溉系统、王权神授及其一套国家机构、复杂的宗教思想等文化成就。太阳历、金字塔、狮身人面像和神庙、土地测量技术等标志着古埃及人在天文学、几何学、医学和艺术等领域所达到的水平。

古巴比伦文明在4000多年前形成于美索不达米亚平原，故又称美索不达米亚文明。"美索不达米亚"（Mesopotamia）是希腊人对底格里斯河和幼发拉底河河谷地区的称呼，意即"两河之间的地方"。古巴比伦文化得以繁盛的区域，大体在两河流域适宜农耕的地带和地中海东岸滨海地区。由于水源充足，灌溉方便，美索不达米亚平原成为西亚古代文明发展的摇篮。苏美尔人发展了农业生产和灌溉系统，还发展了各种手工业生产，与其他民族的商业贸易也很发达。他们发明了系统的能表达思想的泥版文字（楔形文字），制定了法典和太阴历，在数学和天文学上也作出了很大贡献。

古印度作为人类文明古国之一，对世界文化作出了巨大贡献。这里说的"印度"是一个历史地理概念，它不仅指今天的印度，还包括不丹、尼泊尔、巴基斯坦和孟加拉国等在内的整个南亚次大陆。古印度特殊的地理位置决定了它与古代诸多文明都有联系。我国汉代史书中称印度为"身毒"或"天竺"，唐玄奘在《大唐西域记》中开始将其改译为"印度"。印度文化起源于印度河流域的哈拉巴和摩亨佐·达罗周围10余万平方千米的地区，以后又扩展到恒河流域及德干高原。公元前3000年左右，印度河流域的居民达罗毗荼人就创造了比较发达的农业文化，并建立了都市。公元前12世纪至公元前11世纪，雅利安人进入恒河流域，从半游牧状态演变为定居的农耕生活，使用铁器、牛耕，发展水利，种植大麦、小麦、水稻等作物。到公元前6世纪下半叶，北印度形成了阿盘底、跋沙、憍萨罗、摩揭陀四国争雄的局面，在恒河流域各据一方，并兴起了一个城市群落，这些城市在当时都是"人民炽盛"的政治、经济和文化中心。古印度在诗歌、史诗、宗教等方面都留下了丰富的文献。

中华文明是早期世界文明的几种原生型文明之一。中国与古埃及、古巴比伦、古印度的原生型文化，构成了世界文化原创期的基本格局。

这四大文明都是各自独立发展的，并且沿着各自的轨迹不断地嬗变和演化出新的形态。在中国的这一时期，中华文明的各源流开始汇聚，最早的王朝诞生并定鼎中原，中华文明的若干基本特征渐趋成熟，中国古代文明由兴起发展到繁盛。这是我国文明国家的形成时期，也是我国文化底蕴的奠定时期，中国古代的经济形态、政治制度、官僚体制、宗教信仰、社会结构以及生活观念等各方面都在这一时期奠定了基础。这是中国由原始社会形态向文明社会形态迈进的重要时代，我们的祖先向文明社会迈进的步伐是巨大的，特别是在商代后期和西周时代，已经创造了灿烂辉煌的文化样态。经过这个时代的涵养和创制，中华文化以自己独特的风貌和品格在早期世界文化总体格局中与其他几大原生型文化鼎足而立，绽放异彩。

与其他文明相比，中华文明具有无与伦比的延续力，得到最为连贯的继承和发展。唯有中华文明没有出现中绝现象，经历数千年而生生不息。白寿彝先生在《中国通史》第1卷中指出："与其他古代文明相比，中国古代文明的连续性就十分引人注目了。中国文明产生于金石并用时代和青铜时代。经过夏、商、周三代的连续发展，到春秋时期进入铁器时代。与埃及文明、两河流域文明、印度河流域文明、爱琴文明不同，中国古文明没有为外力所中断。中国古代国家经过春秋、战国之后，继续向秦汉时期的更高阶段发展着。"[1]

中华文明是世界文明的重要发源地之一，并且是其中得到最为连贯的继承和发展的文明。

中华文明的这一特点，已经是人们讨论中华文明的前提和共识，并且得

---

[1]　白寿彝主编：《中国通史》第1卷，上海人民出版社、江西教育出版社2015年版，第285页。

到了充分的论述。白寿彝先生在《中国通史》中说："在世界各文明古国中，中国文明发展的连续性是十分突出的。这主要表现在两个方面：其一，中国作为一个政治实体在其发展过程中未曾为外来因素所中断。其二，中国文明在文化发展史上也未曾有断裂现象。""世界历史表明，金石并用时代和青铜时代产生的古老文明，除了中国以外，到了铁器时代的早期就都已经不再作为独立的政治实体而存在了。在公元前一千年代产生的古国，大多数也没有能直接存留到现在，它们作为政治实体的连续性遭到了外力的中断。"①

《中国通史》还提出了判断文明连续性的两个标准：一是语言文字发展的连续性（这是形式上的），二是学术传统的连续性（这是内容上的）。"如果我们以这两个标准来衡量世界上的各文明古国，其中大多数在文化发展史上不是已经中断了连续性，就是只有不完全意义上的连续性。""中国文明在文化史上的发展连续性，在整个世界史上尤其显得突出。"②

中华文明连续性，是对中华文明基本性质的一个判断，是一个令人引以为傲的结论。

二、中华文明连续性的客观因素

中华文明无与伦比的连续性特征，体现了其强大的生命力。这个强大的生命力是在其源头就已经孕育生长的，并且是在历史的演进中不断锻造的。

那么，中华文明强大生命力的根源在哪里？为什么中华文明能够延绵不断、生生不息？对此，我们还是要从中华文明的源头上去寻找。

在早期世界文明的格局中，与其他原生文明，如古埃及、古巴比伦和古印度文明相比，中华文明有哪些特点呢？

---

① 白寿彝主编：《中国通史》第1卷，上海人民出版社、江西教育出版社2015年版，第283、284页。

② 白寿彝主编：《中国通史》第1卷，上海人民出版社、江西教育出版社2015年版，第285、286页。

首先，也是最重要的，是中华民族在文明初创时期的活动区域要比其他几个古老文明更为广阔。古埃及和古巴比伦各地居民的活动区域都不过几万平方千米，古印度人的活动范围基本上限于印度半岛之内。中华文明最重要的发祥地黄河流域则是有七八十万平方千米的黄土高原和冲积平原。而中华文明的发源地又不限于黄河流域，长江流域、辽河流域乃至西南的崇山峻岭之间，都有长达四五千年的文明史，这些区域的总面积在500万平方千米左右。

钱穆先生指出：

> 只有中国文化，开始便在一个复杂而广大的地面上展开。有复杂的大水系，到处有堪作农耕凭借的灌溉区域，诸区域相互间都可隔离独立，使在这一个区域里的居民，一面密集到理想适合的浓度，再一面又得四围的天然屏障而满足其安全要求。如此则极适合于古代社会文化之酝酿与成长。但一到其小区域内的文化发展到相当限度，又可借着小水系进到大水系，而相互间有亲密频繁的接触。因此中国文化开始便易走进一个大局面，与埃及、巴比仑、印度，始终限制在小面积里的情形大大不同。[1]

许倬云先生也指出：

> 中国文化发源的地方，我们称之为中原，印度河、两河、尼罗河三个流域加在一块儿都没有中国大，换句话说，中原腹地之大等于一个小世界。在这个小世界里边没有严重的交通阻碍，黄河流域也不像五天竺那样分割得支离破碎。[2]

---

[1] 钱穆著：《中国文化史导论》（修订本），商务印书馆1994年版，第5—6页。引文中的"巴比仑"即"巴比伦"，下文同。
[2] ［美］许倬云：《中国文化与世界文化》，贵州人民出版社2006年版，第25页。

这样广大的区域作为中华文化繁衍之地，既使它具有多元发生的丰富性，也使它在遇到异族入侵的情况下，仍有广阔的回旋空间。中华文化延绵不绝与这种地理形势有很大关系。

这种特殊的地理环境形成了中华文明的最初品格。钱穆先生在《中国文化史导论》中指出，古代中国天然环境之特殊，影响其文化的形成，大的方面可归纳为三点：

第一：古代文化发展，皆在小环境里开始，其缺点在于不易形成伟大的国家组织。独有中国文化，自始即在一大环境下展开，因此易于养成并促进其对于政治、社会凡属人事方面的种种团结与处理之方法与才能。遂使中国人能迅速完成为一内部统一的大国家，为世界同时任何民族所不及。

第二：在小环境里产生的文化社会，每易遭受外围文化较低的异族之侵凌，而打断或阻碍其发展。独有中国文化，因在大环境下展开，又能迅速完成国家内部之团结与统一，因此对于外来异族之抵抗力量特别强大，得以不受摧残，而保持其文化进展之前程，逐渐发展。直至现在成为世界上文化绵历最悠久的国家，又为世界任何民族所不及。

第三：古代文明多在小地面的肥沃区域里产生，因此易于到达其顶点，很早便失却另一新鲜向前的刺激，使其活力无地使用，易于趋向过度的奢侈生活，而招致社会内部之安逸与退化。独有中国文化，因在较苦瘠而较广大的地面产生，因此不断有新刺激与新发展的前途。而在其文化生长过程下，社会内部亦始终能保持一种勤奋与朴素的美德，使其文化常有新精力，不易腐化。直到现在，只有中国民族在世界史上仍见其有虽若陷于老朽，而仍有其内在尚新之气概，此又为并世诸民族所不逮。①

---

① 钱穆著：《中国文化史导论》（修订本），商务印书馆1994年版，第7页。

钱穆先生说："因于上述三点，所以中国文化经过二三千年的发展，完成了他的上古史之后，一到秦、汉统一时代，正为中国文化开始走上新环境、新气象之另一进程，渐渐由黄河流域扩展至长江流域的时代。而与他同时代的几个文明古国，如埃及、巴比仑、印度等，皆已在世界文化史上开始退出他们重要的地位，而让给其他的新兴民族来扮演另一幕的主角了。"①

正是由于中华文明是在一个广大的地域内展开的，并且具有钱穆先生所概括的上述特点，与其他文明相比，中华文明才具有无与伦比的延续力，得到了最为连贯的继承和发展。

中华文明的发生期大体上是在与其他文明区少有联系的情况下度过的，中华文明是在未受到或很少受到其他文化影响的情况下独自完成文化发生过程的。这种情况与其他几大文明有所不同。例如，古埃及和古巴比伦相距不过1000千米，也没有难以逾越的地理障碍，这两个古老的文明历来声息相通，彼此之间形成繁复的文化传播—接受机制，农业和手工业技术、数学、天文历法知识等多有交汇，古埃及的象形文字最初受到古巴比伦图画文字的启发。古巴比伦地理位置优越，发达的陆路交通、内河航运和航海路线为远距离贸易创造了条件。最晚从公元前3500年起，古巴比伦人和古埃及人就开始了贸易活动。后来，贸易把西起安纳托利亚、叙利亚和埃及，东到阿富汗和印度河领域的广大地区联系了起来。古印度文化与古巴比伦文化、古埃及文化也很早就有了直接的交流。它们之间虽有伊朗高原相隔，但其间通道纵横，交通还算方便。最早的美索不达米亚图画文字经伊朗高原传到印度河流域，而两河流域也曾发现印度河流域哈拉巴文化的印章，说明这两个古老文化早在公元前3000年即已建立起实质性的联系。公元前6世纪古希腊与波斯间的战争，公元前4世纪亚历山大大帝的东征以及其后建立的亚历山大帝国，更加强了从地中海到南亚次大陆之间的文化交流和融合。

与之不同的是，在文化的发生期，中华文明很少与其他文明有直接的或

---

① 钱穆著：《中国文化史导论》（修订本），商务印书馆1994年版，第8页。

实质性的来往。亚历山大东征至印度河而向南折返，因为再往东就是巨大的地理屏障帕米尔高原。中华民族生活的东亚大陆，远离其他文明中心，周边又多有难以逾越的地理屏障，因而与其他文化接触或获得有关的文化信息的可能性较小。

美国历史学家麦克尼尔（William Hardy McNeill，1917—2016）指出：

> 广袤的草原、绵延的山脉，以及浩瀚的沙漠，构成了黄河流域文明和中东文明交往中的巨大障碍。……
>
> 因此，中国文明自诞生伊始就远比印度文明和希腊文明较少地受到中东文明模式的影响。从某种意义上讲，公元前1500年之后欧亚文明的文化发展是双轨而非四轨。中东、印度和希腊这三个主要文明，加上它们之间的过渡地带，构成了一个单独的、关系松散的地理连续统一体；而中国文明孤立地屹立于远东。①

而正是这一时期的文化创造，塑造了中华文明的文化特性和文化风格。"在中国人的生活方式的形成过程中，当地的、土生土长的文化传统发挥了更为重要的作用。"②英国历史学家威尔斯（Herbert George Wells，1866—1946）就说："中国人几乎是没有依靠任何外来帮助和影响，就发展了自己的文化体系。"③因而，中华民族是一个具有原初性的民族，中华文明有着鲜明的独特性和自主性。

但这并不是说，中华文明的发生期是完全封闭的，是与其他文化完全隔

---

① ［美］威廉·麦克尼尔著：《西方的兴起：人类共同体史》，孙岳等译，中信出版社2015年版，第210—211页。

② ［美］威廉·麦克尼尔著：《西方的兴起：人类共同体史》，孙岳等译，中信出版社2015年版，第257页。

③ ［英］赫伯特·乔治·威尔斯著：《世界史纲》，孙丽娟译，北京理工大学出版社2016年版，第88页。

绝的。实际上，中华民族的先民很早就开始寻找与其他民族的文化沟通与联系，试图打破地理屏障，参与早期世界文化总体格局中的对话。在石器时代，中原文化就有与域外文化的接触、联系和交流，进入中华文明的发生期，更加积极地发展与周边民族的文化交流。麦克尼尔说中国"绝非完全孤立。约在公元前二千纪的中期之后，尽管中国地处遥远，且偶尔为之，但它也开始参与到欧亚地区的社会互动过程之中"①。积极向海外开拓，发展与其他民族文化的接触、对话与交流，是中华文明在其发生期就形成的一种传统（这一点又是与中南美洲玛雅文化等印第安文化不同的，它们完全与外部隔绝，最后湮没在丛林和荒原之中）。从考古发现来看，商代的青铜文化乃至更早的彩陶文化，都与欧亚大陆其他一些文化有着某种联系和相似之处。但就实质性的文化交流而言，中华文明是在大体完成文化发生过程，文字、思维方式、社会结构的基本风格和定势确立以后，才渐次与其他古老文化有比较实质性的接触、交会和碰撞的。虽然这种接触和交流对双方都会产生很大的影响，但中华文明的系统和态势已经确立了。

中华文明发生和发展的独立性，是其具有无与伦比的延续力，并且得到最为连贯的继承和发展的重要根源。中华文明经过了几千年的演变。在这几千年的历史演变中，文化始终处在流动、发展和演变的过程中。朝代的更迭，生产的发展，科学的进步，民族间的交融，以及其间与域外文化的交流，都不断开拓着人们的生活空间和视界，也不断激发着人们的文化创造。所以，盛唐文化已与夏商周三代文化不能同日而语，明清文化也与秦汉文化大异其趣。历史是进步的，文明也是在历史中发展的。在中华文明发展的每一特殊的历史阶段，都有其不同于其他阶段的质的规定性。但这几千年中，中华文明基本上属于同一文明形态，是一种文明形态自身的演变和发展，始终保持着相同的文化模式和文化主题。中国传统社会的基本特征是农业社会、家族本位、宗法制

---

① ［美］威廉·麦克尼尔著：《西方的兴起：人类共同体史》，孙岳等译，中信出版社2015年版，第209页。

度。这些方面决定了中华文明的基本文化模式和文化主题，决定中华文明区别于其他民族文明的本质性特征。它所反映的、所体现的，是传统社会的生产方式和生活方式。张岱年先生认为儒家所倡导的"自强不息，厚德载物"构成了中华民族共同心理的核心内容。他说："自强不息涵蕴着主体性的自觉。厚德载物显示着以和为贵的兼容精神。"①

这也是中华文明内在逻辑的起点。这个逻辑起点规定了中华文明绵延发展的基本运动轨迹和发展方向。

三、中华文明传统的生命力量

广阔且相对独立的活动空间造就了中华文明发生和发展的独立性，是中华文明形成及连续发展的外部因素。造就中华文明连续性特征的内在因素、内在逻辑，则在于文明传统自身的生命力量。这里需讨论这样一些分别展开的问题：中华文明连绵不断是如何实现的，也就是中华文明是如何传承的？这个问题涉及传承的机制、载体、路径等。在漫长的历史过程中，不可能什么东西都传承下来，传承也包含着选择和淘汰，那么，选择和淘汰的标准、动力和机制是什么？在连绵不断的传承过程中，中华文明又是如何适应时代生活的变化，实现创新和发展的？没有创新和发展，也就没有所谓"传承"的内容和意义。那么，传承、创新和发展之间的关系如何呢？

这实际上讨论的就是中华文明自身发展的内在逻辑问题。作为一种独立的文明形态，中华文明有其源于自身的生命力，有其自身的内在逻辑和发展轨迹，有其养成和成长的内在动力。对这些问题的讨论，有助于我们在历史长河中深入认识中华文明生生不息的本质。

文明就是传统。文明传统是人们生活在传统社会的环境条件下创造的文化，因而它所反映的、所体现的，是传统社会的生产方式和生活方式。物质

---

① 张岱年著：《文化论》，河北教育出版社1996年版，第68页。

实体、惯例和制度、人们对各种事物的信仰、关于人和事件的形象等，凡是代代相传的、被人类赋予价值和意义的事物都可以看作"传统"。不过，文明传统在代代相传的过程中必然会发生变化。人们在继承传统之后，会对所继承的传统进行解释，这自然会使传统在延传的过程中发生某种程度的变异，从而改变了原来的面貌。然而，在这些变体之间又有某种永续的东西，即共同的文化主题、共同的源泉、相近的表达方式和出发点，体现出内在的一脉相承的连续性。这种传统的"延传变体链"也被称为"传统"，或者说是传统的一种特殊内涵。①

比如我们平常说的"儒家思想的传统"，像汉代经学、程朱理学、陆王心学，以及明清之际的实学，都与孔子时代的原始儒家有很大区别，是儒家思想发展过程中的不同变体，但它们又都保持着儒家思想的共同主题，所以都同属"儒家思想的传统"。正是文明传统在代代相传的过程中，在保持共同文化主题前提下的种种变异，使得代与代之间、现在与过去之间，既有变化与发展，又保持了某种连续性与同一性。讲文明传统的传承，其实在"传统"概念中已经包含有"传承"的意思。"传承"是"传统"的题中应有之义。

文明传统从过去延续至现在，是过去与现在之间一条有意义的联系纽带，也是沉积在人们心中的依恋性情感和态度倾向。理解了文明传统，也就理解了文明传统在现代社会生活中存在的理由和意义，进而也就能理解我们与文明传统的关系，以及我们应该如何对待文明传统。

我们与文明传统的关系，首先在于我们属于文明传统。因为文明传统不是一堆僵死之物，而是呈现一个动态的流向。文明传统从过去流传到现在，使我们现在的生活中存在着大量历史遗存的因素。任何一个社会都不可能完全破除其传统，把这些历史因素扫除干净，一切从头开始或完全代之以新的传统。正

---

① 参见〔美〕E.希尔斯著：《论传统》，傅铿、吕乐译，上海人民出版社1991年版，第17—18页。

如马克思所说，"每一代都利用以前各代遗留下来的材料、资金和生产力"①，无论是在改变了的条件下继续从事前辈的活动还是以改变了的活动来改变旧的条件，都是以所继承的文明传统为出发点的。

我们属于文明传统，不仅仅是因为在我们的生活中存留着大量的历史因素，不仅仅是因为作为长期经验积淀的传统为我们的生活提供了指导，也不仅仅是因为传统的规范和价值为我们提供了秩序和意义，更为重要的是，世代相传的传统，已经成为我们最深的"先入之见"，成为我们的"文化眼镜"，成为我们的精神家园和依恋对象。依恋传统，是所有民族文明的一个特征。我们今天所面临的情境、条件和任务，也都受到传统的制约。实际上，这正是现代世界文化的一大难题，即文化多元化与文化现代化的矛盾与冲突。现代化是一个世界性的进程，但各民族的现代化都是以各自的文化历史为起点，在各自的文化背景下展开的。各民族的文化传统始终限制着、影响着实现现代化的途径、方式和内容。现代化也处在传统的掌心中，虽然现代化本身意味着对传统的反叛和超越。

不仅我们属于文明传统，而且文明传统也属于我们。因为，文明传统作为延传到"现在"的"过去"，积存到"现在"中的历史因素，其存在的"合理性"或根据，在于现在的"我们"对它的反应和接受。未被"接受"的传统文化在现代生活中没有意义，也就不成为传统文化或文明。接受传统和抵制传统一样，不可能是"全盘"的。接受意味着选择，我们所接受的传统实际上是我们从传统的多种可能性中选择出的"传统"。传统文化传承的进程就是选择的进程。而经过"选择"的传统，已经包含着我们对自身的理解和对未来的期望，已经加进了我们的思想、感情、需求，加进了我们的文化认知。

这样一来，我们所说的"传统"，并不是传统的文化本文，而是我们对它的选择，是我们对它的理解、解释和接受。我们所理解、解释、接受的传

---

① 《马克思恩格斯全集》第3卷，人民出版社1960年版，第51页。

统，便是我们这个时代所拥有的传统。这个传统并非传统的本来面目，也不必是传统的本来面目。传统能够成为每个时代的传统，能对每一代人产生不同的意义，就在于传统是开放的，它允许每个时代的人们以自己的理解和解释把握它、延伸它，扩充或赋予它以新的文化内涵。或如德国解释学哲学家伽达默尔（Hans-Georg Gadamer，1900—2002）所说，传统是我们自己把它生产出来的，因为我们理解传统的进展并参与到传统的进展之中，从而也就靠我们自己进一步规定了传统。

我们参与文明传统的进展并规定传统，就使传统发生了变化。我们接受了文明传统给予的东西，但任何社会中的人们都不可能完全受传统支配而生活；社会得以存在下去，也不仅仅是因为其有物体、信仰和范型的积存。我们还会遇到新情况、新问题、新的文化语境和新的文化任务，虽然传统给我们提供了精神的家园，然而它很少是一个我们感到自由自在的家园。我们试图将它改造得合乎自己的愿望，有时便抛弃或置换了某些继承的遗产。这是一个充满着可能性的世界。真正的文明传统就是在过去与现在的不断遭遇、冲突、融合之中产生出广阔的可能性。

这种参与和创造，是从历史发展到今天的这个出发点，用现代的文明眼光对传统文明的要素进行现代化处理，使其具有新的意义、新的价值、新的功能，从而在我们的现代生活中"发挥作用"。这就是说，要把传统"化"为现代，而不是把现代"化"为传统，更不是把现代消解在传统中。也许通过这种方式，传统文明有可能获得现代性生命。因为经过这样的处理，传统文明与现代化的关系就可能超越二元对立的状态，成为同一文明架构中互相影响、互相联系的两个方面。

传统是一个过程，是一个动态的流向，是贯穿于民族文明中的一种精神原型。中华民族现代文明是在中华文明传统的基础上成长起来的，无论它与传统文明多么不同，它仍然属于中国的"传统"，仍然是"中华民族文明"，仍然带有中华文明传统的气派和风貌。中华民族现代文明是"传统"的"现代化"，是"传统"在现代的更新、开拓和发展。传统是从"过去"流向"现在"并将流向"未来"的一个过程，一个文化生命之流。它是动态的、发展的、可变的，它是向"现在"和"未来"开放着的。我们建构中华民族现代文明的任务，就是探求"传统"的现代走向，在"过去"与"现在"之间建立起有意义的承续关系。

中华文明传统是一个绵延不断的生命体。中华文明的连续发展，也就是中华文明生命体产生、成长和发展的历史。

文明传统与现代的这种关系，正说明了中华文明的生命力之所在。中华文明传统本身是有生命的，它存在于我们今天的现实生活中，是我们生命的一部分。现代化从中国本身的悠久文明传统中获得激发力和文化资源，以自身的传统作为动力和源泉；中国的传统文明在现代化运动中获得新的价值和意义，以文明的现代化作为自己生命的合理延续。这也就是中华文明之所以生生不息的核心秘密。

四、中华文明传承的机制与自觉意识

中华文明之所以具有发展的连续性，还因为在其产生和发展的过程中，一直存在着注重传承的自觉意识，也具有完善的文化传承机制。这些机制是有效的和成功的。

传承是文化的本质属性，是文化的内在要求。因此，文化系统必然具有文化传承的内在动力，具有保证文化传承的主观自觉意识，以及相应的保证文化传承的载体和运行机制。

文化传承的本来意义是对以往文化创造和发展的"记忆"。人的文化记忆不是天生的，而是一代一代相传的。在人类文明的草创时期，就已经有了比较自觉的文化传承。在新石器时代晚期，人们已经发展出比较复杂的生产技术，农业生产已经普及，并创造了新的手工业门类，因此形成了相应的生产生活群体。人们需要共同生活，就需要彼此之间的交流；人们积累起来的生活知识，包括对自然的知识，以及一代一代人积累的生产技术，都需要传承下去。所以，人们创造了一系列文化传承的方法、技术和模式。文化是通过记忆一代一代传承的，所以就有了人类的进步、文化的进步。农业的发展，制陶、制玉、冶铜、缫丝织绸等技术，还有许多其他的生产技术，以及相应的知识体系，都是世世代代沿袭相传下来的。每一点新的发明和进步，都是在原有的文化积累基础上进行的。

积累和传承是通过语言、文字等记事、交流、仪式、艺术系统来进行的。这些形式在新石器时代已比较成熟。历史学家李定一说："在文字没有发明以前，人类用语言相互表达心意，同时也将他们对大自然变化的印象以及求生存的经验辗转相传，世世代代传下去。这种口口相传的经验，日积月累，经验越多，知识日益增加，人类也日益进步。能够多方搜求并积累前人的知识，甚而进一步发现新的求生存的知识，是人类能够从草莽榛榛，日夜都在与大自然变化及与毒蛇猛兽搏斗中，逐渐改进生存条件的主要原因。十个口，便是'古'，在文字发明以前的'古'代，即是口口相传的时代。"[1]

对于文化传承来说，文字的发明具有特别重要的意义。文字是语言的符号记录。文字的发明，是人类文化史上具有划时代意义的标志性事件，正如恩格斯所说，人类社会正是"由于拼音文字的发明及其应用于文献记录而过渡到文明时代"[2]的。没有文字记载，就没有历史，也没有文明。在仰韶文化、良渚文化的陶器和玉器上发现的刻划符号，是今天确知的中国最古老的一种具有表意作用的文字符号，是文字起源阶段所产生的一些简单文字。商代出现的甲骨文，则是比较成熟的文字系统。从新石器时代的刻划符号，到商代的甲骨文，就已经形成完整的文字体系。汉字是目前世界上使用的最古老的文字。汉字是中华文化的载体和传播工具。汉字语言从古至今一直是中国通用的最主要的交际工具，是中华民族文化心理认同的主要表征。在几千年的文化传承中，汉字语言形成了自己特殊的文化意味，深深地渗透着中华文化的基本精神。钱

---

① 李定一著：《中华史纲》，中国长安出版社2012年版，第3页。
② 《马克思恩格斯选集》第4卷，人民出版社2012年版，第34页。

穆先生说："中国文字实在是具备着'简易'和'稳定'的两个条件的，这一点不能不说是中国人文化史上一种大成功，一种代表中国特征的艺术性的成功，即以'简单的驾驭繁复'，以'空灵的象征具体'的艺术之成功。要明白中国文化之所以能扩大在广大的地面上，维持至悠久的时间，中国文字之特性与其功能，亦是很重要的一个因素。"①

汉字的发明对中华文明传承具有特别重要的意义。白寿彝先生主编的《中国通史》提出的判断文明连续性的两个标准之一，就是语言文字发展的连续性。汉字是中华民族文化认同的主要载体，也是文化传承的主要载体。汉字是人类目前唯一超越时代、超越方言的文字。悠久的岁月虽然使得汉字的读音古今有所变化，但字形字义相对稳定。一代一代人的文化创造，一代又一代的经典文献，都是通过汉字这一载体而绵延不绝的。

有了文字，就有了书写，就有了用文字记录人们文化记忆的条件。春秋战国时期出现了中国历史上最早的一批书籍，比如《诗经》《尚书》《礼记》《周易》《春秋》等，即后世广为推崇的"五经"以及其他典籍。这些被称为"元典"的文化典籍具有巨大的文化传承和教化功能。《礼记·经解》中说：

> 孔子曰："入其国，其教可知也。其为人也，温柔、敦厚，《诗》教也；疏通、知远，《书》教也；广博、易良，《乐》教也；絜静、精微，《易》教也；恭俭、庄敬，《礼》教也；属辞、比事，《春秋》教也。故《诗》之失，愚；《书》之失，诬；《乐》之失，奢；《易》之失，贼；《礼》之失，烦；《春秋》之失，乱。……"

这段论述简洁且明确地说明了文化典籍对于文化的教化和传承所起到的重要作用。战国时期，随着士阶层的兴起，文学由官方的文告、集体的著述逐

---

① 钱穆著：《中国文化史导论》（修订本），商务印书馆1994年版，第91页。

渐发展为个人的独立创作，出现了孟子、庄子、荀子等对后代有重要影响的思想家和屈原这样的伟大诗人。历代文化人著书立说，不断丰富着中国文化典籍宝库，为中华文明的传承作出了重要贡献。

自商周时代，就有了记述历史的传统，到汉代，司马迁作《史记》，则开创了中国正史的传统。史学传统是中华文化的重要特征之一。中华文明的一个特点是历史意识强，历朝历代都有官方的修史活动，几千年前的事情都有不同程度的记载。这种历史意识就是"传之后世"的自觉意识，就是文化传承的历史责任感。我国历代历史著作大都注意史实，利用具体的历史事件来表达自己的观点，很少有空洞说教之作，因而史料价值很高。

《史记》《汉书》是汉代史学的最高成就，也是中国古代史学上的巍巍双峰。这两部反映大一统政治局面的历史巨著问世后，中国封建王朝历史撰述的主要形式即"正史"的格局便确立下来。《史记》《汉书》流泽所布、历久不竭，对后世史学的发展产生了决定性的影响。汉代以后，官私修史并存，尤其到魏晋，私人修史很发达。唐建立统一政权后，为了政治上的需要，加强了对修撰前代史和当代史的控制，尤其是当代史，中唐以后完全官修。唐朝建立了完备的史官制度，宰相监修国史的做法在以后历朝成为定制。因为制度完善，史职地位提高，史官遴选较严格，任职时间较长，这对史料的记录、保存、整理以及史书的编修都起了积极作用。此后这种官修体制成为定制，一直延续不断，形成了庞大的二十四史记载传统。不仅如此，文人笔记、野史、方志、家谱等民间文献也有力地丰富和补充了官方史学。中国历史代代相传，保留着中国几千年的历史记忆，成为中华文明传承的重要载体。

与之相应的，原始时代就出现了最初的教育活动。所谓教育，就是一个社会中把已有的知识、技能等传播给下一代，使新的一代成长为适合社会生活的成员，使世代积累的文化代代传下去。在人类社会的发展进程中，教育既是推动社会进步并维系人类生存繁衍的必要手段，也是人类生存活动本身的直接后果。教育是人类传播知识文化及生产、生活技能的主要手段。在原始人类制作出第一件劳动工具并将这种工具的制作和操作技术传授给他人，或通过对他人劳动过程的观察而有所感悟时，教育的现象便自然产生了。南宋理学家朱熹在《大学章句序》中说，在远古时代，上天降生人民，赋之以完善的人性，但由于人民后天气质所偏，造成了人性的缺陷，于是上天便命伏羲、神农、黄帝、尧、舜等聪明睿智的圣人担任"亿兆之君师"，教育人民，帮助人民回归本性，进而设立司徒、典乐这类教官，承担起具体的教化责任，由此便产生了教育。根据朱熹的这个描述，像伏羲、神农、黄帝、尧、舜这样的社会领袖或部落首领便被赋予了主持社会教化的责任，并且有了像司徒、典乐这样具有特定教育职能的官职。这种责任和分工的演变，便最终成为中国古代"政教合一"和"君师一体"传统的渊薮，而早期的国家机构，也同样被赋予了广泛的教育职能。新石器时代晚期已经出现了学校的萌芽。古代文献中所记载的"成均"，被认为是传说中五帝时代的"大学"。相传，先王在"成均"用酒款待地位低贱的"郊人"，并宣讲教令，举行一些集体性的祭祀活动。

中国在史前文化时期就已孕育了学校的胚胎，夏代已有了被称为"校"的教育机构。商代文化教育的起点远高于夏代，商代已有了成熟、系统的文字，已有成文的典册和历史，有了较发达的手工业技术，有一部分社会成员专门从事文化方面的职业，最终促使具有初步学校形态的瞽宗、庠、序等文化机构的形成。西周已经出现了相对独立的学校教育机构，并有了从王室到诸侯列国大体连贯的学校教育网络。在此基础上，西周还形成了以礼乐为核心的教育内容。这些内容逐步扩展深化，最终形成了较完整的六艺教育的课程体制，奠定了中国古代教育的底蕴。春秋战国时期私学兴起，经过以孔子为代表的先秦儒家学派的继承和发展，私学对中国几千年的古代社会教育产生了深远影响。到汉代，则形成了中国古代社会比较完整的教育体系，这是文化传承的体制性建设。汉代教育确立了中国封建教育的雏形，特别是汉代教育的宗旨、官学和私学的设施、教育内容、组织形式和教学方法等，均为后世整个封建时代的教育奠定了坚实的基础。

可以说，中国历史上发展起来的教育体制是十分完备的，即使经历了战争离乱时期，战后最先恢复的也是各级教育。历朝历代都把建立和完善教育制度放在重要地位。自商周时期就开始建立官学，春秋战国开始私学，到宋代以后兴起了书院，以及后来乡学遍布全国，可以说，中国历代的教育，体制完备，层级完善，代代相传，成为中华文化传承的主要载体。

中华文明的一个重要内容，是儒家思想文化一直占据着主导的地位，成为中华民族传统文化精神的核心和象征。为什么儒家思想取得了这样的地位，而其他学术文化没有达到与儒家并驾齐驱的地位呢？究其原因，自汉武帝提倡"独尊儒术"，一直到清代末期的两千多年间，无论是官学还是私学，无论是书院还是乡学，都把儒家经典作为主要课程，用来选拔官员的科举制，也把儒学作为主要的考试科目。这是儒家思想得以传承的一项非常重要的制度性安排。儒学的"独尊"，首先是在教育领域获得了独尊的地位。

中华文明具有"大传统"和"小传统"同构性的特点，在作为"大传统"的儒家文化塑造着我们民族文化精神的同时，作为"小传统"的民俗文化也同样发挥着传承文化的重要作用。民族文化传统的传承，不仅在教育层面和精神文化层面，而且就在我们的日常生活之中，体现在日常的风俗、礼仪之中。它们和主流文化精神一起构筑了我们的生活环境、生活空间，也一起传承着中华文明的精神。

中华文明的传承发展并不是一帆风顺的。其漫长的历史进程，有过许多波折，有过激烈的文化冲突和对抗，特别是几次大的外来文化的冲击，使得中华传统文化的发展受到破坏、受到阻滞。但是，中华文明不但没有被外来文化所击垮，而是通过自身的重整，获得新的发展动力，展现出强大的生命力。

中华文明在发展进程中，建立了自觉的文化传承体制和机制，发挥着极为重要的作用。作为文化传承主体的"我们"，所做的有关文化传承的工作，是自由自觉的活动，也是我们的责任和使命。而这一过程，也就是传统文化创新与发展的过程。因为传承，文化创新和发展才有了强大的动力；因为创新，传统文化才获得了顽强的生命力。中华文明具有强大的创新能力。在历史上，人们在保持中华文明传统的同时，并未固守传统，而是根据时代的变迁、环境的变化，不断地进行新的探索和创新。中华文明的发展史，一方面是一脉相承的，另一方面是不断出新的。

我们还是以儒学为例。孔子创立的儒学思想，奠定了中华民族的精神基础，但在两千多年的历史中，儒学也经历了一个不断创新和发展的过程。汉武帝独尊的"儒术"，已经不是孔子的原始儒学，而是董仲舒的"新儒学"。汉代有古文经学与今文经学之争，实际上是对如何解释儒学的讨论。到宋代，又有了理学。一代一代的儒家学者都对儒家思想有所发展创新，作出了自己的贡献。正是因为不断地讨论、争辩，突破旧的思维模式，实现思想观念上的创新，才使得儒家思想生生不息，保持着强大的生命力。

传承传统，开拓创新，就是中华文明千百年生生不息、永葆旺盛生命力的内在动力和秘密。

中华文明生生不息，源于自身强大的生命力，源于这个文明系统中完备的传承机制。不仅如此，还在于中华文明的开放性和包容性。中华文明在自身的成长过程中，形成了健全的传播和接受机制，具有全面开放的广阔胸襟和兼容世界文明的恢宏气度，与世界各国、各民族进行了广泛的文化交流。虽然中国历史上也有过海禁、闭关、锁国的时期，但毕竟是短暂的。从整个中国历史来考察，开放的时代远远超过封闭的时代。在文化的开放和交流中，大规模地输入、接受和融合世界各民族文化，使中华文明系统处于一种"坐集千古之智""人耕我获"的佳境，使整个机体保持旺盛的生命力，也为中华文明发展提供了源头活水和发展动力。

正是由于中华文明的开放性，在大规模文化输出的同时也广泛地吸收、接受、融合域外文化，才使自身不断丰富起来，使中华文明博大精深。也由于中华文明积极的输出和吸纳运动，中华文明获得了强大的生命力。

能够大规模引进和吸收外来文化，表现了中华文明强大的创造能力。任何外来文化被引入中国，不论是直接"拿来"的还是需要加工、改造的，都需要强大的创造能力，都是一种再创造。中华文明对引进的外来文化进行了创造性转化和创新性发展。

"周虽旧邦，其命维新。"中华文明强大的生命力铸就了它连续的和强大的创新能力。所以，我们才会看到一幅波澜壮阔、日新月异的精彩历史图景。创新是中华文明生生不息的源泉和动力。中华民族的创造性、创新性，使得中华文明如滔滔江水奔流不息，永葆旺盛的生命活力，从而描画出中华文明辉煌灿烂、色彩斑斓、大气恢弘的历史。

第二章

中华文明的起源与基因

中华文明既具有多元性，又具有强大的内聚力，多元文化汇聚成体量巨大的中华文明体系。在文明起源阶段发展起来的农业文明，是中华文明的原始基因，决定了中华文明的根本特质，也决定了中华文明的发展方向。

一、中华文明起源的多元性与凝聚力

中华文明是在一个地域广大的地理空间产生和发展的，这决定了中华文明的基本特性和世代相传的条件。前引钱穆先生所论地域空间之广大的重要意义，他认为，与其他文明相比，地域空间广大是中华文明得以生生不息的重要的甚至是主要的原因。

这个孕育文明的广大空间，在原始社会、在中华文明产生的时候就已经出现了。

原生型文明是在原始社会文明，特别是在新石器时代文明，也就是农业文明的基础上发展起来的。新石器文化为原生文明的诞生奠定了坚实的基础，决定了此后时代人们的生存方式和生活方式。正是新石器时代人类的生产和生活实践，孕育了中华民族文明发展的基因，奠定了后世文明的基础。因为那个时代没有文字记载，只能靠考古学提供的零散资料，以及具有传奇色彩甚至荒诞不经的神话传说，还有人类学的理论建构，描绘出原始社会人们生产生活的图景，所以我们觉得新石器时代离我们相当遥远。

我们讲中华文明的连续性特征，不仅讨论其连续绵延、持续不断，更强调其历史悠久、源远流长。这个"源远流长"，可以追溯到新石器时代的原始文明。其实，我们今天的时代仍然保留着原始文明留下的文化基因，我们今天的文明在很大程度上仍然沿着那个时代规定的路径在发展。原始时代是人类文明的曙光。曙光照耀大地之后，文明的太阳就升起来了。人类文明的太阳就是从曙光中升起的那轮红日。

我们现在通常所说的人类史、文明史，都是指"有文字记载以来"的历史。但是，到文字出现时，人类已经走过了极为漫长的时代。"有文字记载"以前，不是没有历史，也不是没有文明，文字是人类文明发展到一定程度的时候才出现的，是那个时代的文明成果。所以，有的学者将"有文字记载以来的历史"称为"狭义的历史时代"，而将"有文字记载"以前的文明形态称为

"史前文明"。

中华大地是人类的发源地之一，中华文明是世界文化的重要起源之一。在最早的世界文化拼图上，就已经有了中国先祖的活动。原始初民繁衍生息于东亚大陆，已有极为悠久的历史。栖息在东亚大陆上的原始初民，经过蛮荒的漫漫长夜，筚路蓝缕，辛勤劳动，进行着极为艰难而又极为壮阔的文化创造，以石器的研磨敲打，演奏出中华文明史诗的前奏，迎来中华文明的曙光，开辟了中华文明的历史源头，并逐渐凝结成最初的文明共同体。新石器时代已经是相当久远的过去，但即便在那个时候，东亚大陆已非茫茫荒原、漫漫长夜，而是崭露出东方文明的曙光。正是中华初民的文化创造孕育了民族历史文化的源泉，成为中国人智慧的起点和中华文明发展的逻辑起点。

人类早期发展史上发生过的两次重大转折，改变了人类的生存方式。一次是学会控制火，从此人类便获得了光明、温暖和熟食；另一次则是食物的生产，人们不是"采集"食物，而是开始"生产"食物。从此，人类社会由攫取型经济向生产型经济转变，进入了改造自然、征服自然的新时代。这是一次巨大的文化突破。"生产"活动成为"文明"的开端。

在世界范围内，新石器时代开始于距今1万年前左右。中国的新石器时代文化遗存非常丰富，遍布全国各地。在新石器时代，人类开始从事农业和畜牧业，将植物果实加以播种，把野生动物驯服以供食用，人类的食物来源变得相对稳定。农业革命最显著的影响是产生了"定居"这种新的生活方式，以及制陶、纺织、建房等新的生产方式。人类开始关注文化的发展，出现了早期文明。

兴隆洼文化代表了中国东北地区新石器时代文化发展的早期阶段。兴隆洼文化因首次发现于内蒙古自治区敖汉旗宝国吐乡兴隆洼村而得名，距今约8000年，其经济形态，除农耕外，还有狩猎、采集。兴隆洼遗址是内蒙古及东北地区已知时代较早、保存最好的新石器时代聚落遗址，总面积3.5万平方米，遗址周围有人工围沟，围沟内有成排平行排列的房屋，房址最大的约有140平方米。其出土陶器均为夹砂陶，深筒直腹罐和钵为其典型器物，并有玉玦、玉斧、玉锛等玉器出土。20世纪进行较大规模发掘的同类文化性质的遗址还有内蒙古林西白音长汗遗址、克什克腾旗南台子遗址和辽宁阜新查海遗址等。

20世纪70年代发现的河北武安的磁山文化和河南新郑的裴李岗文化，也是目前所知的较早的新石器时代文化遗址。磁山文化距今约7500年，已有种植粟、黍的旱地农业，生产工具有石镰、石铲、石刀、石斧与柳叶形石磨盘等，饲养狗、猪等家畜，兼事渔猎。制陶业较原始，处于手制阶段，陶器的主要器型有椭圆口盂、靴形支座、三足钵与深腹罐等，陶器表面多饰绳纹、篦纹及划纹。住房是圆形或椭圆形的半地穴式建筑，还有许多储藏东西的窖穴。

磁山文化与裴李岗文化关系密切，所以也有学者把两者连称为"裴李岗－磁山文化"。裴李岗文化已形成定居的聚落，经济生活以农业为主，饲养猪、狗等家畜，以采集渔猎为辅。生产工具以磨制石器为主，制作精致，其中以带锯齿刃石镰、长条形扁平的双弧刃石铲和鞋底形四足石磨盘（附磨棒）最为典型，也有打制的刮削器。陶器以细泥红陶和夹砂粗红陶为主，均为手制，多素面，有少量磨光或饰以篦点纹，典型的器形是三足钵和半月形双耳壶。裴李岗文化的年代为公元前5600－前4900年，代表了中原地区仰韶文化以前的文化特征。

仰韶文化是中国新石器时代最重要的考古文化。由于陶器在人类智力发展和文化进步过程中所具有的重要意义，仰韶文化一直作为新石器时代的主要标志而受到广泛重视。苏秉琦先生指出："仰韶文化从它的发现开始就是同探索中华文化和中华文明的起源联系在一起的。"[1]仰韶文化首先在河南渑池仰韶村遗址被发现。仰韶文化分布于黄河中下游及其边缘地区，遍及河南、山西、陕西、河北、陇东、宁夏、内蒙古南部、河南及湖北的西北部，包括整个中原地区及关陕一带，处于北纬32－41度、东经106－114度。仰韶文化以西安的半坡遗址为代表。半坡遗址全面反映了当时人们居住方式、社会生活、生

---

① 苏秉琦著：《中国文明起源新探》，生活·读书·新知三联书店1999年版，第21页。

产活动的各个方面。仰韶文化遗址规模普遍较大，围绕大型公共建筑的分组房屋、中心广场，规范的墓地规划，人数众多的合葬墓以及大量的儿童瓮棺葬颇能体现群体团结的遗迹。仰韶文化展现了充分的聚落向心力和高度的社会组织能力。迄今为止，已经发现的仰韶文化遗址有1000多处，年代为距今7000—4900年之间，延续时间达2000多年。仰韶文化源远流长，在中原地区是主流，对四周邻近地区的新石器文化也有不可忽视的影响。

紧接着仰韶文化，中原的晚期新石器文化是龙山文化，其分布更为广泛，内容也更为丰富。龙山文化因首次发现于山东济南的龙山镇（今章丘龙山街道）而得名。龙山文化有河南龙山、陕西龙山与山东龙山之分，其中河南龙山文化为仰韶文化的继承者，分布在今河南及晋南、冀南地区，主要是沿着黄河的中下游分布。龙山文化遗址普遍出现了小件铜器，有了中心聚落和最早的城址，如山东章丘城子崖城址、河南淮阳平粮台城址、湖北天门石家河和湖南澧县城头山的城址等。遗址中的房屋建筑出现了分间式大型建筑，开始使用白灰和土坯。陶器普遍采用轮制，出现了大量的精美玉器，石器中的钺、镞等武器明显增加。这一时期文化最显著的特征便是城址的发现。

黄河流域文明在中华文化发展史上无疑有着非常重要的地位。中华文明的起源和繁荣是在黄河流域，特别是在黄河中游。从历史上看，夏、商、周首先在这里建立了国家。考古发现证实，商、周遗存也以这里最为集中，特别是商代文明继承史前文化的脉络尤为清晰。因此，黄河流域的中原地区，无疑是中华文明的发源地。

内蒙古东部、辽宁西北部的红山文化是新石器文化的另一个重要分布区域。红山文化发源于东北西部，起始于五六千年前，分布广泛，北起内蒙古中南部，南至河北北部，东达辽宁西部辽河流域的西拉木伦河和老哈河、大凌河上游。红山文化与中原仰韶文化属于同时期，是华夏文明最早的文化痕迹之一。红山文化延续长达千年，内涵十分丰富。其居民主要从事农业，还饲养猪、牛、羊等家畜，兼事渔猎。红山文化以祭坛、女神庙和积石冢为代表，极大地丰富了新石器文化的内容。

长江流域是与黄河流域同等重要的中华文明的发源地。长江流域的新石器文化遗址，有四川巫山的大溪文化、湖北京山的屈家岭文化，长江中下游地区的浙江余姚河姆渡文化、浙江嘉兴马家浜文化等。河姆渡文化距今约7000年，主要分布在杭州湾南岸的宁绍平原及舟山岛，黑陶是河姆渡陶器的一大特色；在建筑方面，遗址中发现大量干栏式房屋的遗迹，有极为丰富的稻谷遗存和骨耜等水田耕作农具。马家浜文化主要分布在太湖地区，南达浙江的钱塘江北岸，西北到江苏常州一带，年代约始于7000年前。马家浜文化及其后续的崧泽文化、良渚文化的发现，表明太湖地区的新石器文化源远流长、自成系统，并具有鲜明的地域特色。

纵观长江流域文明起源与形成的过程可以看出，从文明的孕育、起源到发展，长江上、中、下游都是独自进行的。河姆渡文化、良渚文化等都证实了中国史前文化的多源性，证实了长江下游是中国原始文化的另一个中心，有它自己独立发展的过程。

这些情况说明，中华文明并非单一起源的文明。广阔的中华大地上分布着多种类型的新石器时代文化，它们位于不同的区域，有着不同的来源和发展关系，从而形成各具特色的灿烂文化。"由于我国幅员广阔，各个地区的气候和生态环境的差异较大，因而人们生产活动的内容和生活习俗存在较大差别。这就导致了不同地区的人们所使用的生产工具、生活用具、住屋等遗存的不同，即物质文化的不同。这是形成不同文化各具不同的区域特征的根本原因。"[1]这就在文明的源头上确定了文化的差异性和特殊性。

考古学家苏秉琦提出史前文明"满天星斗"说，指出："中华大地文明火花，真如满天星斗，星星之火已成燎原之势。"[2]他认为："从中原到北方再折返到中原这样一条文化连结带，它在中国文化史上曾是一个最活跃的民族大熔

---

① 游修龄主编：《中国农业通史》（原始社会卷），中国农业出版社2008年版，第92—93页。

② 苏秉琦著：《中国文明起源新探》，生活·读书·新知三联书店1999年版，第118—119页。

炉，六千年到四五千年间中华大地如满天星斗的诸文明火花，这里是升起最早也是最光亮的地带，所以，它也是中国文化总根系中最重要的直根系。"①

历史的真实图景可能是，在广袤的中华大地上，新石器文化多元区域性的发展，对中华文明的最初形成作出了贡献。"中国新石器文化的分布是多区域并行的，各个区域文化都有连续的年代序列和独特的文化特征，是自成体系的文化谱系。……新石器时代各区域文化不仅是独立发展、自成体系的，而且各文化区域之间还不断地碰撞、渗透和融合，而长江流域东西相对的两个文化区分别受黄河流域东西相对的两个文化区影响。灿烂的中华文明正是在这种新石器文化的孕育下诞生的。"②廖明春主编的《中国文化发展史》(先秦卷)概括说：

> 从旧石器时期开始，由于起源和地域的不同，中国文化呈现出多元性，各文化在产生和发展的初期都形成了自身的特点。这种种族滋生地多源性不断地延续与发展着，到了新石器早中期，中华大地上的文化多姿多彩，展现着多元并进的面貌。新石器中期以后，随着各文化不断的发展，地域的扩张和人口的迁徙越来越频繁，各文化之间的交流也越来越密切，而这些文化都是自成体系、各有特色的，交流之后必有冲突和对立，对立之后必是征服和同化，于是以黄河中下游为核心汇聚，逐渐融为一体，形成了多元一体的中华文化。③

中华文化的"多元源头"是年代久远的，因此是具有历史深度的。多元起源，而后没有各自独立、分道扬镳，而是逐渐融合、互相取长补短，以某一种或几种强大文明为核心，广收博取，而形成一个文化统一体。这个统一体为各

---

① 苏秉琦著：《中国文明起源新探》，生活·读书·新知三联书店1999年版，第125—126页。
② 廖名春主编：《中国文化发展史》(先秦卷)，山东教育出版社2013年版，第12页。
③ 廖名春主编：《中国文化发展史》(先秦卷)，山东教育出版社2013年版，第53页。

个文化单元所认同，而各个文化单元又保持着自己的相对独立性和自身大同中的小异以至中异。许倬云先生说："新石器时代的中国本部有好几个源远流长的文化体系相激相荡，文化的交换刺激，使文化内涵逐渐融合。文化集团间的竞争，创造了国家出现的条件。"①

原始文明漫长的文化融合的历史表明了中华文明起源的几个特点：

第一，中国原始文化的多元性。新石器时代的遗址遍布现在中国境内各地，从南到北都有分布。前面曾引述的苏秉琦"满天星斗"说，形象地说明了中华文明起源的多样性和丰富性。中华文明的产生不仅仅是以中原为中心的，而是"满天星斗"，遍布各地，这些文化遗址都因为所在地的地理、气候等环境而形成了自己的特点，这就为以后地域文化的形成奠定了基础。

第二，各个文化单元的开放性，实质上也反映了文化的开放性。各个文化单元能够各自向附近延伸、展开、开拓，然后相遇、交叉、碰撞，最后交汇融合，提升结晶出文化共性和文化共同体。每一个文化区系都不是封闭的，各地区之间还有着相互的交流和影响，这就为中华文明注入了开放的性格。文化的多元起源，在源头上决定了中华文明的一个基本特质，就是它的开放性与融合性，这也为中华文明在以后漫长的历史中吸收、接受、融合域外文化提供了原始的文化基因。需要强调的是，开放性、包容性和融合性是中华文明在形成的开始阶段就已经具备的属性和特性。

第三，中华文明的凝聚力。这些分布于东南西北广袤土地上的多元文化源头和文化的多元分枝，能够逐渐凝聚起来，形成体量巨大的中华文明体系，表现了强大的文明内聚力。这种内聚力和聚合过程，源自如此久远的历史而又流经如此漫长的历史时期，自然越发展越强大，从而形成中华文明不同于其他文明的、强大的凝聚力。凝聚力也就是吸收、融合的能力，是文化的创造力。本土文化多元发生的凝聚力，形成了中华文明强大的本体，而面对域

---

① ［美］许倬云著：《西周史》（增订本），生活·读书·新知三联书店1994年版，第32页。

外其他民族文化，也同样具有强大的吸收和融合能力。苏秉琦先生以新石器时代的多元性论证中华民族的兼容性和凝聚力，他说："史前不同文化区系的居民，通过不断组合、重组，百川汇成大江大河，逐步以华夏族为中心融合为一个几乎占人类四分之一的文化共同体——汉族。它虽然幅员辽阔，方言众多，但在文化上却呈现出明显的认同趋势。大约就是在这个基础上，以形、意为主又适应各地方言的方块字被大家所接受，成为其后数千年间维系民族共同体的文化纽带，产生了极强的凝聚力，使汉族从开始就不是封闭的、一成不变的。"①

所以，在中华文明的源头，在中华文明最初多元发生的机制中，中华文明已经显示出开放、大规模接受和吸收外来文化的能力。或者说，中华文明多元发生的机制蕴含了对外来文化的接受、吸收、融合的机制。这正是中华文明保持强大生命力的源泉之一。这样，早在新石器时期，中华大地上已经出现了一个文明共同体。从中华文明的早期开始，不同地域、不同文化传统、不同经济模式的群体之间，就已经发生频繁的交流、碰撞和融合。统一的趋势在这一时期就已出现，经过夏商周到春秋战国蔚为大观，最终在秦汉时期实现了实际的统一。从此，统一性成为中华文明的主流。

新石器文化的多样性、多元性和开放性，决定了中华文明从起源上的丰富性特征和强大的生命力，决定了中华文明持续不断发展的连续性。钱穆先生在比较罗马和秦汉文化时，说："罗马如于一室中悬巨灯，光耀四壁；秦、汉则室之四周，遍悬诸灯，交射互映。故罗马碎其巨灯，全室即暗，秦、汉则灯不俱坏光不全绝。因此罗马民族震铄于一时，而中国文化则辉映于千古。"②需要补充的是，钱穆先生所说的"遍悬诸灯，交射互映"，在中华文明起源的时候，即在新石器时代，就已经点亮了。

---

① 苏秉琦著：《中国文明起源新探》，生活·读书·新知三联书店1999年版，第179—180页。

② 钱穆著：《国史大纲》（修订本），商务印书馆1994年版，第14页。

二、"农业革命"与民族文明的奠基

在旧石器时代，人们主要依靠采集和狩猎来维持生活。随着生产工具的进步，以及人类对自然的逐步认识，进入新石器时代以后，农业和家畜饲养业便取代采集和狩猎而成为首要的生产部门。人类由食物的"采集者"变成食物的"生产者"。由"采集食物"进至"生产食物"，被称为"产食革命"，也是旧石器时代向新石器时代过渡的标志性事件。所以，新石器时代"指的是一种经济变革……这一新的经济方式伴随着一系列在工具技术、聚落形态和社会组织方面的变化"①，相对于以后的"工业革命"，又被称为"农业革命"。新石器时代的出现，对人类社会历史来说是一次质的飞跃，对人类社会的发展有着深远的影响。

英国考古学家柴尔德（Vere Gordon Childe，1892—1957）首先将农业的产生作为区分新石器时代与旧石器时代的标准，而不是传统的以磨制石器和陶器为主要标志，并将农业的诞生称为"新石器革命"，认为其在人类历史上的重要性可以与近代的产业革命媲美。美国历史学家威尔·杜兰（Will Durant，1885—1981）也认为"农耕是文化的第一个形式"。"人类的全部历史，可从两个革命来看：从狩猎到农业的新石器时代的过程，与由农业到工业的现代过程。没有其他的革命曾有如这两次革命的绝对真实或基本性的。"②因此，可以认为，新石器时代人类已经具备了文明社会的各项条件，特别是最为重要的社会生产方式的变化，人类实际上进入了早期文明社会。

"农业革命"这个重大事件几乎同时在世界各地发生，是在大约一万年前。当时世界上出现了三大独立起源的农业文明中心区：两河流域西亚农业起源中

---

① 刘莉、陈星灿著：《中国考古学：旧石器时代晚期到早期青铜时代》，生活·读书·新知三联书店2017年版，第51页。

② ［美］威尔·杜兰著：《世界文明史》第1卷《东方的遗产》，幼狮文化公司译，东方出版社1999年版，第4、117页。

心区、中国农业起源中心区和中南美洲农业起源中心区。西亚独立起源的农作物代表主要是小麦、大麦和豆类，驯化出的动物有山羊、绵羊和牛。在这一农业体系发展和传播的基础上，先后产生了美索不达米亚文明、尼罗河文明和印度河文明。中南美洲是玉米和南瓜等首先被栽培的地方，在它的基础上，后来产生了玛雅文明和安第斯文明。在中国起源的农作物包括水稻、小米、大豆、荞麦等，驯化出的动物则有狗、猪、鸡等。农业文明的起源对以后的文明发展有着极为重要的影响，世界上第一批原生文明，毫无例外都是建立在原始农业发展的基础上的，而且是建立在以谷物种植为中心的农业发展的基础之上的。原始农业不但为文明的起源提供了物质基础，而且极大地影响以至规定着文明起源的途径和模式。

农业文明与其他的商业、游牧文明的区别首先就在于自然环境的不同。而在不同地区的农业文明中，又有自然环境的区别。自然环境包括气候、地貌、山川河流、地区物种等，这种区别不仅决定了最初驯化的农业作物和驯养动物种类的不同，比如在东亚产生的是水稻、粟和黍，在西亚产生的是大麦和小麦，而且耕作的方式和农业技术也是有区别的，比如西亚地区的耕种是粗放式的，而中国的农业从一开始就是田园式的精耕细作。除了客观的自然环境因素外，还有人的主观因素，以及逐渐发展起来的文化的参与。而生产方式的不同，也对此后形成和发展的社会组织、文化形态乃至人的精神面貌都产生了一定的影响。

中国是世界三大农业起源地之一。距今9000—7000年，是我国原始农业文化发展的重要时期。我国黄河流域和长江流域两个农业起源中心，以淮河为界，大致分为南北两大农耕系统。淮河以北以旱作农业为主，淮河以南以稻作农业为主。中国北方最古老的粮食作物是黍和粟，南方历史悠久的粮食作物是水稻。

粟是欧亚大陆最古老的谷物之一，中国被公认为粟作起源中心。在距今8000年前后的兴隆洼文化时代，小米已经成为当地人日常食用的谷物。在不晚于距今6500年的仰韶文化时代，小米成为中国北方人口的主粮。作为东亚本土驯化的作物，粟不仅具有重要的实用价值，而且具有崇高的精神意义。粟又称稷。《周书》说："神农之时，天雨粟，神农耕而种之。"《国语·鲁语》说："夏之兴也，周弃继之，故祀以为稷。"相传，神农种粟，周人的祖先被尊为稷。五谷神稷与土地神社合称"社稷"，社稷是国家的象征。《孟子》说："社稷为重，君为轻。"社稷坛在中国具有神圣的象征意义。

中国长江流域下游是亚洲稻作农业的发源地。20世纪70年代，浙江余姚河姆渡发现了距今近7000年的丰富的稻作遗存。1988年，湖南澧县彭头山出土了9000－7800年前的栽培稻。与此同时，河南舞阳贾湖遗址也出土了9000－7000年前的稻谷。从1993年起，在湖南澧县八十垱、道县玉蟾岩陆续出土了炭化稻谷，后者年代可达一万年以上。这些遗址中还出土了许多生产工具。河姆渡出土了相当多用大型哺乳类动物肩胛骨制作的骨耜，被认为是稻作的工具。浙江杭州跨湖桥遗址出土的石器磨制较好，主要是锛、斧和凿等加工木头的工具，这和这些遗址出土大量木器以及干栏建筑是相符合的。良渚时期，不仅石器的数量增多，而且出现了石犁、耘田器和石镰等功能明确的农耕工具。

黄河流域的粟作文化、长江流域的稻作文化各有独立的源头。中国新石器时代的粟作文化区和稻作文化区都有广阔的地域，包括不同的文化区系，其农业的产生和发展都具有自身的特点和相对的独立性。这些地区所种植的粟和稻未必只起源于一个地点，而是由此向其他地方传播。不同区域间的农业文化也有相互的传播和交流。典型的是长江流域的水稻在仰韶文化、龙山文化时期陆续传向黄河流域，粟也从北方向南方传播。

在早期人类的交往和交流中，物种的交流、动植物的交流是相当重要的组成部分。作为农作物的植物和作为家畜的动物，是早期人类在生产生活的长期实践中逐渐对野生物种进行驯化的结果。不同的民族，面对不同的自然条件，所接触和驯化的动植物并不相同，但通过早期的交流，这些动植物逐渐成为各民族共同的财富，满足和丰富了不同民族的生活和生产需要。直到近代以前，世界性的物种交流一直在继续。新石器时期的较晚阶段，是一次意义重大的外来物种引进的时期。

物种的传播也包括相应的生产技术、生活方式以及生活方式的传播。所以，食物的交流是一种涉及多方面的文化交流。进入人类文化传播和交流领域的物种，不仅是一种自然的产品，而且体现着人类的文化活动，是人类主动参与、改造的产物。这些物种本身就是人类文化的产品，是人类文化的一部分。

物种的交流，是人类历史上一个极为普遍的和持续的过程。但是，这个过程并不是物种的自然传播，而是人类不同族群、不同文化之间的相遇、交往与对话，是人类文化交流的一部分。物种的交流实质上是人的文化交流，物种交流的故事实际上就是人类逐渐开辟自己的生活空间、发展自己文明的故事。一个物种从一种文化进入另一种文化中，就不单单是一个植物、一个动物，而是一个文化现象的进入，并且在新文化中产生了相应的影响，以及带来新的文化变异，并逐渐被融入本土文化中，成为本土文化的一部分。

距今5000—4000年前，世界上首先发生了一次食物的全球交流。这次的大交流主要发生在亚洲大陆。在这第一次大交流中，由中国起源并独立培育的粟到达了欧洲，由中国起源的水稻传播到日本、朝鲜和东南亚；由西亚起源的小麦到了中国。小麦是重要粮食作物之一，起源于亚洲西部，栽培历史已有万年以上。其后，小麦即从西亚、中东一带向西传入欧洲和非洲，向东传入印度、阿富汗、中国。据《诗经》的描述，麦类作物在今山东、河南、山西和陕西都有种植，不过在作物中的比重并不大。西汉中期，董仲舒鉴于"关中俗不好种麦""而损生民之具"，建议汉武帝令"使关中民益种宿麦，令毋后时"，其后，小麦尤其是冬小麦（宿麦）的种植在关中地区逐步推广。相应地，人们的食物结构也发生了变化，出现了"相谒而食麦"的风俗。

我们常用"五谷丰登"来形容农业兴旺。在商周的文献中，粮食作物往往以"谷"泛称，先有"百谷"之称，后来才有"九谷""八谷""六谷"之称，最后概括为"五谷"。后来"五谷"之说逐渐固定下来，指稻、麦、黍、稷、菽五种粮食作物。这既包括起源于中国的稻子、黍粟、大豆，也包括从外部输入的小麦。

在中国新石器时代的农业中，除了上述的稻、麦等，还有其他栽培作物。我国农科专家卜慕华根据古籍记载，参考国外的资料，统计出中国有史以来的主要栽培作物，共有237种，其中禾谷、豆类、块根、块茎等粮食类20种，蔬菜及调料类45种，果树53种，纤维作物11种，经济作物26种，药用植物42种，竹藤类21种，重要观赏作物19种。[1]

与农业同时发展起来的是畜牧业。畜牧业的起源是人类历史上可以被称为革命的一件大事，它不是一个简单的事件，也不是一项偶然的发明，而是人类社会发展到一定阶段的必然产物。在世界各地，将野生动物驯化为家畜的时间和种类不尽相同，但大致都经历了驯育野生动物、繁殖家畜新种和人工选择三个阶段。家畜是在人类的干预下，按照人类选择的方向，不断改变野生动物的体型和习惯而形成的。

春秋战国时代的文献开始出现"六畜"的概念，包含牛、马、羊、猪、犬、鸡。宋代王应麟的《三字经》说："马牛羊，鸡犬豕，此六畜，人所饲。"《三字经》把六畜分为两组，即"猪、狗、鸡"和"马、牛、羊"。猪、狗、鸡是东亚本土起源，常见于新石器时代文化遗址，与定居农业生产方式相关。驯养的牛和羊在西亚出现早于东亚数千年，马的最早驯化地是中亚。牛、马、羊是草原游牧业的基础，这些动物与猪、狗、鸡不同，均可产奶，而奶和奶制品为游牧生活提供了更加稳定的饮食保障。在四五千年前，牛、马、羊可能是通过北方的游牧民族传到了中原，其中马的出现要稍晚一些。到夏商周三代，中国的"六畜"才逐渐齐备。

中国自古以来将五谷丰登和六畜兴旺作为生活富足和社会繁荣的基本条件。五谷丰登和六畜兴旺是我们的先人与欧亚大陆其他民族交流的结果。《荀子·王制》说："万物皆得其宜，六畜皆得其长，群生皆得其命。""五谷"和"六畜"基本上奠定了中华民族生存和发展的生活基础。

---

[1] 卜慕华：《我国栽培作物来源的探讨》，《中国农业科学》1981年第4期。

随着农业和畜牧业的发展，由制造生产工具发展起来的手工业劳动，在种类和规模上都出现了新的局面，出现了制陶、制玉、编织、骨牙器和装饰品的生产，引起历史上第一次技术革命，促进了制陶、养蚕制丝、制玉和冶铜技术的发展。历史学家白寿彝概括新石器时代晚期的技术革命时说："大约在公元前第4000纪，各地前后进入龙山时代，此时手工业有了显著的发展。一是铜器的发明，使神州大地上第一次出现了冶金；二是快轮制陶技术的发明，不但提高了生产率，而且使制作蛋壳黑陶那样精致的器物成为可能；三是养蚕缫丝和丝织品的出现；四是玉器工艺的大发展。此外还有漆器工业和建筑业的进步，如普遍使用石灰、土坯和夯筑技术等。所有这些都需要熟练掌握技术的匠人。一种新技术出现后必定有一个推广的过程，这种推广的过程必定伴随着一些匠人的流动和相关文化因素的传播。"[1]

在史前时代的晚期，人们已经发展出比较复杂的生产技术，农业生产已经普及，并创造了新的手工业门类，因此形成了相应的生产生活群体。制作石器、陶器、铜器以及纺织等的手工技艺，是十分复杂和专业的，需要专门的学习和训练才能掌握。比如冶炼和铜器制作，是十分复杂的有组织的活动，需要多人协作，而且其技术含量也相当高，需要具备现在看来属于物理学、化学方面的相关知识以及熟练的工艺操作能力，这必须经过一定时期的培训和学习才能够掌握。人们积累起来的生活知识，包括对自然的知识，以及一代一代人积累的生产技术，都需要传承下去。所以，在原始时代，人们就已经创造了一系列文化传承的方法、技术和模式。文化是通过记忆来一代一代传承的，所以就有了人类的进步、文化的进步。农业的出现与发展，制陶、制玉、冶铜、缫丝织绸等技术，还有许多其他的生产技术，以及相应的知识体系，都是经过很多很多年，世世代代沿袭相传下来的。每一点新的发明和进步，都是在原来的文化积累基础上进行的。

考古学家李济先生说："若从中国现代的文化向古时推，则到了新石器

---

① 白至德编著：《远古时代》，中国友谊出版公司2010年版，第83页。

时代显然是一个大分划的开始。换句话说，传到现代的中国文化中若干最重要的成分方开始出现于新石器时代至青铜时代这一期间。"①他列举了如下一些事项：

（一）我们的农业基础，是新石器时代开始建筑起来的；

（二）家畜的豢养，在新石器时代已很普遍；

（三）村落的组织，也可推定是新石器时代的发展；

（四）新石器时代已有纺织业，并有开始蚕桑业的证据；

（五）陶业在新石器时代已发展到很辉煌的程度；

（六）骨卜的最早发现在大部分的黑陶文化遗址中；

（七）版筑式的建筑，在新石器时代亦有痕迹可寻；

（八）青铜业虽在小屯开始，但中国青铜文化在小屯的这一面不是最早的；

（九）文字同青铜业一样，在小屯的已是成熟的产品；

（十）车战，继青铜业俱来；

（十一）城市宫殿建筑，同前；

（十二）以人殉葬，同前；

（十三）龟卜由骨卜进展而来；

（十四）石雕与骨雕代表太平洋沿岸艺术最早的作品。②

李济先生说："上列的十四种文化成分由新石器时代到青铜时代陆续在华北一带出现。"③

李济先生强调的重点在于新石器时代"传到现代的中国文化中若干最重

---

① 李济著：《中国文明的开始》，江苏教育出版社2005年版，第74—75页。

② 李济著：《中国文明的开始》，江苏教育出版社2005年版，第75页。

③ 李济著：《中国文明的开始》，江苏教育出版社2005年版，第75页。

要的成分"。这句话反过来就是说，在现代的中国文化中，有"若干重要的成分"是从新石器时代传承下来的。这是影响到今天文明的文化基因。李济先生进一步论述了史前时代与文明时代在文化上的连续性。他指出："殷商时代日常生活的基本成分都可以追溯到黑陶时代以及仰韶时代。在殷墟出土的普通器物中，如陶、石、蚌、骨、角等各种材料制就的饮食器、农器、装饰品，以及其他与日常生活有关的用品，差不多全部可以在华北的新石器时代以及更远的中石器、旧石器时代追出它们的原型和原始。"[1]

英国人类学家泰勒（Edward Burnett Tylor，1832—1917）认为，在粗糙的原始文化和发展了的文化之间，有许多相似之处，前者虽然粗糙，却更充分、更生动、更有意义。现代人从他自己高度发展了的文化观出发未必就能理解原始人的思想。许多新发现的原始文化层之所以能为现代文明社会所理解，就是因为在这两种文化之间有共同点，因此一些古老的概念仍然有着持久的生命力。

实际上，中国新石器时代主要文化中已经具有一些带有中国特色的文化因素，中华文明的形成过程就是在这些因素或称之为基因的基础上展开和发展起来的。所谓中华文明，大概可以追溯到这个遥远的时代，这个遥远的起源。历史学家吴小如也指出："中国文明肇源于新石器时代……中国文明有它鲜明的个性，有它特殊的风格。中国新石器时代主要文化中已具有一些带中国特色的文化因素。中国文明的形成过程就是在这些因素的基础上发展的。"[2]

我们说中华文明源远流长，这个"源"，就是要追溯到石器时代，特别是新石器时代，意义尤为重大。我们说中华文明生生不息，其生命的动力，也要到这个源头去寻找。那个遥远的时代，已经孕育了中华文明强大的生命力。

或者可以进一步说，新石器时代创造的文化，就是我们今天所说的中华文明的起点。

---

① 李光谟编：《李济学术文化随笔》，中国青年出版社2000年版，第182—183页。
② 吴小如主编：《中国文化史纲要》，北京大学出版社2001年版，第10页。

关于石器时代留给我们今天的文明遗产，要特别注意农业在新石器时代文化中的决定性作用。英国历史学家阿诺德·汤因比（Arnold J. Toynbee，1889—1975）认为，农业和畜牧业无疑是人类迄今最重要的发明。它们一直是人类生活的经济基础，尽管在某些时候和某些地方它们被商业和制造业夺去了光彩，但它们一直是人类生活的经济基础。农业不仅仅解决了食物来源的问题，而且形成了一种新的生产方式和生活方式，形成了新的社会组织形式和新的精神状态，因而形成了一种新的文化。农业不仅是一种生产方式，不仅改变了人们获取食物的方式，还是一种生活方式。由于农业的产生，人们开始定居生活，开始构屋居住，因而有了聚居的村落，有了一定的社会管理方式和相应的社会组织。之后还会有聚会、祭祀的公共空间乃至"成均""庠"和庙宇等大型建筑。再之后，就出现了城市和国家。总之，这时候才有了我们现在说的真正意义上的人类文明。从新石器时代开始，中国就以农业为根本，农业是中华文明起源的经济基础。从世界文化历史的角度看，农业经济是最具影响力、使人类受益最大的生产行为，是社会生产和经济发展的主要基础和命脉。

钱穆先生在《中国文化史导论》中指出："各地文化精神之不同，穷其根源，最先还是由于自然环境有分别，而影响其生活方式。再由生活方式影响到文化精神。人类文化，由源头处看，大别不外三型。一、游牧文化，二、农耕文化，三、商业文化。游牧文化发源在高寒的草原地带，农耕文化发源在河流灌溉的平原，商业文化发源在滨海地带以及近海之岛屿。三种自然环境，决定了三种生活方式，三种生活方式，形成了三种文化型。此三型文化，又可分成两类。游牧、商业文化为一类，农耕文化为又一类。"钱穆进一步说："游牧、商业起于内不足，内不足则需向外寻求，因此而为流动的，进取的。农耕可以自给，无事外求，并必继续一地，反复不舍，因此而为静定的，保守的。""游牧、商业民族向外争取，随其流动的战胜克服之生事而俱来者曰'空间扩展'，曰'无限向前'。农耕民族与其耕地相联系，胶著而不能移，生于斯，长于斯，老于斯，祖宗子孙世代坟墓安于斯。故彼之心中不求空间之扩张，惟望时间之绵延。绝不想人生有无限向前之一境，而认为当体具足，循环不已。"①

　　钱穆的这段论述，不仅是着眼于中西文化不同特点的比较，也说明了农业的产生和发展对中国传统文化的决定性意义。农业文明决定了中华文明的根本特质，决定了中华文明的发展方向，因而也就决定了中国人的集体人格和文化精神，决定了中国人的精神气质和思考方式。进一步说，农业文明孕育了中国人和中国文化的基因，孕育了中华文明形成和发展的文化密码。这一点，对了解中华文明的本质和内涵是具有决定性、关键性意义的。而这种特质、方向，是在新石器时代农业文明发生的时候就已经决定了的。

　　中华民族的民族性格、文化传统与中华文明的起源、与农业文明的特点有着直接的内在的关系。中华民族稳重内敛、注重传统、爱好和平、重视礼节的民族性格，肇始于中华文明的早期，与当时的生产生活方式密不可分。农业发展需要定居，并且长时间地培育技术，精耕细作、春种秋收培养出人们勤劳节俭的生活态度；农业经济定居的特点使农业民族不需要将领土扩张至不适合农业的区域，爱好和平的民族性格很早就形成了；农业社会注重内部秩序，于是中华先民崇尚"礼"，敬祖先、守礼制的传统源远流长。

三、中华文明的原始意象

　　和世界上其他许多民族一样，我国历史上也有一个"传说时代"。在早期发展的各民族中，其最初的历史是用"口耳相传"的方法流传下来的。由于人类活动的历史很长，人们不能详细地、完全地记住每一个事件，自然就选取与本身关系较密切的事迹记下来，而逐渐忘记了其他关系较疏远的事件，从而形成内容丰富的古史传说系列，即"历史神话体系"。传说是原始人类的"历史学"。历史学家傅乐成指出："任何一个民族的初期历史，无不从追记而来，而且其中必然无法脱离传说和带有神话色彩的部分。中国古史的传说时代，最

---

① 钱穆著：《中国文化史导论》(修订本)，商务印书馆1994年版，《弁言》第2、3页。

少要包括从黄帝至夏桀的一段时间，将近千年之久。这段时间历史的真实性，古人是大体相信的，今人则因为缺乏证据，而以传说视之。但一种传说，绝不会凭空而起，同时我国古代史家对历史的编订，态度是很严谨的，因此我们有理由相信，在这类传说之中，可能隐藏着许多真实事迹。"①

所以，神话传说就成了认识"有文字记载"以前"历史"的重要资料。各民族都有关于创世和民族起源的神话。神话是在文字创制之前，保持民族文化记忆、实现文化传承的一种普遍形式。将祖先们所进行的文化创造和文化成果以神话的形式保存下来并且传承下去，是神话的主要功能。神话是远古传来的歌唱，歌唱的是上古先民筚路蓝缕的事迹，是他们点燃人类文明星星之火的业绩。因此，神话传说是认识"有文字记载"以前"历史"的重要资料。法国人类学家列维-斯特劳斯（Claude Levi-Strauss，1908—2009）认为，神话是远古的祖先想传给后人的某种信息。古代人已经认识到神话传说的这种作用。比如，韩非将"构木为巢"的有巢氏和"钻燧取火"的燧人氏时代称作"上古之世"，将"鲧、禹决渎"时代称作"中古之世"，将"汤、武征伐"时代称作"近古之世"。所以，有文字记载的历史文化主要是通过文字记载来了解的，而对于史前的，即有文字记载以前的历史文化，除了考古发掘，通过神话去了解是一个重要的途径。

按照现代神话学的看法，神话并不是史前时代或原始时代的个人创造，也不是个人某种想象力的产物，而是在一个种族或民族中经过世世代代长期流传和加工而成的。虽然神话的许多内容在今天已被判定为不可能发生的事情，在当时却是初民们对世界的原始理解和解释，并成为他们"生活世界"的一部分。神话是人类意识发展的一个特定阶段，它表示民族文化的初始选择，是民族精神的最初记录，或如瑞士心理学家荣格（Carl Gustav Jung，1875—1961）所说的，是那种"原始意象"最重要的表现方式。这种"原始意象"是"人类永远重复着的经验的沉积物"，它通过先天遗传的"种族记忆"，至今潜

---

① 傅乐成著:《中国通史》上册，中信出版社2014年版，第9页。

藏在我们个人的深层心理结构中，成为我们民族的"集体无意识"和文化"密码"。对神话和"原始意象"的追溯，将帮助我们认识并返回自己灵魂的故乡。

神话是一种世界性的文化现象，它的题材在世界各国的神话中都有一些相似之处。例如创世故事、人类诞生、文明起源、洪水神话、英雄史诗等，都是具有普遍性的神话母题。题材是相似的或共同的，对题材的理解和组织却是各不相同的。每个民族的神话，既体现了人类原始社会和原始心理的共性，又有自己的文化特色。作为初民们对世界的原始理解和解释，各民族的神话又有自己的特殊形式和内容。正是这种文化初始选择上的差异性，孕育了各自的文化特质和文化精神。神话是一个民族童年生活的写照。各民族的生存环境不同，发展过程不同，自然也有着不同的文化性格。这种文化性格上的差异，在各民族的童年就有表现，在后来的历史传承中又不断强化，形成所谓的"民族传统"和"民族性格"。

中国的原始初民们创造的神话世界是相当丰富的。虽然中国没有出现像荷马史诗那样的古神话巨著，没有形成像古希腊、古印度那样完整、庞大的神话传说体系，但中国神话中也包含了几乎所有普遍性的神话题材，并且带有自己特殊的民族气派和风格。从盘古开天辟地、女娲抟土造人，到炼石补天、精卫填海、后羿射日、大禹治水、孤泉之战、涿鹿之战，如此等等，古朴壮美，扣人心弦，世代传诵，具有震撼心灵的无穷魅力。这些神话表现了中华民族祖先追索自然奥秘的浓厚兴趣、征服自然的顽强斗志和丰富的想象力，表现了向自然斗争的磅礴气势和不屈不挠、自强不息的精神。

神话与传说密切联系但又有所不同。神话偏重于关于人神起源、万物初始的来历，传说偏重于口头流传的关于世界来源及英雄故事的说法。许倬云先生说："中国历史上的一些传说也许可以理解为浓缩的集体记忆。"[1]

---

[1]　［美］许倬云著：《说中国——一个不断变化的复杂共同体》，广西师范大学出版社2015年版，第29页。

在中国神话中，有关于有巢氏、燧人氏、伏羲氏、神农氏的传说。现代历史科学证明，我国神话传说中，有巢氏、燧人氏的故事，大体反映了开始穴居生活和用火的旧石器时代的状况；伏羲氏、神农氏的故事，大体反映了新石器时代早期农业萌芽的状况；黄帝、尧、舜、禹的故事，则昭示了新石器时代晚期人类的生活情景。

到了有文字记载的时候，人们已经对神话传说进行了一番选择和加工。这样，我国古代传说和古代歌谣一样，有不少都失传了。在较晚的文献中记载下来的一些，往往只保留了简单的梗概和片段，还时而掺进一些后代人的观念。比如，历史学家吴小如认为，战国两汉时期，"以儒家为代表的知识阶层，把伏羲、黄帝、尧、舜、禹等传说甚或神话人物，改造成历史人物，构筑了一个以'三皇五帝'为中心的神史混杂的史前社会体系，并认为那是人类最美好的时代"①。根据自己的需要，对原先的神话材料进行取舍，如此造成了神话材料的人为改造和散失。但是，尽管如此，这些保存下来的传说，还是反映了史前人类生产生活的一些基本面貌，反映了那个时代社会进化发展的比较模糊的历史。

战国两汉时代，中国古史传说创造了一个"三皇""五帝"的传世谱系。一般认为，中华文明始自"三皇五帝"时期。但是，关于"三皇五帝"的族种、生卒年代都无法考察，甚至有的容貌描述亦非人类的形象。"三皇五帝"是否实有其人，现在还没有可靠的证据。学术界普遍倾向认为他们是史前氏族部落的首领，或者是氏族部落的象征物（图腾），或者是氏族部落的名号。无论如何，"三皇五帝"时代作为中华民族文明早期阶段的称呼，符合我国历来的认识，又大体符合考古发现的上古文化面貌。

"三皇"的说法在秦始皇时已有，当时指天皇、地皇、人皇（泰皇），通常是把燧人、伏羲、神农称为"三皇"，"最为久远也最为模糊的'三皇'，

---

① 吴小如主编：《中国文化史纲要》，北京大学出版社2001年版，第17页。

大抵是创世神话中的神人，史前人类的象征"①。

"五帝"是对上古时代五位最具影响力的部落首领的尊称。关于"五帝"，比较普遍的说法是指黄帝、颛顼、帝喾和尧、舜。司马迁在《史记》中作有《五帝本纪》，他是把"五帝"作为中华文明的历史来记载的。在他看来，"三皇"只是得自传闻，而"五帝"是中华文明的开端。按照司马迁叙述的"五帝"传世谱系，黄帝是其他四帝的先祖，帝颛顼高阳是黄帝之孙，帝喾高辛是黄帝之曾孙，帝尧为帝喾之子。

尧禅让王位给虞舜，传了四个字，即"允执厥中"。舜禅让王位给大禹，传了十六个字：

人心惟危，道心惟微，惟精惟一，允执厥中。(《书·大禹谟》)

这十六个字是中国文化传统中著名的"十六字心法"，后世称为"中华心法"。"中华心法"是中华文明最初的文化理论。

考古学家苏秉琦明确指出，"五帝"时代的上限应不早于仰韶时代后期，"五帝"时代的下限应是龙山时代。苏秉琦还进一步说："在仰韶时代与龙山时代之间确实有一个明显的变化，无论从农业和手工业的发展，社会的分工与分化还是从文化区系的重新组合等各方面都能看得出来。"②

"三皇五帝"，都是创造物质文明和制度文明的"文化英雄"，传说中把许多文化发明都归功于他们。"文化英雄是一种具有神性的人物，他为人类获取或首先制作了各种文化器物，例如火的使用、植物栽培、工具发明等等；他消灭了横行大地的妖魔鬼怪；教人以各种生活技艺，为人类制定社会组织、婚丧习俗、礼仪节令等等；有时还参与世界的创造与自然秩序的制定；他是初

---

① 樊树志著：《国史十六讲》，中华书局2006年版，第9页。
② 苏秉琦主编：《中国远古时代》，上海人民出版社2010年版，《序言》第13页。

民集体力量的集中体现，是人类原始文化成果的集中代表。"①或者说，他是"历史力量的代表者"②。

古史第一阶段的英雄人物都是创造器用的人。战国末年的《考工记》说："知者创物，巧者述之，守之世，谓之工，百工之事，皆圣人之作也。"具有大智慧的人创造了有利于人类活动的美丽器物，心灵手巧的人把制作过程记录了下来，保持着前人制作传统的工匠可以被称为"良好的工匠"，他们做的各式各样的美丽器物，都是具有大智慧的人所做的啊!《考工记》还说："烁金以为刃，凝土以为器，作车以行陆，作舟以行水，此皆圣人之所作也。"

历史学家范文澜指出："古书凡记载大发明，都称为圣人，所谓某氏某人，实际上是说某些发明。而这些发明，正表示人类进化的某些阶段。"③古人把这些创造了物质文化的人物称为"圣人"，他们对人类物质文明有极大贡献，是备受尊敬的英雄式的领袖人物。这些圣人次第发明各种改善人们生活的劳动方法和器物，为以后国家组织的建立提供了必需的物质基础。④

"三皇"都是创造了文明的英雄。燧人氏钻木取火，成为华夏人工取火的传播者，教人吃熟食，结束了远古人类茹毛饮血的历史，被后世奉为"火祖"。据说，燧人氏还教人捕鱼。燧人氏还有其他重大发明。他在昆仑山顶观察天象以明天道，始为山川百物命名；创立"氏族图腾徽铭制"，始立姓为风，氏为昊；他发明《河图》《洛书》和星象历，创造人类早期的符号文字；等等。取火方法的发明对人类文明的奠基和发展具有特别重大的意义。

伏羲的贡献主要有以下几个方面：创立八卦，开启了中华民族的文化之源；教民结网用于渔猎，提高了人类的生产能力；教民驯养野兽，这就是家畜

① 陈建宪著：《神祇与英雄：中国古代神话的母题》，生活·读书·新知三联书店1994年版，第143—144页。
② 《马克思恩格斯选集》第3卷，人民出版社2012年版，第704页。
③ 范文澜：《中国通史简编》，北京联合出版公司2020年版，第9页。
④ 许进雄著：《中国古代社会——文字与人类学的透视》，中国人民大学出版社2008年版，第28页。

的由来；变革婚姻习俗，倡导男聘女嫁的婚俗礼节，使血缘婚改为族外婚，结束了长期以来子女只知其母不知其父的原始群婚状态；始造文字，用于记事，取代了以往结绳记事的形式；发明陶埙、琴瑟等乐器，创作乐曲歌谣，将音乐带入人们的生活；将其统治地域分而治之，而且任命官员进行社会管理。

神农氏的贡献主要体现在农业方面。神农氏被认为是农业的创始者，带领部属从游牧生活转为农耕定居生活。"神农氏"一名即"农之神"，是主管农业的神人。他发明了耒耜，开始和发展了耜耕农业，并在此基础上发展了畜牧业，丰富了人们的食物品种，改善了人们的饮食结构。神农治麻为布，民着衣裳。他制耒耜，种五谷，奠定了农工基础。他削木为弓，以威天下。神农是中国古代最重要也是最受崇拜的农神，直至进入文明时代以后，历代人们都举行隆重的仪式来祭祀他，以祈求农业丰收。与农业发明相关的还有中草药的发明。为了促使人们有规律地生活，按季节栽培农作物，神农还立历日，立星辰，分昼夜，定日月，月为三十日，十一月为冬至所在之月，形成了一年十二月的历法。

中国古代的先民们对定居点的选择和建立，也始于神农氏时代。神农教给人们如何避恶地趋善地，建筑能够居住和使用比较长久的房屋、挖掘水井及修建其他生产、生活设施。在神农氏时代，人们还发明了制陶技术。神农发明以日中为市、以物易物的市场。神农还进一步优化了对火的使用，扩大和稳定了食物来源，促进了酒的发明，改善了生存条件，因而人们的寿命也相应有所提高。

黄帝时代对中华文明的早期创造贡献最大，被尊为中华"人文初祖"。到黄帝的时代，人类文明已经发展到一定的程度，新的发明涉及生产生活的许多方面。黄帝已经站在了有一定发展的文明基础之上。作为文化英雄的黄帝，其发明创造是在先前"三皇"基础上的发明，也是在这个基础上的进一步发展。当然，这是一个很大的发展。

钱穆先生说："传说中的黄帝，是中国历史上第一个伟人，是奠定中国文明的第一座基石。"[①]指南车、养蚕、舟车、文字、音律、医学、算数等都创

---

① 钱穆著：《黄帝》，生活·读书·新知三联书店2004年版，第7页。

始于这个时期。传说黄帝用玉制作兵器，造舟车、弓箭，染五色衣裳；他让妻子嫘祖教人们养蚕，命令大臣仓颉造文字，大挠造干支，伶伦制作乐器，如此等等。黄帝在经济文化方面的贡献是多方面的。黄帝是文明创造和发明的领导者和组织者，他领导了一个规模不小的文明创造团队，其中的每个人都对生产技术和社会文化的发明和创造有独特的贡献。

黄帝时代还制定了礼仪制度文明。唐代孔颖达在《礼记正义》中依据古史传说和纬书残篇详细论述了"五礼"产生的时代和经过，将"礼"的起源分为礼理、礼事、礼名三部分，认为黄帝之前已有礼理、礼事，但没有形成礼名，黄帝时代才有了"礼"之名，从而肯定了黄帝时代是制度文明正式形成的时代。

古人把黄帝时代作为中华民族文明的源头，黄帝时代的许多创制和发明奠定了中华民族文明的基础。

黄帝之后的尧和舜也有许多贡献。比如尧命羲氏、和氏观天象，制历法，制定四时成岁，为百姓颁授农耕时令，测定出了春分、夏至、秋分、冬至。尧设置谏言之鼓，让天下百姓尽其言；立诽谤之木，让天下百姓攻讦他的过错。

那么，在中国的上古神话中，包含着怎样的"原始意象"，又怎样影响了在那以后中华文明发展的走向呢？

与其他民族的神话相比，中国上古神话具有以下几个方面的显著特征：

第一，充满沉重庄严的气氛，体现了自强不息的精神。这种气氛和精神，构成了中国上古神话的基本内涵，表现了原始初民们的性格和气质。这一点是与希腊神话明显不同的。我们读希腊神话，感受到的是一种欢快明朗的戏剧化的气氛。希腊的诸神无拘无束，尽情地享受生活的快乐。希腊神话的这种喜剧精神表现了人类童年的纯真天性，他们生活在一种"诗"的气氛中。用马克思的话说，古代"希腊人是正常的儿童"[1]。与之相比，中国原始初民似乎可以说是过早地承担起生活重负的"早熟的儿童"。在中国的上古神话

---

[1] 《马克思恩格斯选集》第2卷，人民出版社2012年版，第712页。

中，我们看不到那种天真烂漫、无忧无虑的气息，相反，却能看到在面对重重困难险阻时勇往直前、不屈不挠的精神。《圣经》中的上帝用了7天创造世界，而我们的盘古仅开辟天地就用了1.8万年！而在完成了开天辟地的伟业之后，盘古并没有因此而成为世界的主宰，而是像我们人类一样倒地死去。他身体的各部分化为日月星辰、江河田土、花草树木。这位"垂死化身"的盘古把整个身躯都贡献给了创造宇宙万物的事业，使这新生的世界变得丰富、优美。

从盘古开辟天地开始，中国上古神话中的诸神们就面临着一系列艰难险阻，从事着相当艰难的事业，也铸就了顽强、执着、不屈不挠的性格特征。女娲炼五色石以补天，工程之巨大，实在令人惊叹。小小的精卫鸟，为了复仇，日复一日地从发鸠山衔来树枝和石子，投入海中，想把辽阔的大海填平。最感人的是大禹治水的故事。禹的父亲鲧治水不成，被杀于羽山之郊。禹继承了其父平治洪水的事业，驱逐兴风作浪的水神，剪除破坏治水的妖魔，辟山开渠，疏导江河，历尽千辛万苦，奋战十几个寒暑，终于治理好了洪水之灾，使人民过上了安宁的生活。

第二，具有鲜明的伦理化倾向与圣人意识。上古神话是原始初民们的"口头文学"，而现存的神话材料则是在有了文字记载以后的时期，经过加工整理而成的。虽然这些神话材料仍然保留着某些原始时代神话的面貌，但也包含着不可避免的"变异"。后人在记录、整理上古神话时依据自己的社会文化环境进行"剪裁"，使记录下来的神话染上了人们所处时代的色彩。对于中国上古神话来说，这种"剪裁"的痕迹最明显地表现为突出的伦理化倾向和圣人意识。中国的诸神们，庄重威严，都是道德的楷模与典范，具有强大的人格力量。《礼记·中庸》说：只有天下最崇高的圣人，才是聪明睿智的，能够居上位而临下民；才是宽宏大量、温和柔顺的，能够包容天下；才是奋发勇健、刚强坚毅的，能够决断天下大事；才是威严庄重、忠诚正直的，能够博得人们的尊敬；才是条理清晰、详辨明察的，能够辨别是非邪正。他们救苦救难，律己甚严，具有高尚的"圣德"。从盘古、女娲、黄帝，到尧、舜、禹，几乎都是美德的化身，绝少有道德上的污点。即使是作为"反面角色"的"恶神"，如专事破坏捣乱的共工、蚩尤等，在私生活上也是很少有瑕疵的。神农氏尝百草，一天中毒数十次，毫无怨言；大禹治水十几年，竟三过家门而不入，充满了自我牺牲精神；尧终生俭朴，并创禅让之风；舜则是出名的大孝子，为人民做了许多好事。他们向我们显示的，主要是一种道德力量，是一种完美无缺的伦理楷模，因而具有令人景仰的人格感召力。正是中国上古神话中表现出来的这种对"德"的尊崇，对伦理行为的关注，成为中华文化精神的一个重要方面，并深深地影响到以后文化发展的脉络。伦理价值高于科学价值，对"善"的关注超过了对"美"的重视和对"真"的追求，或者把"美"与"真"的判断纳入"善"的框架中，一直是中国人的文化心理传统。

第三，神话的历史化。通常说的神话的"历史化"指对神话采取一种基于历史意识的理解，即对产生于原始思维的神话作出智性的、历史化的解释。但中国神话的"历史化"还有更深一层的意思，它不仅用历史解释神话，而且把神话"化"为历史，也就是把神界故事演化成人界故事，形成极富中国特色的古文传说系列。这一点也与希腊神话有着显著区别。希腊人的历史意识和时间观念比较淡薄，甚至把在他们之前几个世代的历史事件也当作遥远的神话传说来处理。他们把历史"化"为神话。与此相反，中国人在很早的时候就有了历史意识，所以直到近代，中国一直是世界上历史典籍最丰富、最发达的国家。从司马迁的《史记》开始，修史治史一直是官方文化最重要的内容之一。而在中国神话里，最古老的神也被纳入了古史传说系列，并被人们普遍接受为古代的著名人物。例如人们都认为公元前2796年是黄帝登基的"黄帝甲子年"；他以后的帝喾、颛顼、尧、舜、禹等的生卒年代和在位时间表似乎也很"清楚"，甚至还有关于"三皇五帝"的"历史记载"。

中国上古神话中的历史意识，也深深地渗入中华文明的深层结构。中华文明是一种弥漫着浓重历史意识、历史气氛的文明。历史成为人们生活的一种"依据"，引证"历史"成为一种基本的思考方式（如所谓"托古改制"等）。中国人对自己的悠久历史，包括化为"历史"的神话在内，特别重视，特别引为自豪。同时，中国人也特别注重祖先崇拜，注重家族的传承兴衰。中国不仅有发达的官方史学，而且在民间还有相当发达的族谱、家谱，往往能追溯其家族的上十几代甚至几十代。

中国上古神话是中华民族童年时代的文化创造，也是关于童年生活的故事，是上古初民们辉煌的文化遗留物。这些神话中蕴含着民族的哲学、艺术、宗教、风俗、习惯以及整个价值体系的起源，为以后的文化发展提供了"一种规范和高不可及的范本"①。德国哲学家卡西尔（Ernst Cassirer，1874—1945）指出："我们从历史上发现，任何一种伟大的文化无一不被神话原理支配着、渗透着。"②中国上古神话以其庄严的气氛和自强不息的精神蕴意，以其鲜明的伦理化和历史化特征，区别于其他民族的原始文化，形成了自己的特殊风格和持久魅力，成为中华文明发展的最初"意象"和"文化脚本"。当往后的人们"接受"了这个"文化脚本"的时候，他们的文化模式和历史进程将深深地受到它的影响和制约，并在此基础上进行再创造，以实现文化的突破。

四、中华文明探源工程

各地的原生型文明都是在新石器文化的基础上发展起来的。或者说，当新石器时代文化发展到一定成熟的阶段，就会实现一次重要的文化突破，进入原生型文明阶段。

关于早期文明即"原生型文明"的标志，现在国内外较流行的观点是把文字、铜器、城市等作为原生文明的标志或要素。这三个重要标志代表文明发展到了一定的水平。这种以"文字、铜器、城市"等因素去考证的观念，显得比较简单，或者也不全面，但因为约定俗成而比较实用。

但是，按照这三个标准来看待早期文明，是西方考古学家根据在美索不

① 《马克思恩格斯选集》第2卷，人民出版社2012年版，第711页。
② ［德］卡西尔著：《国家的神话》，范进、杨君游、柯锦华译，华夏出版社2015年版，第5页。

达米亚的考古经验得出的。对以中国为代表的东方古代文明的起源和早期发展，还缺乏系统的了解。因为从这样的标准来看，古埃及、古巴比伦和古印度文明，都有五六千年的历史了，而那时候的中国则还没有达到这样的标准。我们所知道的甲骨文、青铜器只有三千多年。那么，我们经常说的"中华文明五千多年"，依据是什么？中华文明五千多年的源头在哪里？

2001年，我国启动了"中华文明起源与早期发展综合研究"（简称"中华文明探源工程"）项目。这是一项由国家支持的多学科结合、研究中国历史与古代文化的重大科研项目，以考古调查发掘为获取相关资料的主要手段，以现代科学技术为支撑，采取多学科交叉研究的方式，揭示中华文明起源与早期发展。

在这项工程中，中原地区六座规模大、等级高的中心性城邑被列为研究重点，它们是：可能与"黄帝"有关的河南灵宝西坡遗址，与传说中"尧"时代时空吻合的山西襄汾陶寺遗址，可能是"禹都阳城"的河南登封王城岗遗址和可能是"夏启之居"的河南新密新砦遗址，还有考古学界公认的夏代中晚期都城河南洛阳二里头遗址以及郑州大师姑遗址。

在中华文明探源工程中，中国学者突破文字、铜器、城市"文明三要素"的制约，根据中国的材料，兼顾其他古老文明的特点，提出了判断进入文明社会标准的中国方案。考古学家王巍在文明探源工程研究的基础上提出，文明标准的中国方案具体内容包括：

第一，生产力获得发展，出现社会分工。在农业显著发展的基础上，出现农业和手工业的分离，并且部分手工业生产专业化（如琢玉、髹漆、制作高等级陶器、冶金等）。

第二，社会出现明显的阶级分化，出现王权。社会阶层分化显著，少部分社会上层精英垄断社会管理权（如军事指挥权、原始宗教祭祀权），出现最高统治者——王，形成严格的社会等级制度及维护社会等级制度规范的礼制。贵族、权贵控制盐、铜等重要的经济资源以及高等级手工业制品的生产和分配。出现埋葬王、其他高等级权贵阶层的专门墓地和随葬高等级礼器的大型墓葬。

第三，人口显著增加和集中，出现都邑性城市，都邑性城市成为政治、经济、文化中心。出现反映王权的高等级大型建筑和需要耗费大量人力物力兴建的大规模公共设施，出现明显的城乡分化。

第四，出现王所管辖的区域性政体和凌驾于全社会之上、具有暴力职能的公共权力——国家。国家的产生是文明形成的本质特征。战争、刑罚和杀戮等暴力行为成为较为普遍的社会现象。祭祀等礼仪活动在社会生活中占有重要地位。

按照这一标准，中华文明探源工程提出，在距今5100年到4300年前，一些文化和社会发展较快的地区相继出现了早期国家，跨入了文明阶段；提出了在距今5500年前，在黄河中下游、长江中下游和辽河流域等地的社会上层之间，形成密切交流，形成了崇拜龙的现象、以玉为贵的理念，产生了以某几类珍贵物品彰显持有者尊贵身份的礼制。

中华文明探源工程展现了中华文明起源发展历程，以考古资料实证了中华5000多年的文明；提出了判断进入文明社会标志的中国方案；揭示了中华文明的丰富内涵，再现了各地文明演进的情景；展现了中华文明起源与发展的脉络，即早期中国的形成与发展。

中华文明探源工程初步勾勒出了公元前2500年—公元前1500年即尧舜时代到夏商之际的社会图景。探源工程认为，距今5800年前后，黄河、长江中下游以及西辽河等区域出现了文明起源迹象。距今5300年以来，中华大地各地区陆续进入了文明阶段。公元前2500年前后，以中原陶寺古城、长江下游良渚古城和长江中游石家河古城的出现为标志，这些地区史前社会的发展普遍达到相当的高度。这些规模宏大的工程需要有效动员组织大量人力物力，表明这些古城控制了大量人口，综合考虑考古资料反映的社会成员明确的等级分化、为贵族服务的手工业、暴力和战争等相关情况看，这些地区在当时可能已经进入了早期文明社会，建立了早期国家。

由于农业生产的发展，人类的聚居形式得以形成，出现了村落的定居地，因此也就出现了一定的社会组织，甚至可能是比较复杂的社会组织。从母系社会到父系社会的演变，再到氏族社会和部落联盟的出现，就是社会组织日益复杂化的演化轨迹。在距今5000年左右，已经开始形成早期的国家。比如红山文化中已经出现大型的祭坛、神庙、墓冢，显然已经具有国家形态了。

浙江良渚遗址中，发现了建于距今约5000年前、面积近300万平方米的内城和更大规模的外城。为了防止古城遭到洪水的侵害，在古城以北的山前地带，良渚人堆砌起巨型水坝，其工程量在全世界同时期的建筑中首屈一指。山西陶寺遗址和陕西石峁遗址中，也分别发现了面积在280万乃至400万平方米的巨型城址。这些城址内社会分化严重，高等级建筑周围有高高的围墙围绕。这一时期墓葬反映的阶级分化非常明显，小墓中一无所有，或者仅有一两件武器或陶器；大型墓葬的随葬品有上百件，不仅制作精美，而且表明墓主人的等级身份。这些都说明，夏商周之前，中华文明已经进入国家阶段。这是一个阶级分化相当严重的社会，是一个产生了权力、王权的社会。依据这几个巨型城址、它们拥有稳定的控制范围以及它们之间发生的政治、经济、文化联系，可以推测，当时的社会整体上虽然还没有形成王朝，但是应该已经进入王朝之前的古国文明阶段，已经进入初级文明阶段。

有的学者依据考古学的研究成果，把距今5000至4000年之间新石器晚期的社会组织称为"酋邦社会"[1]，即比部落更高一级的社会组织形式。"酋邦"是现代人类学家提出的一种前国家形态概念，和传统的氏族、部落联盟说比较而言，它是解释前国家时代社会发展的新概念。酋邦属于在向国家演进过程中的过渡阶段，也被认为是人类社会进入早期国家的一种演化模式。酋邦的主要特征有：在酋邦的社会结构中存在着一个最高首领，社会权力如军事权力、主掌宗教祭祀的权力、经济生活的控制与管理权力等，较多地集中在最高首领手中；存在社会分层，各层级之间的关系是不平等的，因而形成了一种金字塔式的分层结构；存在社会财富的集中与再分配体制；与国家相比，酋邦社会是缺乏强制力量的、非制度化的社会；在实际的社会管理中，传统习惯、社会与宗

---

[1] 参见谢维扬著：《中国早期国家》，浙江人民出版社1995年版，第276—313页。

教的制裁都要比政治力量更为重要。[1]总之，酋邦社会与之前的氏族社会相比，最大的区别在于"分层社会"和出现了"拥有最高权力的个人"。[2]

"五帝"时代是公认的古代中国早期国家起源的关键时期。学者们据考古学成果提出的"古国文明"，大体上相当于传说中的"五帝"时代。古国分层和存在拥有最高权力的个人这两个特征，成为中华大地上的远古人类进入国家社会之后发展出等级制度和专制主义政治的渊源。

距今3800年前后，中原地区形成了更为成熟的文明形态，在汇聚吸收各地先进文化因素的基础上，政治、经济、文化持续发展，并向四方辐射文化影响力，成为中华文明总进程的核心与引领者，为进入王朝文明奠定了基础。

探源工程实证了中华文明"多元一体、兼容并蓄、绵延不断"的总体特征。中华文明在起源与早期发展阶段形成的多元一体格局、兼容革新能力，成为其长期生长的起点，从中孕育出共同的文化积淀、心理认同、礼制传统，奠定了中华文明绵延发展的基础。探源研究表明，多元一体文化现象背后的各地方社会，在其文明起源和早期发展阶段，在各自的环境基础、经济内容、社会运作机制以及宗教和社会意识等方面，也存在各种各样的差别，呈现出多元格局，并在长期的交流互动中相互促进、取长补短、兼收并蓄，最终融汇凝聚出以二里头文化为代表的文明核心。中华文明的起源和早期发展是一个多元一体的过程。

五、中华民族的第一代文明

"古国"之后，"王国"崛起。夏、商、周三代，中华文明的各源流开始汇聚，中国最早的王朝诞生并定鼎中原，中华文明和华夏传统的若干基本特征渐

---

[1]　施治生、郭方主编：《古代民主与共和制度》，中国社会科学出版社1998年版，第56—59页。

[2]　廖名春主编：《中国文化发展史》（先秦卷），山东教育出版社2013年版，第63—64页。

趋成熟，中华民族古代文明由兴起发展到繁盛。这是我国文明国家的形成时期，也是中华文明底蕴的奠定时期，中国古代的经济形态、政治制度、官僚体制、宗教信仰、社会结构以及生活观念等各方面都在这一时期奠定了基础。这一时期的文明成果影响了中国几千年。历史学家吴小如指出："夏、商、周三代是文化史上关键性的时期，影响中国历史的许多文物制度的基础就是在这一时期奠定。"①

自古以来，人们对夏、商、周这三个王朝的存在都没有疑问，因而有"三代"之说，并公认夏、商、周是我国王朝体系的开端。但是，关于这三个朝代的纪年问题一直没有获得解决，文献中可依据的绝对年代只能追溯到西周晚期的共和元年，即公元前841年，这以前的年代则无公论。1996年5月，国家正式启动"夏商周断代工程"。"夏商周断代工程"是通过人文、社会科学和自然科学的结合，采用现代科技手段，进行多学科交叉研究，解决夏商周年代问题的科研课题。这一工程涉及的学科包括历史学、考古学、古文献学、古文字学、天文学、测年科学等。2003年4月，这项研究的重要成果《夏商周年表》正式公布。这个年表为我国公元前841年以前的历史，建立起1200多年的三代年代框架。根据这个年表，我国夏代始年约为公元前2070年，夏、商分界约为公元前1600年，商、周分界为公元前1046年。年表还排出西周十王的具体在位年，排出商代后期从盘庚到帝辛（纣）十二王的大致在位年。"夏商周断代工程"的研究成果为深入研究我国的古史奠定了坚实的基础。

夏、商、周三代是中华民族的第一代文明，亦即中华民族的原生型文明，对于后代中国的历史和文化有着深远的影响。比如，后世在论圣君英主的时候，往往以禹、汤、文、武为楷模；说暴君昏主的时候，常引桀、纣、幽、厉为鉴戒。伊尹、周公几乎成了贤臣的同义语，妲己、褒姒则是内宠乱政的代表。他们都是三代的历史人物。甲骨卜辞、钟鼎彝铭，奠定汉字发展的基础；

---

① 吴小如主编：《中国文化史纲要》，北京大学出版社2001年版，第5页。

《诗经》《尚书》、夏正①、周易，开中华民族文化的先河。它们都是三代的科学文化成就。三代的典章制度、礼乐政刑、思想观念，给予后世的影响更是非常直接的。特别是西周时期，是中国古代社会发展史上的一个重要时期，是中华古典文明的全盛时期，它的物质文明和精神文明确定了中国传统文化的基本方向，对于后来历史的发展产生了广泛而深刻的影响。

夏、商、周三代是中国由原始社会形态向文明社会形态迈进的重要时代，这个向文明社会迈进的脚步是巨大的，特别是在商代后期和西周时代，已经创造了相当繁荣和灿烂辉煌的文化样态。这三代也正是中华文明作为"原生型文明"形成的时代。正是经过这个时代的涵养和创制，中华文明才有了自己独特的风貌和品格。

夏的先祖是鲧和禹。大禹治水成绩显赫，之后接受舜帝的禅让，继承了管理国家的大位。禹利用治水的功绩确立了自己的崇高威望，加强了自己的权力，改变了原来部落联盟议事会的性质而初具了国家政权的规模。从此以后，氏族制度就渐渐解体，变成了有定型、有组织的国家。这是我国古史上又一个巨大的变化。

大禹接受禅位后，在涂山召开了诸侯大会。这次涂山之会一般被认为是中国夏王朝建立的标志性事件。史书记载："禹会诸侯于涂山，执玉帛者万国。"这里所谓的"国"应是指早期的氏族和部落。可以说，夏朝的统治是一个由众多部落组成的、松散的政治联盟。

夏朝疆域主要在今陕西、河南和山西三省之间的黄河流域。古史学家依据文献资料，提出有两个地区可能是夏人的活动地区：一个是今河南西部嵩山附近的登封、禹州和洛阳平原，一是今山西南部的汾河下游地区。因为传说中夏代的都邑和一些重要的历史事件大多同这两个地区有关。目前，多数学者认为，以偃师二里头遗址命名的"二里头文化"就是夏文化。

夏王朝建立后，经过约200年的发展，在河南偃师二里头建造了同时期全

---

① 夏正是中国传统夏历中正月的省称，也代指夏历。

国范围内规模最大的都邑，形成择中建都的都城选址规则，形成择中立宫和中轴线的宫室布局理念，发明了以范铸法铸造青铜器的工艺技术，形成用以维护社会秩序上的人伦和谐的礼乐制度，显示出王朝气象。这些礼器及其蕴含的观念向四方辐射，形成方位广大的中华文化影响圈，中华民族文明从距今5000年到4000年间的各区域文明各自发展、交流共进，转变为由中原王朝引领的一体化新进程。

在夏朝的中心统治区之外，还有南方的三苗、西戎和东夷等族的大量氏族或部落。禹将大地划分为九州，并制定了各州的贡物品种。大禹将各方诸侯进献的金（铜）铸造成九鼎（即冀州鼎、兖州鼎、青州鼎、徐州鼎、扬州鼎、荆州鼎、豫州鼎、梁州鼎、雍州鼎），鼎上铸着各州的山川名物、珍禽异兽。九鼎象征着九州，其中豫州鼎为中央大鼎，豫州为中央枢纽。九鼎集中到夏王朝都城阳城，借以显示夏王大禹成了九州之主，天下从此一统。九鼎继而成为"天命"之所在，是王权至高无上、国家统一、繁荣昌盛的象征。

统一性从此成为中华民族的政治理想和致力于追求的国家目标。

禹去世后，禹的儿子启继位，开始了"父传子，家天下"的王位继承制，这在中国历史和文化史上是一个极为重大的事件。启以前的尧、舜、禹时期，虽然部落酋长的职位早已世袭，但在联盟管理机构中任职的公职人员，特别是最高首长的产生方式，则始终保持传统的民主选举，就是所谓"天下为公，选贤与能"。启变选举为世袭，变传贤为传子，就否定了氏族制度的民主本质，否定了氏族制度。这表明社会形态发生了质的变化，是从部落制度到国家的分界线，实际反映着不同历史时期的变化。

夏代是我国古代文明日出的时代。历史学家夏曾佑说："盖禹之于黄帝尧舜，一如秦之于三代，亦古今之一大界也。"[1]

夏朝末年，国君桀淫暴无道。汤以贵族身份而用武力夺得天下，实现了天命之变革，故后世把商汤伐桀称为国史上的第一次"贵族革命"。

---

[1] 夏曾佑著：《中国古代史》，中华书局2015年版，第64页。

　　商汤灭夏之后，结合当时的历史条件，逐步建立和完善了商朝的政权机构，采取了一系列措施来巩固新生政权。商朝在社会形态上与夏朝并无区别，但它健全了古代阶级统治的机制，加快了社会物质文明和精神文明的发展，其势力所及也远远超过夏朝。《诗经·商颂·殷武》中说"昔有成汤，自彼氐羌，莫敢不来享，莫敢不来王"，反映了商朝已经是强盛的国家。特别是商代中期盘庚迁殷后，政治、经济、文化都有了较大的发展，社会文明进入了一个更高的层次。商朝的势力范围亦随其国家政权的稳固而不断扩大，经济、文化快速发展。商朝势力最大的时候，东到大海，西达陕西西部，东北到辽宁，南到长江流域。商朝所拥有的辽阔疆域，在当时世界上是独一无二的。

　　在夏、商、周三代，国家及其政权与秦汉以后的国家政权有着十分明显的区别。当时的国家实际上是参照氏族部落联盟的方式，把各个具有一定从属关系的方国部落联系起来的政治共同体。在共同体内，国君只是盟主，他与各方国诸侯之间的关系并无严格的上下之分。即便在本族内部，王权亦受到贵族乃至族众的牵制，当时实行的可以说是一种贵族民主的政治制度。商朝实际上就是这样一种由许多方国部落组成的政治共同体。这些方国部族与商朝有着同盟关系，是商朝的组成部分。商朝之所以成为天下共主，主要是基于其在政治、经济、军事、文化等方面的巨大优势。

　　李济先生指出，到了商朝，"中国文明不但相当进步，而且已臻成熟。它具备着熟练的铸铜技术、独立发展的文字体系，和一种复杂而有效率的军事和政治组织。这文化表现出物质生活的富庶、高度成熟的装饰艺术、明确的社会组织和对祖先崇拜的神权政治。这是一种充满活力和生命力的文明，但其间不免含有残酷和黩武的因素。纵然如此，这个文化也为后来周朝的孔子及其学派所代表的人文主义哲学奠定了相当的基础"[1]。

　　商朝后期，就是在安阳的那个殷商时代，其时，非洲北部处于埃及新王国时期，两河流域则进入后巴比伦时代，几大文明在3000年前的大地上交相

---

　　① 李济著:《中国文明的开始》，江苏教育出版社2005年版，第19页。

辉映。

商代末年，各种社会矛盾激化，在商代最后一位国君纣统治时期，社会总危机达到了临界点。活动于西部黄土高原的周族乘势兴起。周武王挥师占领商王朝都城朝歌，结束了商王朝的统治，建立起强盛的周朝，史称"武王灭商"。

周武王不久便因病去世。周武王死后，其子诵即位，是为成王，因成王年幼，由武王之弟周公旦摄权。周公消灭了各个叛乱势力，东迁国都于"雒邑"（故址在今河南洛阳洛水北岸、瀍水东西），加强了对东方诸部的统治；分封周室亲戚及有功大臣为诸侯，建立"周刑"，稳定了社会秩序。通过一系列的政治治理，周朝的统治得到巩固，开始走向繁荣。

夏、商、周三代，从大的历史时段来说，都属于"原生型文明"这一大的历史时段，有许多共同的特点。三代文化一脉相因，在总体上呈现出许多共同的特征。考古学家张光直先生指出："从社会组织的特性和发达程度来看，夏商周似乎都具有一个基本的共同点，即城邑式的宗族统治结构。夏代是姒姓的王朝，商代子姓，周代姬姓，姓各不同，而以姓族治天下则是一样的。君王的继承制度，三代间也有基本上的类似；……而且三代族之间不但在王制上相似，而且至少商周都有贵族分封治邑的制度，这种制度和中国古代城郭的起源分不开。城郭的建造也是三代共同的特征。"[1]他还指出："夏商周三代明显是中国古代史上的关键阶段：这个阶段开始了文字记载，最终联合成的政体就是我们了解到那时最初形成的中国，贯穿于中国历史许多风俗习惯的基础也是在这个时期定下来的。"[2]

但是，这并不是说，三代之间没有发展变化。其实，这种变化是十分明显的。如果说，夏和商之间在社会形态上还变化不大的话，那么，周代则是一个大变革的时代。在社会形态、社会制度、文化创制等多个方面，周代都与夏

---

[1] ［美］张光直著：《中国青铜时代》，生活·读书·新知三联书店2013年版，第78—79页。

[2] ［美］张光直著：《商代文明》，毛小雨译，北京工艺美术出版社1999年版，第324—325页。

商时代有大的不同、大的变化。实际上，之前，可以看作中华文明形成和奠基的时期，而到了周代，则是比较全面的文明创制的时代。我们现在说的中华文明，都是在周代文化的基础上展开的。周代文化确定了中华文明的发展方向，使在原始农业文明中孕育的文化基因、文化种子，成长为一个比较完备的文化体系、一棵枝繁叶茂的文化之树。王国维在《殷周制度论》中就曾明确地说过："中国政治与文化之变革，莫剧于殷周之际。""殷周间之大变革，自其表言之，不过一姓一家之兴亡与都邑之转移；自其里言之，则旧制度废而新制度兴，旧文化废而新文化兴。"王国维认为，周代基本确定了中国文化性格的走向。李济也说："周人是著名的革命派：他们在保存殷代留下的大量美好和有用东西的同时，对于殷代社会、宗教和政治活动等各方面都作了许多变更和改进。"①

西周对于中华文化的形成和奠基作出了重要贡献，其中最重要的是完备了各项社会制度建设，此种制度成为以后数千年中国古代社会制度建设的基础和出发点。西周在殷商文化的基础上建立起以宗法血缘制为纽带、以"礼乐"为核心的新的文化体系。这种新文化具体表现在西周将礼乐从原始巫术中分离出来，推广至人事领域，并在此基础上将其确立为具有政治意义的典章制度。

古代中国早期国家起源和形成的阶段，"礼"的作用十分重要，其本质在于它是氏族、部落内部及其相互间的关系准则。相传鲁哀公曾经向孔子请教古代"大礼"的问题。按照孔子所说，自生民以来，礼就是非常重要的事情，除饮食、祭祀、婚姻诸事外，礼还可以"序宗族"，是宗族间的黏合剂与关系准则。古代中国多言礼而少言律、法，在许多情况下以礼代法，或者是礼法连称并举，这是古代中国社会的显著特点。在古代中国早期国家起源和形成的历史上，"礼"是管理社会的极为重要的工具。

周公被认为是周朝礼乐制度的制定者。周公的所作所为，对西周一代乃至整个中国古代社会都产生了很大影响。周公摄政七年，成绩斐然，其中影

---

① 李济著：《中国文明的开始》，江苏教育出版社2005年版，第62页。

响最为深远的就是制礼作乐，即为周王朝制定新的政治制度。这套新的政治制度就是所谓"周礼"。夏商的礼乐制度是原始社会末期以来形成的礼制的延续与发展，也是西周礼乐制度的重要来源之一。周公"制礼作乐"，对夏商礼乐进行增删、修改，周礼是夏礼、殷礼的继承和发展，最为全面和典型。周代的礼制是周代制度文化、行为文化和观念文化的集中体现，内容相当广泛，从道德标准到统治原则，从家族关系到政权形式，几乎无所不包。而其宗旨就是"别贵贱，序尊卑"，礼使社会上每个人在贵贱、长幼、贫富等方面都有合适的等级地位。周礼是等级社会的政治准则、道德规范和各项制度的总称。西周时期逐步建立起来的礼乐制度，既是一种文化礼仪体系，又是一种政治制度。作为一种文化礼仪体系，周礼以政治制度为支撑，而政治制度又以文化礼仪体系来维系，两者相辅相成。苏秉琦先生指出："'周礼'是国家大法，是周人建国治国的系统理论，以一个'文'字代表典章制度的制度化，是国家已成熟的表现，殷人还未达到这水平，所以孔子要以周为主。"[①] 历史学家吴小如先生指出："周代礼仪制度奠定了中国古代礼仪制度的基础，此后各个朝代虽然都把制订礼仪作为立国之本，但基本没有超出周礼的框架，只是在一些具体制度上有所演变。因此，我们只要理解了周礼，就可理解中国古代礼仪制度的基本构成。"吴小如还说，"礼"在中国古代政治社会生活中占有举足轻重的地位。"如果从礼仪制度与风俗的悠久历史、丰富内涵和广泛影响考察，我们完全可以把中华文化看作是礼文化。"[②]

《礼记·乐记》说："乐者，天地之和也；礼者，天地之序也。"周公"制礼作乐"，为周人的"王业"奠定了基础。礼是社会文明和进步的标志。中国被称为礼仪之邦，"礼仪文化"是中华传统文化的核心内容之一。

西周时期的制度建设对中华文化发展的影响是极为深远的。从一定意义上可以说，新石器时代对于中华文化的贡献，主要是在物质文明方面，是农业

---

① 苏秉琦著：《中国文明起源新探》，生活·读书·新知三联书店1999年版，第4页。
② 吴小如主编：《中国文化史纲要》，北京大学出版社2001年版，第30—31页。

的生产方式确定了中华文化的发展方向。而三代，特别是西周时期，主要的贡献在制度文明建设方面。西周的制度建设成为以后几千年中国封建社会制度文化的出发点和基础。因此，"西周被公认为中国古代政治传统的源头"[①]。比如，在春秋时期，当颜渊提出有关治理邦国的问题时，孔子便明确地解答："行夏之时，乘殷之辂，服周之冕，乐则《韶》《舞》。放郑声，远佞人。"（《论语·卫灵公》）孔子明确把三代作为国家建设管理的理想模式。孔子赞扬西周的"尊礼文化"，说："周监于二代，郁郁乎文哉！吾从周。"（《论语·八佾》）吴小如指出："周公'制礼作乐'，其模式化、规范化的政治制度、礼仪制度、宗法家族制度……成为中国整个封建社会的范本。"[②]

周公制礼，着眼点不限于诸侯，他较多关注下层庶民。周公有鉴于夏、商灭亡的教训，提出"敬德保民"方针，主张重民、顺民、惠民，尤须教民，"明德慎罚"，达到"作新民"的目的。

周公总结了夏、商两代的兴亡教训，认为夏、商的兴起是由于他们的先王敬德，而其最终灭亡也是由于"惟不敬厥德，乃早坠厥命"。商政权后来为什么会垮台呢？商的奴隶们为什么会倒戈、暴动呢？这就是由于后来做商王的人没有加强"德"的修养，违反了德治的方针。周人之所以兴起，也是因为世代有"德"，他们的祖先能够"积德行义"，文王"笃仁""敬老""慈少""礼下贤者"。只有像文王那样敬德，才能取得民心和天祐，保持统治权的延续绵长。周公更强调"敬德"和"德治"，说伟大而显赫的文王，他有很好的德行修养，他对人们没有苛责；对于鳏寡，尤为客气，没有侮慢的态度。这样，便使得人们都对他相当敬畏，都自愿辛勤地为他工作。就因为如此，周人便取得了统治。

周人的思想中特别强调"德"的重要性。《论语·泰伯》说："周之德，

---

① 李峰著：《西周的政体——中国早期的官僚制度和国家》，吴敏娜等译，生活·读书·新知三联书店2010年版，第2页。

② 吴小如主编：《中国文化史纲要》，北京大学出版社2001年版，第5页。

其可谓至德也已矣。"王国维在《殷周制度论》中说"周之制度典礼，实皆为道德而设"，"周之制度典礼，乃道德之器械，而尊尊、亲亲、贤贤、男女有别，四者之结体也"。这是"周人为政之精髓"。他认为，中国文化的"伦理型"范式是在商周之际通过宗法制度而得以确立的。这就为中华文化定下了道德主义的基调。

在夏、商、周所创造的文明形式中，还有两件事情需要特别提出，就是文字的创制和学校制度的形成。文字的创制和定型，彻底克服了信息传递中时间和空间的限制，解决了人们文化发明的长久记忆和保存、传播问题，为文化的传承提供了最好的载体。从此，人们就进入"文字记载的历史"时期。此后，几千年中，中国的文献浩如烟海，是中华文化代代相传的主要形式。而学校制度的形成，则为有意识的、自觉的文化传承提供了制度性的保证。文字和学校，正是夏商周三代为中华民族文明的传承发展留下的最为重要的遗产。

六、早期中华文明的世界观

早在中华文明的初创时期，就开始有了对于当时所知世界的概念。《周礼·大司徒》说："周知九州之地域广轮之数，辨其山、林、川、泽、丘、陵、坟、衍、原、隰之名物。"郑注说："积石曰山，竹木曰林，注渎曰川，水钟曰泽，山高曰丘，大阜曰陵，水崖曰坟，下平曰衍，高平曰原，下湿曰隰。"这种以物产生态为视点的八大地形地貌分类，可以说是对三代以来交通地理知识的概述。《尚书·禹贡》说大禹治理洪水，依据自然条件中的河流、山脉和海洋的自然分界，把广大地区分为冀、兖、青、徐、扬、荆、豫、梁、雍九州，并就各州的山川、湖泽、土壤、植被、田赋、特产和交通路线等特点进行了区域对比；列出20余座山岳，归纳为四条自西向东的脉络；依山地循行，开启九道。据《禹贡》的描述，九州就是大禹治水成功以后所划分的九大地理区域。这个"九州"的概念，就是当时人们所认知的世界。不过，"由这'九州'所构成的世界，也是一个有区别、分层次的世界，这就是由所谓的甸、侯、绥、要、荒'五服'组成的差序世界"①。

夏朝疆域主要在今陕西、河南和山西三省之间的黄河流域。但在夏朝的中心统治区之外，还有南方的三苗、西戎和东夷等氏族或部落。由《禹贡》所划九州岛的分布来看，夏朝至商周时期的北疆和东疆，包括广大的沿海地区，这些地区均可视为先秦时期海疆的基本范畴。

战国时期的邹衍提出了"大九州"理论，进一步将"九州"的概念深化和系统化。《史记·孟子荀卿列传》说：

（邹衍）以为儒者所谓中国者，于天下乃八十一分居其一分耳。中国名曰赤县神州。赤县神州内自有九州，禹之序九州是也，不得为州数。中国外如赤县神州者九，乃所谓九州也。于是有裨海环之，人民禽兽莫能相通者，如一区中者，乃为一州。如此者九，乃有大瀛海环其外，天地之际焉。

在邹衍看来，大禹划分的"九州"，即"赤县神州"外还有"大九州"，中国只是大九州的一部分。像赤县神州这么大的州，全世界共九个，每一州的周围都有大海环绕，这个州里的人民与其他州不能由陆路连接相通往来。

邹衍的这种说法将"天下"扩展到了世界，与传统的"九州论"相比，"似乎已经具有了一定的早期'世界'意识的萌芽，应该是早期中国与外部世界的交往正在不断扩大的一种反映"②。"大九州"说突破了狭隘的地理观念，开阔了视野，激发了人们探索域外的热情。

邹衍的"大九州"说在当时被认为是"闳大不经"。但到后来，"大九州"说的价值逐渐被人们所认识。

---

① 王永平著：《从"天下"到"世界"：汉唐时期的中国与世界》，中国社会科学出版社2015年版，第16页。

② 王永平著：《从"天下"到"世界"：汉唐时期的中国与世界》，中国社会科学出版社2015年版，第16—17页。

另外，在早期对世界的认知中，还有"四海"和"五方"的观念。夏代已经有了"四海"的概念。古代文献中追述的夏代交通地理观念，常用"四海观"来概括。如《大戴礼记·少闲》说禹"修德使力，民明教通于四海"，《禹贡》说"讫于四海。禹锡玄圭，告厥成功"，《尚书·皋陶谟》说禹"外薄四海"，《淮南子·原道训》说禹"施之以德，海外宾伏，四夷纳职"，包括夏代商人的祖先，亦有"相土烈烈，海外有截"（《商颂·长发》），甚至所谓商汤受天命革夏，尚且承夏代而"肇域彼四海"（《商颂·玄鸟》）。《尚书·禹贡》中详细描述了九州岛的地理位置、土地出产、贡赋，还提到了远离"天子之国"2500里之外的荒服之地，并特别明确指出舜禹之时"天下"的大致范围："东渐于海，西被于流沙，朔南暨声教，讫于四海。"《尔雅·释地》说："九夷、八狄、七戎、六蛮，谓之四海。"可见，"四海之内"的本意指包括周围蛮荒之地在内的已知"世界"。《穆天子传》记载，周穆王西游的最远之地是昆仑山以西的"西王母之邦"。《山海经》中"海内、海外、大荒"诸经所涉及的地理范围就是先秦时中国人想象中的"四海之内"和"天下"，即我们现在所说的"世界"。

商代则强调"四方"的地理概念，如《商颂·玄鸟》说"古帝命武汤，正域彼四方"，《尚书·多士》说"成汤革夏，俊民甸四方"，《墨子·非攻下》说汤"通于四方，而天下诸侯莫敢不宾服"，《史记·殷本纪》载汤见野外网张四面而"祝曰：'自天下四方皆入吾网'"，等等。"四方"即"四土"，表示一个范围相当大的地理区域，中心点为都城大邑或商邑。商人关于周边各族群的记述也与地理方位联系起来，称周边民族为"方"。商人的记述中有"多方"，包括土方、羌方、鬼方、人方、井方等，这大致构成了"五方"的轮廓，成为商人观念中的政治空间结构。商的政治中心地位通过"方"或"多方"来突出、体现。

周人继承了商的世界观，强化了"中心"对"四方"政治统御的观念。在先秦典籍所记载的以周王室为中心的五服制、九服制中，蛮夷、戎狄也被安置在边缘的位置。对五服制较典型的记述，如《国语·周语》说：

> 夫先王之制，邦内甸服，邦外侯服，侯、卫宾服，蛮、夷要服，戎、狄荒服。甸服者祭，侯服者祀，宾服者享，要服者贡，荒服者王。日祭、月祀、时享、岁贡、终王，先王之训也。

《礼记·王制》对"五方"的概念做了系统的论述，指出：

> 中国戎夷五方之民，皆有性也，不可推移。东方曰"夷"，被发文身，有不火食者矣。南方曰"蛮"，雕题交趾，有不火食者矣。西方曰"戎"，被发衣皮，有不粒食者矣。北方曰"狄"，衣羽毛穴居，有不粒食者矣。中国、夷、蛮、戎、狄，皆有安居、和味、宜服、利用、备器。五方之民，言语不通，嗜欲不同。达其志，通其欲……

周人以周王室为中心建构了一个以礼制为表现形式的等级化政治体系。在所谓"五方之民"中，"四方"所围绕的"中心"便是所谓"中国"，即占据中原地区的华夏族。而蛮夷、戎狄等异族则被置于这个体系的边缘。

从战国至西汉，在商周宇宙观的基础上，关于中央与四方的政治观念得到进一步完善。占据中央位置是正统地位的象征，如《吕氏春秋·慎势》说："古之王者，择天下之中而立国，择国之中而立宫，择宫之中而立庙。"相对于中央的是四方、四极、四荒、四海等，而这些边缘地带都是与民族相联系的，如《尔雅·释地》说："东至于泰远，西至于邠国，南至于濮铅，北至于祝栗，谓之四极；觚竹、北户、西王母、日下，谓之四荒；九夷、八狄、七戎、六蛮，谓之四海。"

《禹贡》《山海经》《穆天子传》等是很古老的地理类著作，虽然它们所包含的内容有许多想象和传说的成分，但大体上包含了那个时代即早期文明所认知的世界，是早期中国人的"世界观"。"先秦时期，人们即以'九州'为中国，同时又常以'四海'泛指中国四方疆域乃至域外世界。最初古人以为中国四境皆为大海环绕，九州之外即为四海，但后来则多半为了行文对举而采用

'四海'之名。在中国载籍中，'四海'一词之含义不尽相同，例如《尚书·大禹谟》说'文命敷于四海'，指的是天下或全国各处。《尚书·禹贡》的'四海会同'，则泛指中国四周的海疆。"①

"九州""四海""四方"（或"五方"），是中华民族以自我为中心建构的关于世界的认知图景，是早期各民族文化中普遍的现象。不仅是中国，在埃及、希腊、罗马、两河流域、阿拉伯、印度等地的古老文化中，都有类似的对于世界的认识。因为古代民族在观察世界时，一般都以自己为中心进行定位，对其他民族的认识也是从与自己的关系出发的。美国汉学家史华慈（Benjamin I. Schwartz，1916—1999）谈到早期文明中的这种"自我中心"意识时指出："在所有这些文明（美索不达米亚、埃及、印度、中美洲文明）中，都曾出现过这样一种现象：在一个较大的地区产生一定程度的军政结合，使主要的权力争夺者在被他们误认为是整个文明世界的区域内寻求某种独一无二的普遍权力。这样的普遍权力自有其宗教和宇宙观基础。在这方面，古代中国并不是唯一的。"②史华慈所说的"独一无二的普遍权力"就是"自我中心"意识，其核心思想就是标榜自己是世界文明的"中心"，环绕自己周边的都是落后的"外族""蛮族"或"边地"。

"自我中心"意识的形成首先与早期人类所处的地理和交通环境有关，在与其他民族文明很少交流和沟通的条件下，他们所认知的、所说的"世界"只能是他们所看到的、所了解的"世界"。他们站在自己的土地上去"看世界"，因而只能是以自我为"中心"的。其次，在这种有限的条件下积极建构自己的世界认知和想象，也表现出早期人类对外部世界的寻求与探索。随着人类文明的进步，交通的发展，对外部文明的接触和了解、交往和交流的扩大，人们对外部世界的知识也就逐渐扩大了，人们的世界观也就相应地发生着改变。

---

① 陈佳荣著：《隋前南海交通史料研究》，香港大学亚洲研究中心2003年版，第38页。
② ［美］史华慈：《中国的世界秩序观：过去和现在》，载［美］费正清编《中国的世界秩序——传统中国的对外关系》，杜继东译，中国社会科学出版社2010年版，第295页。

"九州""四海""四方"（或"五方"），是中华文明诞生之初人们对所处世界的想象，具有明显的地理指向，也是早期人类实践活动的结果。人们的"世界"眼界是随着生产生活实践活动的扩大而不断扩大的，眼界的扩大也意味着文明疆域的扩大，意味着文明创造内容的深化和扩大。我们看到，早期中华文明已经有了比较广阔的世界眼光，这也造就了中华民族宽阔的文化胸怀，造就了早期中华文明世界性的文化品质。文化眼光、文化胸怀，塑造了中华文明开放性、包容性的特征，也为中华文明持续的创新发展提供了动力。

七、"夷夏之辨"与"天下一家"

春秋时期曾发生"尊王攘夷"事件。"尊王攘夷"的核心内容是确立中华民族文化与夷狄文化的边界，从而确立中华民族的世界文化观。"尊王"是尊重周王的地位，但此时的周王仅是一个文化系统的象征。"攘夷"则是抵抗外族。"夷"是中国典籍中最古老的名词，其含义并没有野蛮的贬义。

古代文献中有许多关于"夷夏之辨"的论述。《论语·八佾》说："夷狄之有君，不如诸夏之亡也。"《孟子·滕文公上》说："吾闻用夏变夷者，未闻变于夷者也"。华夏文化应该是那些外族学习的表率，夷人接受了夏文化，夷即被认为是夏人；反之，夏人不该同化于夷人的文化。管仲说："戎狄豺狼，不可厌也。诸夏亲昵，不可弃也。"（《左传·闵公元年》）

古代中华民族的先民华夏族群居于中原，为文明中心，而周边则较落后，因此逐渐产生了以文明礼义为标准进行人群分辨的观念。"在古代中国的想象中，地理空间越靠外缘，就越荒芜，住在那里的民族也就越野蛮，文明的等级也越低。"[1]但是，"这种中心与边缘的划分并不完全是空间的，往往中心清晰而边缘模糊，而且，这种关于世界的想象，空间意味与文明意味常常互

---

[1]　葛兆光著：《宅兹中国——重建有关"中国"的历史论述》，中华书局2011年版，第44页。

相冲突和混融，有时候文明高下的判断代替了空间远近的认知"①。区分人群以文化和文明程度，而不以种族，合于华夏礼俗文明者为华，或称夏、华夏、中国人，不合者为夷，或称蛮夷、化外之民。东周末年，诸侯称霸，孔子著春秋大义，提出尊王攘夷，发扬文化之大义。如楚国自称蛮夷，其后文明日进，中原诸侯与之会盟，则不复以蛮夷视之；而郑国本为诸夏，如行为不合义礼，亦视为夷狄。

周王室和它所建立的诸侯封国，称诸夏。诸夏包括夏、商、姬、姜四族，也就是姒姓、子姓、嬴姓、姬姓、姜姓氏族中继承了华夏文明的国家。比如周王室和鲁、晋、郑、卫、韩、魏、燕、虞、虢等姬姓国，齐、申、吕、许等姜姓国，徐、黄、郯、江、赵、秦等嬴姓国，以及子姓宋国。鲧、禹与夏人之后，以及共工、四岳与各姜姓国，"皆黄、炎之后"（《国语·周语下》）。夏商周乃至春秋战国时，诸夏与夷的区别主要是农耕的城邦和游牧的山野牧民的区别。诸夏有礼，而蛮夷无。

中国历史上"夷夏之辨"的衡量标准大致经历了三个演变阶段：血缘衡量标准阶段，地缘衡量标准阶段以及衣饰、礼仪等文化衡量标准阶段。在先秦以后，在"夷夏之辨"上占据主流的是以文化因素为标准，而以血缘及地域进行衡量的观点一般在华夏面临严峻威胁即遭遇严重入侵和灾难时才稍占主流，而这主要也是为了保护华夏文明与尊严。

夷夏问题，向来被儒家所重视。孔子推崇尊王攘夷，注重夷夏之别。尽管孔子指斥管仲"不知礼"，但因为管仲辅佐齐桓公"九合诸侯，一匡天下"，所以依然许其为"仁"。在孔子心目中，匡正夷夏之秩序的重要性要远远大于个人的道德名节。孔子说："夷狄之有君，不如诸夏之亡也。"夷狄之国即使有君主，甚至还比不上诸夏之国没有君主。孔子的这句话，不是强调种族差别，而是强调文化发展的先后。邢昺注疏说"此章言中国礼义之

① 葛兆光著：《宅兹中国——重建有关"中国"的历史论述》，中华书局2011年版，第45页。

盛，而夷狄无也。举夷狄，则戎蛮可知。诸夏，中国也。亡，无也。言夷狄虽有君长而无礼义，中国虽偶无君，若周、召共和之年，而礼义不废"①。朱熹《四书集注》所引程子之理解是"夷狄且有君长，不如诸夏之僭乱，反无上下之分也"。

孟子认为夷夏并不是一成不变的，一个人属于夷还是夏，主要依据的是他是否遵循礼仪。他以舜和周文王这两位生于"夷"的人成为中国之圣王的事例说明，是否实行王道并非基于他的种族归属，而是基于他对于王道的信心。孟子称赞楚人陈良积极学习中原文化，说："陈良，楚产也，悦周公、仲尼之道，北学于中国。北方之学者，未能或之先也。彼所谓豪杰之士也。"

孔子的夷夏观是一种文化上的判别，而非种族意义上的。钱穆先生指出："在古代观念上，四夷与诸夏实在另有一个分别的标准，这个标准，不是'血统'而是'文化'。所谓'诸侯用夷礼则夷之，夷狄进于中国则中国之'，此即是以文化为'华'、'夷'分别之明证。这里所谓'文化'，具体言之，则只是一种'生活习惯与政治方式'。"②

可见，夷夏之别的界限决然不是因为种族，而是因为政治之良善和文明之发展与否。夷夏之间也并不存在一个固定的分界，而是处于不断的升降过程中。"中国"也并不是一个地理上的国家名称，而是一个王道国家的代称而已。

"夷夏之辨"，本质上是一个民族文化认同的问题。所以，持有"夷夏之辨"的观念，并不是中华民族文明所独有的现象。在西方文化传统中，如在古希腊、古罗马时代，也称其他民族为"蛮族"。法国历史学家布罗代尔（Fernand Braudel，1902—1985）说："希腊人把异己民族都当作蛮族；中国人也是如此。把'文明'带给蛮族和原始人种，过去曾是欧洲人从事殖民征服的重要理由。蛮族的名声当然是文明人制造的，其中至少有一半名不副实。"他还说，在"文明人"与"蛮族"的斗争中，"蛮族之所以取胜，每次

---

① 黄怀信主撰：《论语汇校集释》，上海古籍出版社2008年版，第208页。
② 钱穆著：《中国文化史导论》（修订本），商务印书馆1994年版，第41页。

都因为它一半已文明化了。在进入邻居的内室以前，它已在前厅等了很久，并敲过十次大门。它对邻居的文明即使尚未操练得尽善尽美，但在耳濡目染之下，至少已受到很深的影响"。①

布罗代尔的这段论述中，除了"文明"与"蛮族"的区分是"文明人"制造的，"蛮族"名声是"文明人"制造的这个意见外，还有两点值得注意：一是他强调欧洲人的殖民主义是要把"文明"带给"蛮族"，强调民族本位文化的优越性和先进性，并以推广传播自己的文化为己任；二是他所说的"蛮族"已具有了一定的文明特征，即在与"文明"民族的交涉中，已经受到其深刻的影响。

在中国，"夷夏之辨"这种文化观，一方面确立了华夏文化的主体性，区分了"我"与"外"的文化疆界。在中华文明的初创时期，这种区分对于增强中华文明的内聚力是具有重要意义的。另一方面，又确立了以文化作为区分"我"与"外"、"夏"与"夷"的标准。接受了中原文化，"夷"可以变"夏"；脱离了中原文化，"夏"可以变"夷"。

这种观点可以作为理解中华文明初创时期对后世中外文化关系影响的一种基本方法，即坚守民族文明的本位立场，同时积极推广自己的文化，以"夏"变"夷"，扩大中华文化的疆域和影响的范围。苏秉琦先生指出："到战国末世夷夏共同体重组的历史使命已大体完成，由此奠定了中华民族多元一体格局的社会基础，秦汉帝国的建立使以夷夏共同体为主体的多元一体的中华民族形成，可以说是水到渠成。秦汉帝国及其以后，'四夷'的概念有了新的变更和新内涵。'四夷'已不是夏商时代的'四夷'，而是指帝国之内、《禹贡》九州之外的中华民族的各个支系。"②

苏秉琦先生说："中国历史传统就是天下国，有'中央'有'四裔'，'四

①［法］费尔南·布罗代尔著：《15至18世纪的物质文明、经济和资本主义》第1卷，顾良、施康强译，生活·读书·新知三联书店1992年版，第106页。
② 苏秉琦著：《中国文明起源新探》，生活·读书·新知三联书店1999年版，第162页。

隅’并无自大、歧视‘外化’，而是局限于交通条件，凡与中国通，都包罗在内。……实质上中国史从来是既有中外之分，又有‘天下一家’的理想。”①

在早期中国人对世界的观念里，无论是“九州”“四海”等所表示的地理认知，还是“夷夏之辨”的民族和文化的分野，实际上所表示的都是一种以自我为中心对政治和文化秩序的建构，是站在“夏”的文化本位立场上对“我”与“他者”文化差异的认知，更深层的是，表达了对本民族文化的认同。就如上面所说的，“夷夏之辨”的根本在于文化，二者之间并没有绝对的界限，这就间接地表达了一种“天下一家”的文化理想。

许倬云先生说：“后世公羊学家的观点就代表当时的一套演化观念：在最古老的时候，是内中国而外诸夏；第二个阶段，是内诸夏而外夷狄；最后达到大同，则是没有边界的天下，从夷狄到中国，都是在一个和谐的次序之中。因此，春秋时代逐渐形成的内外界线，乃是反映了当时周封建体系内的国家逐渐融合，又逐渐将国内和邻近的其他族群分别融入这一大国的系统之内，最后终于形成了一个不断扩大的天下世界。此后中国两千多年的历史中，中国始终自居为‘天下’，外面的‘夷狄’并不永远在外面，‘夷’可以变‘夏’，反过来，‘夏’也可以放弃自己原来的文化传统而沦落为‘夷’。‘中国’并不是没有边界，只是边界不在地理，而在文化。因此，这一段时期的扰扰攘攘，竟是在无秩序之中孕育了中国特有的天下秩序观。”②

许倬云说中国的“天下秩序观”，从文明的早期就已经奠定了，而且成为几千年中华文明发展的一个基本思想。这种中外文化观一直支配着中国人的对外文化态度。历史上，中华民族对学习、了解和接受外国的先进文化是很积极的，并且在不同时代都积极开展对外文化交流，但是，直到近代以前，这种“夷夏之辨”的观念，这种坚持民族文化本位的立场都没有改变。吸收、学

---

① 苏秉琦著：《中国文明起源新探》，生活·读书·新知三联书店1999年版，第170页。
② ［美］许倬云著：《说中国——一个不断变化的复杂共同体》，广西师范大学出版社2015年版，第53—54页。

习外来文化，是为了丰富、补充、发展中华文明，而不是要"以夷变夏"，以外国文化替换、取代中华文明。这也是对待外来文化的一个取舍、接受的标准和界限。历史上关于对待外来文化的种种争论，也基本上是围绕这个问题进行的。甚至到了近代提出的"体用之辨"，仍然是这个思路，只不过做了相当大的变通。另外，又坚持"以夏变夷"的理想，积极地在周边国家和地区推广中华文化和中国的礼制秩序，向这些地区传播中华文化的核心价值和文化内涵，从而形成了以中国为中心的东亚礼制秩序即"中华文化圈"。费正清指出："中国因其地大物博，历史悠久，自然成为东亚世界的中心。而在地理上，中国又与西亚和南亚隔绝，使它成为特殊的大文化区。照欧洲人的说法，这里就是'远东'。但以中国人的说法，这个'远东'世界是以中国为中心的。由天子统率的所谓的'天下'（普天之下）有时包括中国以外的整个世界。但在习惯上，一般是指中华帝国。无论如何，它包括了当时人们所知道的世界的主要部分。"①

---

① ［美］费正清编：《中国的世界秩序——传统中国的对外关系》，杜继东译，中国社会科学出版社2010年版，第1—2页。

第三章

周秦之变与文明统一性

以国家的力量推动文化发展，是中华文明传承和发展的一个重要因素。春秋战国时期百家争鸣局面的出现，中华元典的诞生，是中华文明发展到一定阶段的必然结果，也为建立中华文明大一统的格局奠定了思想基础。汉武帝时代的"独尊儒术"，使儒家思想成为中华文明的主体或代表。

一、国家主导的文明路径

周代已经确定了国家力量对文化发展的重要性。国家、文明和城市在起源上是一致的。从新石器时代到夏、商、周三代，是国家开始形成并逐渐成熟的时期，夏、商、周三代是我国历史上的早期国家阶段。特别是到了西周时期，国家和各项社会制度更加完备。这不仅便于社会的组织和管理，而且成为发展文化的重要推动力量。

在新石器时代，中国文化呈现多元发生和聚合的趋势。到了西周时期，这种汇聚、融合和逐渐一体化的趋势进一步加强。吴小如先生指出："我们的先民在广袤的中华大地上创造出了独立的文明，早期中华文明呈多元发展趋势，尔后历经漫长的兼并融合过程，逐步完成了从部族群落到国家的过渡。"[①]而国家及其制度化的力量，对于促进文化的多元聚合又发挥了重要作用。在这个时代，基本确定了中国传统文化的发展方向和基本形态。或者如许倬云先生所说："文明的显现，大约与中国第一个国家政体（夏）同时。国家的组织力超迈个别村落之力所能及。夏商两代继踵接武把中心国家的控制范围扩大到包括历史上所谓中原的主要地区。有了国家的组织力，自然资源与人力资源都因而可以凝聚造成巨大的文化潜力。……西周将在夏商的基础上发扬光大，创造中国文化的母型。"[②]

许倬云先生提到国家力量对文化发展的重要性。他指出："殷商时代可以看作一个主轴的政治力量，逐步扩张充实其笼罩的范围，却还未能开创一个超越政治力量的共同文化。"而"周人的世界，是一个'天下'"，"周人克商，又承认商人曾克夏。这一串历史性的递嬗，代表了天命的交接，代表了一个文化秩序的延续。这是周人'华夏'世界的本质。中国人从此不再是

[①] 吴小如主编：《中国文化史纲要》，北京大学出版社2001年版，第5页。
[②] ［美］许倬云著：《西周史》（增订本），生活·读书·新知三联书店1994年版，第32页。

若干文化体系竞争的场合。中国的历史，从此成为华夏世界求延续，华夏世界求扩张的长篇史诗"。"西周代表的华夏世界终于铸成一个文化体系，其活力及韧度，均非政治力量可以比拟。"①

以国家的力量推动文化的发展，是中华文明得以持续传承和发展的一个重要因素。许倬云先生在这里论述了西周对实现华夏文化的汇聚和形成所起到的作用。不仅如此，如我们在后面的历史中不断看到的，以后的各个朝代都对传承和发展民族文明有比较明确的自觉意识，并且在制度上提供了强有力的保障。各个朝代都为传统文明的保存、传承和发展做了大量具体的工作。比如在东汉时期，为了处理经学的纷争，甚至由皇帝出面亲自主持，召开"石渠阁会议"与"白虎通会议"等学术会议，统一经学思想和学术。实际上，国家政权的支持和制度安排，使得中华文明的许多成果，比如孔子的儒学思想，成为中国历史上的主流文化，为历代国家政权提供了思想和文化基础。

春秋战国时期百家争鸣的出现，也有国家力量推动的原因，或者可以说是在国家的倡导下才得以出现的。百家争鸣局面的出现，在现实的层面上，特别是与当时各诸侯国宽容的学术政策有着密切的关系。思想的活跃和学术的繁荣离不开宽松的文化氛围，宽松的氛围是思想和学术繁荣发展所必备的基本条件。各诸侯国往往都对士采取宽容的政策，允许学术自由。无论是战国早期魏国的"西河之学"，或是战国中期齐国的稷下学宫，还是战国晚期吕不韦以三千门客编撰《吕氏春秋》，所实行的学术政策都是非常宽容的。各国给士的待遇都十分优厚，而其中以齐国威王、宣王时期的稷下学宫尤为突出。田齐政权虽然倡导黄老之学，但对各家各派的学者并不排挤打击，而是兼容并包。学者们可以自由讲学、著书立说和随意议论政事。比如，孟子与齐威王、宣王的政见是不同的，但他在稷下学宫却受到重视，爵禄也是相当高的。齐宣王多次向孟子问政，甚至像是否伐燕这样的重大决策，也向孟子征求意见。后来终于

_____

① ［美］许倬云著：《西周史》（增订本），生活·读书·新知三联书店1994年版，第315、316页。

因为彼此政见不合，孟子离开齐国。但齐宣王还是尽量挽留他，"欲中国而授孟子室，养弟子以万钟"（《孟子·公孙丑下》），即打算给孟子建造一座房屋并给他万钟的俸禄。

由于春秋战国诸侯对士的宽容政策，允许"合者留，不合则去"，士可以"择木而栖"，从而促进了各国的人才流动。比如商鞅虽在魏国没有得到重用，但听说秦孝公"下令国中求贤者"，于是西入秦，求见秦孝公，终于被秦孝公委以重任。又比如邹衍本是齐国人，在稷下学宫位于上大夫之列，但他不满齐湣王的暴政，后来到了燕，成为燕昭王之师。齐襄王时，邹衍又回到稷下学宫，并曾作为齐国使者出使赵国，却从未受到非议。又如吴起一生中曾在鲁、魏、楚等国为官，每当遭到诬陷，便另投明主。春秋战国时期的这种特殊历史环境，为诸子百家的形成和百家争鸣局面的出现创造了良好的条件。

宽松的社会环境，统治者的文化宽容政策和礼贤下士的态度，为士著书立说、发表个人的意见创造了良好的条件，从而大大促进了战国时期的思想解放。社会各阶级、阶层的思想家，都能够自由地著书立说，四处奔走宣传自己的思想和主张，不受统治阶级思想的排挤和束缚。正是在这种思想相对自由、学术气氛比较宽松的条件下，人们才有可能进行独立的、富于创造性的精神劳作，洋溢着原创性活力的诸元典得此时代雨露的滋润方能应运而生。

钱穆先生说："中国民族譬如一大水系，乃由一大主干逐段纳入许多支流小水而汇成一大流的。"[1]从新石器文化到三代文化，"中国文化格局一直处于由多元向一体的转变中，多区域文化既有因独立而产生的对峙，又有因对峙而产生的征服，还有因政治征服而产生的文化交融。在这个漫长的文化交流与融合的进程中，文化的区域性逐渐减弱，中心性不断加强，最终形成一体的文化格局"[2]。那么，到西周时期，多元性的文化创制逐渐汇聚成一个文化体系。这条汇聚百川的文化大河，奔腾不息，具有极为强大的生命力。这也是中华文明

---

① 钱穆著：《中国文化史导论》（修订本），商务印书馆1994年版，第22页。
② 廖名春主编：《中国文化发展史》（先秦卷），山东教育出版社2013年版，第28页。

生生不息的秘密所在。

许倬云提出，华夏文化有着内聚力和包容力两种基本性格，这种性格特征是在中华文化形成时期就孕育成型的文化特质。"孔子是中国文化的代言人，也正因为他体认了华夏文化的性格。儒家学说是华夏文化的阐释，儒家理想人格是择善固执，是以仁恕待人，这种性格，可称为外圆（包容）内方（执善），也正是华夏性格的化身。儒家文化的基本性格成为中国文化的基本性格，而其成形期，正是在西周形成华夏文化本体的时候。"[①]西周是孔子心目中的典型。

夏商周三代为中华文明的形成、为中国未来的文明发展奠定了基础。

二、周秦之变：文化突破与继承

西周之后的东周即春秋战国时期，中国处于社会大变动、文化大发展的时期。这一时期的世界文化格局也有新变化。德国哲学家雅斯贝尔斯（Karl Theodor Jaspers，1883—1969）提出了"轴心时代"（Axial Age）的概念，用以指称以公元前500年为中心的从公元前800年至公元前200年这一历史时期。雅斯贝尔斯认为，在这一时期，古埃及文明和古美索不达米亚文明正在走向衰落，希腊文化和希伯来文化正在兴起；波斯帝国及其他文化日益引人注目，而印度文化和中华文化正在经历着历史性的转变。这个时代产生了所有我们今天依然在思考的基本范畴，创造了人们今天仍然信仰的世界性宗教。也就是说，这个时代构造了全人类文明的文化基线，成为直到今天的几千年世界文化发展的现实起点和基础。

也有人把这一时代所发生的事件称为"文化的突破"。"文化的突破"，指人类文化发展上的这样一个阶段，即人们对构成人类所处的宇宙的本质有了

---

① ［美］许倬云著：《西周史》（增订本），生活·读书·新知三联书店1994年版，第317页。

一种理性的认识。与这种认识随之而来的是对人类处境本身及其基本意义有了新的解释。在这个时代,人类的聪明才智得到了充分发挥,其精神成果决定了直到现今的全部人类历史。这一时期的精神成果标志着人类历史上发生了最伟大的精神变革。轴心期的精神运动表明人类真正的觉醒。人们对以往的历史不约而同地进行理性的批判和反思,正是这种精神觉醒给后世以永恒的启迪。

在希腊,轴心时代大体上属于伯里克利时代。这个时代出现了马克思所说的"希腊内部极盛时期"。希腊世界著名的学者、文人和艺术大师都荟萃于雅典,授课讲学,探索宇宙的奥秘和人生的真谛。苏格拉底、柏拉图、亚里士多德是希腊文化突破的最高峰。苏格拉底诞生的时候(前470),中国的孔子刚刚去世(前479)9年,约半个世纪后柏拉图才诞生(前427)。他们大体上是同一个时代的人。在以色列,自公元前8世纪至公元前5世纪,出现了"先知运动"。先知们声称耶和华掌握所有人类,将神戒解读为既适合个人又适合希伯来国家的道德准则。公元前5世纪至公元1世纪,犹太教祭司们编订了犹太教的主要经典《希伯来圣经》,对欧洲文化和其他文明的文化发展产生了难以估量的影响。在印度,释迦牟尼创立了佛教,之后佛教成为一种广有影响的世界性宗教。北传佛教推断,佛教的创立者释迦牟尼生于公元前565年,卒于公元前486年,与中国的孔子差不多同时。

总之,古希腊的苏格拉底、以色列的先知、古印度的释迦牟尼,以及中国的孔子,都是同时代人。那是一个全世界文明群星闪耀的时代。美国汉学家费正清(John King Fairbank,1907—1991)等称这个时代是人类"充满神奇的哲学世纪"[1]。在那个时代,几乎同时,在欧洲、印度和中国,从东方到西方,都出现了影响世界文明发展的伟大人物,出现了改变世界的伟大思想和信仰,这些思想和信仰至今仍然影响着人们的生活。许多学者都将春秋战国时代的诸子百家与古希腊哲学家们相提并论。比如,冯友兰就说:"孔子在中国历史中

---

[1] [美]费正清、赖肖尔和克雷格著:《东亚文明:传统与变革》,黎鸣等译,天津人民出版社1992年版,第39页。

之地位，如苏格拉底之在西洋历史，孟子在中国历史中之地位，如柏拉图之在西洋历史，其气象之高明亢爽亦似之；荀子在中国历史之地位如亚里士多德之在西洋历史，其气象之笃实沈博亦似之。"[①]

在中国，"文化的突破"孕育于西周时代，其最高峰是先秦诸子的百家争鸣和孔子儒家文化地位的确立。这也是一个群星璀璨的时代，是民族智慧大爆发的时代。梁启超在《论中国学术思想变迁之大势》中说，春秋战国时代学术思想之勃兴，"如春雷一声，万绿齐萌于广野；如火山乍裂，热石竞飞于天外。壮哉盛哉！非特中华学界之大观，抑亦世界学史之伟绩也"。这个时代文化突破的意义在于，摆脱了原始初民的图腾、神灵崇拜和神道设教（"子不语怪力乱神"），确立了宗法社会秩序的合法性，提出了理论化、系统化的宇宙观，并且建立了一整套伦理道德的思想体系。从此，确立了我们现在称为中华传统文化的基本框架和模式，进而决定了中华文明持续几千年的基调和走向。

春秋战国时期，随着社会的激烈动荡和变革，士阶层迅速崛起和私学的广泛发展，以及各国争霸和变法对人才的迫切需求，学术思想文化大发展的各项有利条件都出现了，于是有了诸子百家之说。"诸子"指这一时期思想领域内反映各阶级、各阶层利益的思想家及著作，也是先秦至汉各种政治学派的总称，属春秋后才产生的私学。"百家"表明当时思想家众多。在这几百年的思想文化舞台上，诸子并起，学派林立，他们从不同角度摄取当时的文化知识，著书立说，广收门徒，四处游说，既互相诘难论辩又互相影响吸收，出现了学术文化百家争鸣的空前繁荣局面，成为中国文化史上光彩夺目、辉煌灿烂的时期，是我国历史上思想文化最为辉煌灿烂、群星闪烁的时代，在我国思想发展史上占有重要地位。

诸子百家各呈其说，互相争鸣，呈现十分活跃的局面。百家争鸣，指的是两种社会现象：一种是各个学派独立地阐述自己的学说思想，学派之间相互问难，进行辩论；另一种是游说诸侯，战国的诸子百家主张学以致用，为了救

[①]　冯友兰著：《中国哲学史》上册，生活·读书·新知三联书店2009年版，第126页。

世，必须以其所学去游说诸侯，宣介自己的政策主张、治国方略，因而不可避免地与诸侯及其官员发生争鸣。在诸子百家的争鸣中，有儒、墨之争，儒、法之争，儒、道之争，等等。就是在一家之中，内部也有不同派别的争论。

诸子百家中，又以儒、墨、道三家影响最大。儒、墨、道三家是先秦诸子之学的主流。其中儒、道两家的学说思想代代有传人，两千多年而绵延不绝，长久作用于中华民族的文化心理，为中华文化的发展奠定了思想基石。

恩格斯曾经评论古希腊哲学，说在古希腊哲学中包含着西方各种哲学形式的胚胎和萌芽。对于春秋战国时期的学术文化，也可以作如是说：那个时代的百家争鸣，孕育了全部中国思想史上各种学说的胚胎和萌芽。古希腊哲学是西方哲学的故乡，春秋战国的百家争鸣也是中国思想的故乡。春秋战国是博大精深的中国思想传统的智慧之源。诸子百家都有建树，分别提出和发展了包括政治、经济、社会、军事、人生、哲学等方面的思想，给后代留下了深刻启示。《淮南子·要略》说，诸子之学皆出于救时之弊。诸子各家都从自己的立场出发，提出救世的主张，其基本宗旨大都是为国君提供政治方略。诸子建言立说，皆有其现实的指向，而以重建政治、社会、道德与思想秩序为要务。先秦诸子学术以建立政治、社会、道德与思想秩序为主题，这一方面是因为礼乐崩坏之际，秩序重建是当务之急，另一方面是当时知识阶层自觉承担使命所致。先秦诸子在重建政治、社会、道德与思想秩序的主题下展开了对宇宙自然、社会人生、政治经济等方面的探索。诸子学术的立足点不同，对如何重建以及重建的法则、根据等方面的理解也不同，因而呈现出各家异说、学派林立的局面。

在这个充满变革的时代，中华文明没有像古埃及文化和古巴比伦文化那样衰落下去，也没有像古印度那样由佛教的新传统取代婆罗门教的老传统，而是以自我更新的力量，在商周时代文化发展的基础上，通过对商周文化的反省与总结，发展出完全可以与希腊文化、希伯来文化以及其他文化媲美的中国智慧。孔子以及其他诸子的思想，既是对西周文化的突破，又是对西周文化的继承。中华文明在这个大变革时代表现出它的创造性和连续性。

春秋战国时代的文化突破，首先在于打破了西周时代国家对社会文化统一的局面，破坏了西周时代的宗法制度和分封制度，由"礼乐征伐自天子出"变为"礼乐征伐自诸侯出"。周王室的权威衰落下去，各诸侯国征伐攻略，争霸兼并，社会文化出现了空前的大变革局面。春秋晚期与战国初期，各诸侯国先后进行了变法改革，都是适应这种大变革的历史要求而顺势而动。这个时代的变法改革，这个时代的大变革，包括国家体制、政治制度、社会组织、文化学术等方面，都呈现出破旧与创新的景象。

春秋战国时代的社会大变革，即当时人们所说的"礼坏乐崩"。思想家们开始对礼乐秩序进行深层的反思，于是出现了百家争鸣的局面。百家争鸣是春秋战国时代文化发展中最精彩的一幕，也是中华文明发展历史上一次伟大的精神运动。这是中华文明历史上第一次伟大的精神飞跃，并且在许多领域都取得了重大突破。从大的历史来看，新石器时代最主要的是奠定了中华文明的物质文化基础，建立了以农业为中心的生产方式和生活方式；三代特别是西周，建立和完善了宗法社会的制度建设，奠定了几千年中国社会发展的制度基础。而到了春秋战国这一时代，则实现了精神的飞跃，建立了中华文明传承和发展的思维方式和观念形态基础。

百家争鸣既意味着思想的交锋与激荡，也意味着空前的文化交流。诸子百家各持己说，相互驳难。在百家争鸣的过程中，党同伐异在所难免，但更多的是相互吸收、借鉴，形成你中有我、我中有你的局面。《汉书·艺文志》说诸子百家"其言虽殊，辟犹水火，相灭亦相生也。仁之与义，敬之与和，相反皆相成也"。这是说，各家主张虽然各不一致，相互如水火一样不相容，但并非毫无关系，往往是相灭又相生、相反又相成。在诸子百家的学术发展过程中，也往往互有补充，从而使学术水平不断提高。荀子虽以儒学为宗，但也吸纳法家思想，批判诸子各派，礼法兼治，王霸并用，成为古代思想的综合者。韩非师承荀子，改造老子学说，统合法家各派，而集其大成。吕不韦组织其门客编撰的《吕氏春秋》一书，成为诸子百家思想融合的重要标志。伴随着中国走向天下一统的脚步，思想观念的核心也在逐步确立，中华文化的总体整合趋于完成。

百家争鸣意味着人类对自身及其处境思考的深入，精神上的飞跃也就开始了对以往历史的"理性的批判和反思"。这正是春秋战国时代思想文化的基本点。冯天瑜先生也说，这个时代为人类的思维提供了纵横驰骋的广阔天地，"这一历史时段因种种条件的聚会，为人类精神的自由发展创造一种千载难逢的'和而不同'的环境，人类理性十分幸运地在这一时期首次赢得真正的觉醒，激发精神文明的一次伟大的突破"①。

而且，特别重要的是，正如冯天瑜先生指出的，在这个时代，一个民族首次系统而非零碎地、深刻而非肤浅地、辩证而非刻板地表达出对宇宙、社会、人生的观察与思考，并用典籍的形式将这种思考加以定型。②冯天瑜先生将这种典籍称为"元典"。他认为，中国的"元典"包括儒家的"五经"，即《诗经》《易经》《尚书》《春秋》《礼记》，还包括《论语》《老子》《墨子》《庄子》《孟子》《荀子》等诸子的文章。这些"元典"产生于公元前6世纪前后，也就是春秋战国时期。春秋战国是中华"元典"产生的时代，所以也可以称为"元典时代"。冯天瑜先生认为，中华"元典"是中华民族垂范久远的指针和取之不尽的精神源泉。他指出："这些典籍成书久远，又经由众手修订、筛选，虽然文字简约，却保存了大量社会史、思想史的原始材料，蕴含丰富，珍藏着各民族跨入文明门槛前后所积淀的精神财富，其间既保有氏族制时代原始民主及原始思维的遗存，又陈列着初级文明时代的社会风俗、历史事件、典章制度与观念形态，以后在特定的历史条件下，这些抽象的与具象的精神财富逐渐得到社会的崇奉，并通过不断的多角度诠释，其意义被发掘，被阐扬，以至达到出神入化的境地。"③他还说："这一时期涌现的文化元典凝结着该民族在以往历史进程中形成的集体经验，并将该民族的族类记忆和原始意象第一次上

---

① 冯天瑜著:《中华元典精神》，武汉大学出版社2006年版，第86页。
② 冯天瑜著:《中华元典精神》，武汉大学出版社2006年版，第5页。
③ 冯天瑜著:《中华元典精神》，武汉大学出版社2006年版，第7页。

升到自觉意识和理性高度，从而规定着该民族的价值取向及思维方式；又通过该民族特有的象征符号（民族语言、民族文字及民族修辞体系）将这种民族的集体经验和文化心态物化成文字作品，通过特定的典籍形式使该民族文化的类型固定下来，并对其未来走向产生至远至深的影响。"①

这些被称为"元典"的文化典籍具有巨大的文明传承和教化功能。

历代的文人著书立说，不断丰富着中国文化典籍的宝库，都为中华文明的传承作出了重要贡献。

百家争鸣局面的出现，中华"元典"的诞生，有其特殊的历史环境，是中华文明发展到一定时段必然产生的结果。春秋战国时代对西周文化的突破，并不意味着对西周文化的全盘否定和全面抛弃，而是继承了西周时期许多优秀的文化传统。春秋的文化大势，是"天子失官，学在四夷"，也就是说，原来属于周王室的、贵族的各种文化形式从被贵族的垄断控制中解放出来，扩散到"四夷"，扩散到民间，这个过程不是对旧文化的全盘否定、全盘颠覆，而是将其扩散、普及进而在更广阔的空间中发展的过程，是贵族文化平民化的过程，因此形成了那个时代特有的文化风貌。钱穆先生说："春秋二百四十二年，一方面是一个极混乱紧张的时期；但另一方面，则古代的贵族文化，实到春秋而发展到它的最高点。春秋时代常为后世所想慕与敬重。"②钱穆进一步指出：

春秋时代，实可说是中国古代贵族文化已发展到一种极优美、极高尚、极细腻雅致的时代。

贵族阶级之必须崩溃，平民阶级之必须崛兴，实乃此种文化酝酿之下应有之后果。

此下战国兴起，浮现在上层政治的，只是些杀伐战争，诡谲欺骗，粗

---

① 冯天瑜著：《中华元典精神》，武汉大学出版社2006年版，第5页。
② 钱穆著：《国史大纲》（修订本），商务印书馆1994年版，第68页。

糙暴戾，代表堕落的贵族；而下层民间社会所新兴的学术思想，所谓中国学术之黄金时代者，其大体还是沿袭春秋时代贵族阶级之一分旧生计。精神命脉，一气相通。因此战国新兴的一派平民学，并不是由他们起来而推翻了古代的贵族学，他们其实只是古代贵族学之异样翻新与迁地为良。

此是中国文化一脉相承之源深博大处。[1]

春秋战国时代的大动荡，不仅使文化出现空前的繁荣，也促进了文化的大扩散和大融合。许倬云先生指出："春秋战国扰攘五六百年，在中国历史上常被当作乱世。吊诡之处在于，正是在这一个乱世里，中国却经历了前所未有的扩张和融合，终于整合为秦汉大帝国的基础，也落实了诸夏中国的演变历程。"[2]雅斯贝尔斯"轴心时代"这一概念的实质在于强调这个历史时代在人类全部历史上处于中心和枢纽的地位。对于中华文明的历史来说，春秋战国时代就处于这样一个"中心和枢纽"的地位。在中华文明以后的历程中，尽管不断有与外来文化的交流和补充，中华文明的本原系统也在不断地丰富和发展之中，但中华文明总是以其强大的本原属性凸显着自身。这个本原属性正是从文化的发生期而到春秋战国时代奠定的。春秋战国时代在中华文明发展史上的重要性是无与伦比的。春秋战国时代是一个伟大的时代，人才辈出的时代，发生重大社会变革的时代，其文化成果在中华文明史和人类文明史上都产生了深远影响。

三、中华文明共同体的形成

春秋战国持续了几百年，各诸侯国独立发展，形成不同的文化氛围，奠

---

① 钱穆著：《国史大纲》（修订本），商务印书馆1994年版，第71—72页。

② ［美］许倬云著：《说中国——一个不断变化的复杂共同体》，广西师范大学出版社2015年版，第58页。

定了中国日后地域文化的基本格局。

在新石器时代，中华文化就是多元发生的，呈现出群星灿烂的壮观景象。多元文化并存的情况一直延续到夏商时期。许倬云先生说，当时虽然已经出现了国家，但是，"有了国家，并不意味中国已经统一在一个政治体系之下，甚至也还不在一个文化体系下"[1]。他还说："中国在夏商时代，显然是一个多元的小世界，其中每一个地方文化，都代表古代的一个族群。"[2] 到了西周时期，王室掌握着主流文化，各邦国自然接受其影响，但往往限于贵族上层，在更广大的社会领域内，土著文化各有其源远流长的传统，加之地域阻隔，并没有被周文化同化，仍具有旺盛的生命力。《诗经》的《国风》部分按15个地区汇编诗歌，表现出不同的地域格调和风土人情，也是不同地域文化的体现。

春秋战国时期，周王室的统治近乎崩溃，诸侯国各自为政，在语言文字、风俗习惯、治理方式、经济措施、交通形势等方面有诸多不同，形成了植根于不同历史文化背景和地理环境的各具特色的文化。中国的区域文化格局正是在春秋战国时代逐渐显现的。李学勤先生将其概括为几个文化圈：中原文化圈、北方文化圈、齐鲁文化圈、楚文化圈、吴越文化圈、巴蜀滇文化圈以及秦文化圈。[3] 这些文化圈各具特色，既独立发展，又互相影响，并且在相互兼并的战争中相互融合。在此进展中，诸夏结合之团体逐渐扩大，为中国逐步形成中央大一统的郡县国家而酝酿契机。而秦统一之后，多元的地域文化共同形成了丰富多彩的中华文化整体面貌。

实际上，春秋战国时代，既是多元化地域文化形成和发展的时期，也是中华民族统一文化形成的时期。我们说中华文化是百川汇流、多元融合，那么，春秋战国时代就是这个"汇流""融合"的交汇点。春秋战国时代的诸侯称雄争霸，实际上在背后包含着强烈的统一愿望。而且，长期的分裂局面，连

---

①　[美]许倬云著：《西周史》（增订本），生活·读书·新知三联书店1994年版，第14页。

②　[美]许倬云著：《西周史》（增订本），生活·读书·新知三联书店1994年版，第17页。

③　李学勤著：《东周与秦代文明》，上海人民出版社2007年版，第10—11页。

年的讨伐征战，已为社会生产力的发展、为社会经济文化的进步造成障碍。因此，在战国后期，统一已成为不可阻挡的历史趋势，成为众望所归。七国争雄，合纵连横，金戈铁马，上演了一出出威武雄壮的历史活剧。连横也好，合纵也好，目标都是要建立统一的国家。问题是由谁统一、怎样统一。

不过，这时候的统一，是建立在新的社会文化发展的基础上，并不是回到周代的封建制的统一，而是在更高层次上的、"大一统"的统一。

公元前221年，战国七雄之一的秦国在一代雄主嬴政的领导下，经过10年的统一战争，先后灭韩、赵、魏、楚、燕、齐六国，完成了全国统一大业，结束了自春秋以降几百年诸侯割据称雄的分裂局面。秦始皇不仅兼并了六国，还进一步在秦、楚两国经营西南少数部族地区的基础上，完成了西南地区的统一，在那里设官治理；统一了今浙江南部和福建一带东南沿海瓯越和闽越地区，设置了闽中郡；统一了今两广一带的南越地区，设置了南海、桂林、象郡；又击退了匈奴贵族对中原地区的扰乱，建置了九原郡。这样，秦建立起中华民族第一个"海内为郡县，法令由一统"的封建专制主义的中央集权国家。其疆域，东至海，西至陇西，南至岭南，北至河套、阴山、辽东，幅员辽阔。如《史记·秦始皇本纪》说："六合之内，皇帝之土，西涉流沙，南尽北户。东有东海，北过大夏。人迹所至，无不臣者。"这广大的地域，是秦以后历朝历代政治版图的雏形。汉朝的疆域也在秦朝领土的基础上继续向外拓展。至汉武帝时，由于国力强盛，积极开疆拓土，广开三边，巩固和发展了庞大的帝国，使我们祖国的版图初具规模。到西汉末年，汉朝拥有人口5959万，领土东西9302里，南北13368里。这样庞大人口和广大疆域的国家在那个时期的东方国家中是独一无二的。两千多年来，中国政治文化的一幕幕、一章章，大都是在这片土地上写就的。

秦王政在灭六国之后，下"议帝号令"，要给自己取一个新名号。秦王政选择了"皇帝"二字，并自称"始皇帝"，以显示自己至尊的地位和"后世以计数，二世三世，至于万世，传之无穷"的愿望。从此以后，"皇帝"便成为我国历代封建王朝最高统治者的称谓。钱穆先生指出，秦始皇使用"皇帝"名称的重要意义在于："'皇帝'的称号，是连合古代统治者最尊严的称号'皇'和'帝'两名而成，表示秦代的统治，已超出历史上从古未有之境界。我们若从中国古史上国家与民族大统一完成之历程观之，秦始皇帝的统一，实在是一点不差，已达到这一进程之最高点了。"①

秦王朝在建立中央和地方政治机构和各种制度之后，还实行了一系列巩固统一、加强中央集权的政策和措施。战国时期政治上的割据状态，正如许慎指出的，造成"田畴异亩，车涂异轨，律令异法，衣冠异制，言语异声，文字异形"（《说文解字·序》），区域差异严重。秦朝根据新的政治制度的需要，为了尽可能消除长期诸侯割据造成的地区差异，巩固政治上的统一，以战国时期秦国的制度为标准，进行了一系列的政治、军事、经济、交通、思想、文字等文化统一工作，使各项制度整齐划一。在地方政权组织上，秦始皇废除分封诸侯制度，全面推行郡县制度，将全国分为36郡。后来，随着边境的不断开发和郡治的调整，增至40余郡。郡是中央政府辖下的地方行政单位。县是秦朝统治机构中关键的一级组织，是从中央到地方政府机构中具有相对独立性的一个单位。县以下设乡，乡以下为里，是秦国最基层的行政单位。

《史记·秦始皇本纪》记载，秦始皇二十六年（前221），"一法度衡石丈尺，车同轨，书同文字"。《史记·李斯列传》中说："明法度，定律令，皆以始皇始，同文书。"秦朝以强化专制君主集权为目的，采取了一系列统一文化的举措，有利地增进了秦朝版图内广阔地域的人们社会生活乃至文化心理的同一性，大大促进了全国各地的文化交往和文化统一，从而为中华文明共同体的形成奠定了坚实基础，为秦汉时代文化的大发展、大繁荣创造了极为有利的条件。秦始皇实行"车同轨，书同文"等一系列政策，旨在"匡饰异俗"，稳定大一统的政治局面。秦始皇的政治变革和文化举措，因为王朝的迅速覆亡，并未得到完全的贯彻实施，但它们已经为中华文明共同体的大厦奠定了坚实的基础。美国汉学家陆威仪（Mark Edward Lewis）认为，实现统一文字、度量衡、

---

① 钱穆著：《中国文化史导论》（修订本），商务印书馆1994年版，第36—37页。

币制等措施，在当时"需要在想象和实现之间完成一个变革的跨越"。"一个统一的帝国在中国是全新的政治形式，标准化对于有效管理和统治如此广大的国土是至关重要的，对于帝国内的民众而言也是如此。其中很多变革给予君主体制一种更为直观的形式，也给人们传达这样一种信息：必须服从统治者和他的政府。"①

秦始皇的统一，在中国历史上，在中国文明发展的进程中，都具有极为重要的意义。钱穆先生指出："当秦始皇帝开始统一，适当西历纪元前221年，那时西方希腊已衰，罗马未盛，他们的文化进程中，早已经历过不少个单位与中心，但在中国文化系统里，却始终保持著一贯的传统，继续演进，经历两千多年，五大阶段，而终于有这一个在当时认为理想的'世界政府'之出现，这不能不说是中国文化史上一个莫大的收获。"②虽然秦王朝二世而亡，"但它开创的中央集权封建制度，却确定了此后两千余年中国封建社会的基本格局"③。后继的汉王朝则继续巩固和发展了全国的统一，"成功地把一统大业坚持数百年之久，显示出统一政权的优越性和生命力"④。秦汉统一王朝的建立，大一统局面的形成，为中国历史的长期统一奠定了基础，为中华文明的繁荣发展创造了有利条件。

秦汉时代，从秦始皇统一中国、建立秦王朝的公元前221年，经西汉、至东汉灭亡的公元220年，共历时441年。这一时期是中华文明史上一个十分重要的时期，也是中国以一个文明发达的国家闻名于世的开始。这一时期的文化意义在于，它开创了一个新的制度文化样式，并由它直接选定了以后几千年的文化价值和精神内核，规定了文化繁衍的明确路径，也为中华文明特有的文化继承品质和民族文化心态的形成奠定了基础。

① ［美］陆威仪著：《早期中华帝国：秦与汉》，王兴亮译，中信出版公司2016年版，第55页。

② 钱穆著：《中国文化史导论》（修订本），商务印书馆1994年版，第38页。

③ 许殿才主编：《中国文化通史》（秦汉卷），北京师范大学出版社2009年版，第8页。

④ 许殿才主编：《中国文化通史》（秦汉卷），北京师范大学出版社2009年版，第8页。

秦汉时期是我国区域文化大融合的时代。经过这一时期的区域文化大融合，中华民族统一文化的大格局已基本形成，并走向成熟。在政治上，确立了专制主义中央集权的政治模式与大一统的国家观念；在经济上，形成了以农为本、以自给自足的小农经济为主的经济体制；在思想文化上，奠定了以董仲舒新儒家为主，辅以道教、佛教并行的思想文化格局。秦汉时期形成的这一中华民族统一文化的大格局，一直延续至中国近代，并影响社会生活的方方面面。

秦汉时代是中华文明共同体的形成时期。中华民族的起源是多元化的，或如苏秉琦先生所说的"满天星斗"。中华民族的形成，始于原始时代居于今陕西、河南一带的氏族部落。汉族是原来居住在中原且以农业生产为主要经济来源的一些民族、部落融合起来所形成的共同体。当时对于这些民族、部落并没有总的正式名称。经历夏、商、周三代，这些部落民族同四周其他各部族长期融合、互相吸收，形成了共同的心理素质，有着共同的精神文化生活和风俗习惯，至春秋中期形成了华夏族。华夏族主要居住的地区是在黄河流域中、下游，有很多居住区，彼此之间相当分散。春秋时期各族在物质经济生活方面的密切交往、互相促进和共同发展，正是这一时期各族走向融合的主要标志。春秋时期各族在文化上的联系和融合，是各族在经济上、政治上联系和融合的反映和升华。它表明这一时期各族融合已经达到相当成熟的程度，为汉族的形成迈出了具有重要意义的一步。

战国时期，华夏族的共同地域得以拓展，政治、经济均有较大的发展，文化的内涵也更加丰富并趋于一致，出现了"四海之内若一家"的局面。战国时，民族融合以更深的程度、更广的范围、更快的速度继续发展。东北方的燕国使辽河、海河流域各族逐步融合进了华夏族。自称"蛮夷"的楚族，纵横于汉水、长江流域，成为华夏族在南方的主要分支。西面的秦国，经过商鞅变法，进一步吸收、继承和发展了华夏文化，后来居上，一跃而成了华夏族重要的分支。于是，原来分散的华夏族相对集中，分别形成了东以齐，西以秦，南以楚，北以赵、燕为代表的四个分支，朝着民族统一的方向迈进了一大步。

秦汉王朝各种有利于统一的措施，以及秦汉时期所宣扬的大一统思想，为华夏族向汉族转化提供了物质的和政治的条件。《礼记·中庸》说的"今天下车同轨，书同文，行同伦"，应当是汉代的情况。这是在国家统一、民族统一的条件下，在经济生活、文化生活、社会生活等方面所反映的统一性。由分散到统一，正是由华夏族向汉族转化的重要步骤。秦的统一，给华夏族注入了新的血液，为华夏族向汉族的转化创造了条件。

至汉代，华夏族在新的历史条件下获得了稳定的发展，完成了由华夏族向汉族的转化。在"六合同风，九州同贯"的历史背景下，文化的地理畛域被基本打破，秦文化、楚文化和齐鲁文化等区域文化因子，在秦汉时期经长期融汇，打破了先秦时期南北文化较少联系接触的状态，形成了具有统一风貌的汉文化，同时亦由此形成了统一的汉民族的文化心理结构。吕思勉先生说："汉族之名，起于刘邦称帝之后。昔时民族国家，混而为一，人因以一朝之号，为我全族之名。自兹以还，虽朝屡更，而族名无改。"[1] "汉族"这个名称自此固定下来。以后虽然多有朝代更替，但"汉族"这个名称一直延续下来。这表明了汉族族称的确定性和稳定性。

至此，作为中国主体民族的汉族形成了。与此同时，在汉族周围的其他民族也获得了迅速发展。在统一的国家中，汉族和其他民族之间互相联系、互相依存、互相融合，共同造就了秦汉大一统的文明。

四、"一统"为大的文明观

在中华文明史上，在中国文化思想史上，秦汉时期有极其重要的地位，从而奠定了其在世界文明史上的地位。这一时期内形成的经济、政治制度（包括文化教育方面的制度），是两千多年中国封建社会各项制度发展的基础。

秦代的重要性，首先在于它建立了中华文明大一统的基本格局。早期中华

---

[1] 吕思勉著：《先秦史》，上海古籍出版社1982年版，第22页。

文明的起源呈现"满天星斗"的多元化局面，正是因为中华文明的多元性起源，使得中华文化具有无比的广阔性和丰富性。到春秋战国时代，诸侯国的割据纷争，使得各地域文化都得到了充分发展。但是，与此同时，在广阔的中华大地上，又具有同质性和向心力，逐渐出现了走向统一的趋势。到秦始皇灭六国，实现了全国政治上的大统一，也为文化上的统一创造了条件。至此，中华文明的涓涓细流，汇聚成一条奔腾不息的大河，汇聚成中华文明的统一体。这是中华文明发展史上最重大的事件，是中华文明发展史上一个重要的转折点。

从此，中华文明以一个整体的面貌出现了。吴小如先生指出："秦的统一，在文化史上具有划时代的意义，它标志着中华文化共同体的初步形成。汉武帝罢黜百家，独尊儒术，文化的基础铸造工程正式完成，中国文化进入了以我为主、兼收并蓄的新时期。""经过秦汉四百余年的文化建设，树立了中华文化共同体的观念核心，造就了全社会强烈的文化认同心理。"①

秦汉时期，与政治上大一统的局面相适应，大一统思想在文化上得到了广泛的阐发。李斯等朝廷大臣就不止一次在上奏中言及一统，如李斯初见秦王时就曾提出"灭诸侯，成帝业，为天下一统"（《史记·李斯列传》）的大计。汉初的儒家著述中所言尤多，如陆贾《新语·怀虑》说："故圣人……所以同一治而明一统也。""大一统"也就是实现"六合同风""九州共贯"的一统天下的局面。《尚书大传》说："周公一统天下，合和四海。"董仲舒说："《春秋》大一统者，天地之常经，古今之通谊也。"司马迁在《史记》中多处使用"一统"的概念。汉武帝在其诏书中也说："中国一统而北边未安。"（《汉书·武帝纪》）其他如汉廷大臣路温舒、王吉、匡衡等也都在奏疏中各自阐发《春秋》大一统之义。

随着大一统文化盛世的出现，春秋时期出现的"夷夏之辨"思想得到了进一步的强化和论证。因为，正是这种"夷夏之辨"的文化观，奠定了政治和文化大一统的思想基础。历史学家杨向奎说："三世有别，所传闻世，虽主一

① 吴小如主编：《中国文化史纲要》，北京大学出版社2001年版，第5、58页。

统而实不一统，夷夏有别，保卫中国乃是大一统的先决条件，以'中国'为中心，而诸夏而夷狄，然后完成大一统的事业，层次是清楚的……"[1]

汉代公羊学兴起后，从《公羊传》到董仲舒再到何休，都系统地阐发了"夷夏之辨"，服务于汉代大一统政治统治的需要。就思想渊源而言，《公羊传》的"夷夏之辨"直接导源于先秦儒家，与孔、孟的夷夏观念有一脉相承的关系。《公羊传》重视宣扬"异内外"的思想，也就是要"严夷夏之别"。《公羊传》中认为，《春秋》是将天下分为京师（国）、诸夏和夷狄三类的，它们之间有着内外之分：在京师与诸夏之间，京师为内，诸夏为外；在诸夏与夷狄之间，则诸夏为内，夷狄为外。内外不同，政治治理的方法也不同。

夏与夷狄的区别不在于地理上的划分，而在于文化上的差别。《公羊传》对夷狄仰慕、遵守礼义者则"中国之"。就是说，夷狄遵守礼义，就是"夏"，就是"中国"的；反之，违背礼义的，就是夷狄。比如邾娄、牟、葛虽然都是中原之国，但由于它们行事违背礼义，所以就不是"夏"，就要"夷狄之"。董仲舒认为"夷夏之辨"需"从变从义"。夷夏之别不但要以礼义为标准，而且是从变而移的。无论是夷还是夏，当其行为违背礼义时，就得"夷狄之"；反之，当其行为符合礼义时，就得"中国之"，这就叫着"从变从义"。

董仲舒强调夷夏之别，但也重视"德化四夷"。在董仲舒看来，对于那些仰慕华夏文化、遵守礼义道德的夷狄民族要加以肯定，要对他们以"中国"相待。同时，对于没有归化的夷狄民族也应该以仁爱之心对待它们。董仲舒认为，既然天下是君王的天下，天下之人都是君王的臣民，夷狄当然也不例外。君王要推行仁政，以仁爱之心对待臣民，也就必须以仁爱之心来对待夷狄。他甚至主张对那些不愿归化、不遵守礼义道德的夷狄，如匈奴等，也可以与他们立盟结交，只是在方法上无法用仁义去说服他们，而只能以厚利打动他们，以天威震慑他们，以人质制约他们。按照董仲舒的说法，即"与之厚利以没其意，与盟于天以坚其约，质其爱子以累其心"。

---

[1] 杨向奎著：《大一统与儒家思想》，北京出版社2016年版，第73页。

公羊家强调大一统是天意所在，让中心区域的文明成为周边地区的示范。董仲舒特别重视"王者无外"的理念，认为王者的最终目标是一统天下，并不是要刻意区分内外，而是基于地理上的远近，先近而后远。他在《公羊传·成公十五年》中说："《春秋》内其国而外诸夏，内诸夏而外夷狄。王者欲一乎天下，曷为以外内之辞言之？言自近者始也。"按此解释，之所以与夷狄之间强调内外之别，是因为王道的运行有一个由中心向周边扩展的过程。公羊家们一贯的思路是由近及远、由内而外，其内在的逻辑在于把身边的事情做好，自然就会吸引别人的模仿和归附。如果内治未洽，便难以正外。何休将这个由近及远的过程描述得很具体。他认为，所传闻之世，世道衰乱，所以要将重心放在中国；而所闻世，由乱转治，则注重诸夏，而最终德化天下，远近若一。

"夷夏之防"体现了秦汉时代人们的文化主体性和对民族本位文化的坚守，而"王者无外"则表达了对自己民族文化的自信心和推广，以及传播自己文化的使命感。"夷夏之辨""夷夏之防"，还有"王者无外""天下一家"，正是那个时代人们文化观的两个方面。这种互相交织并互为表里的文化观，一直延续到近代，成为中国文化认知"中"与"外"关系的文化基线。

"大一统"的本义是以"一统"为"大"，"大一统"就是高度推崇国家的统一和民族的融合，也即对"一统"所持的基本立场和态度。在中国历史上，虽然多元化是中华文明的一个基本特性，但"统一是中国历史发展的主流，是中华民族高于一切的理想追求和道德情感。造成中华文明这一鲜明个性特征的重要因素，是中国历史上历经数千年而不衰的'大一统'思想的潜移默化，而秦汉时期正是这种'大一统'理念完全定型的关键阶段，秦汉文化的本质实际上就是'大一统'的文化"①。

大一统文化格局的形成，为中华文明的传承和进一步发展奠定了坚实的基础。秦汉时期的一切文化现象，都笼罩着"大一统"的时代精神。封建大一统文化表现出创造性的力量：大一统政权在文化建设方面做了很多努力；知识

---

① 黄朴民等著：《中国文化发展史》（秦汉卷），山东教育出版社2013年版，第7—8页。

分子阶层积极投身到学术文化事业中来，创造出众多适合时代需要的、具有久远价值的精神产品；各族人民群众在生产生活中也积极发挥聪明才智，贡献出不朽的文化成果。正因为如此，我们看到，在那个时代，处处洋溢着蓬勃向上的气氛，处处表现出辉煌的创造力量，从而形成了中华文明史上的一个黄金时代。可以说，中华文明的基本内容、基本形式，都在那个时代奠定了基础，并且有了初步的然而是十分耀眼的成就。

不仅如此，随着大一统政权的建立，秦、晋、齐、鲁、楚等区域文化逐渐融为一体，同时匈奴、羌、夷、百越等少数民族文化与华夏各民族文化也互相渗透、互相结合，在此基础上形成以汉文化为主体的统一的多民族文化。但是，秦汉文明并不是消除了或销蚀了地域文化和民族文化的差异性，相反，秦汉文明是在多样化基础上统一起来的，既在各地、各民族各自独特文明的基础上不断相互融合，汇成统一的整体，又在总的统一的趋势之下，保持着各地、各民族独特的文明。

秦汉文明的大发展、大繁荣，是建立在大一统局面上的，也是对先前历史发展了的文明，特别是对"三代"文化和春秋战国时期文化发展的继承和弘扬。秦汉时代与先秦时代相比，不仅表现出一个大的飞跃、一个质的变化，也表现出对先秦文化的传承与发展。无论是器物类文化，如建筑、服饰、兵器、农具等，还是制度类文化，如职官、郡县、法规律令、祭祀等，或者观念类文化，如哲学、文学艺术、社会风俗、宗教等，都是和先秦时期一脉相承的。没有先秦时期的思想成果与文化积淀，就不可能有秦汉文化的恢宏格局与杰出成就；没有先秦时期所奠定和规范的中华文明的基本特质与价值取向，也就不可能有秦汉文化的健康发展方向。

五、"独尊儒术"的学术思想统一

秦始皇实行"焚书坑儒"、禁止"私学"、"以吏为师"的文化政策，加强思想专制，使学术文化遭到严重摧残。汉朝初期的统治者们，以秦为鉴，一方面，在文化学术思想上采取开放的方针，使先秦诸子之学有所复苏，一度出现诸子思想活跃、综合和总结的趋势；另一方面，为了保持长期战乱后稳定的局面，以恢复和发展经济，采取"与民休息"的政策。战国中期，稷下派道家主张"清静无为"的黄老之学应运而生，成为汉初统治者的指导思想和当时学术文化领域的主流。

黄老学说的这种统治思想，以及由此产生出来的一系列政治、经济政策，曾对西汉初期的"休养生息"，恢复和发展生产，安定社会秩序起到了重要作用。经过60多年的经济恢复和发展，到汉武帝时，国力已相当强大，这就为汉武帝在政治上、军事上的作为提供了雄厚的物质基础。在西汉王朝的鼎盛时期，原先适应汉初"休养生息"政策的黄老"无为"思想已不符合新形势的需要。统治者迫切感到有必要建立一种新的思想体系，作为社会的统治思想。

元光元年（前134），董仲舒向汉武帝提出三大文教政策，即"罢黜百家，独尊儒术""兴太学，置明师""重选举，广取士"，号称"天人三策"。董仲舒认为，为了适应汉王朝一统天下的政治需要，必须有统一的思想，方可"统纪可一，而法度可明，民知所从矣"。如若"师异道，人异论，百家殊方，指意不同"，就会破坏中央集权的大一统形势。他建议汉武帝尊儒兴学，"立大学以教于国，设庠序以化于邑，渐民以仁，摩民以谊，节民以礼"，用儒家思想统一教育，教化民风。董仲舒认为，思想统一了，才能有统一的法度，人民才能有统一的行为准则，这样才能巩固和维持君主集权制度。用思想大一统来巩固政治上的大一统，是董仲舒独尊儒术，以儒家经学统一整个社会指导思想的重要策略。董仲舒的想法是，思想统一必须统一于"六经"，而"六经"最权威、最正确的解释权属于以孔子为祖师的儒家学派。

董仲舒的建议适应了加强专制主义中央集权的需要，因而得到了汉武帝的采纳。此后，汉武帝大力提倡儒学，使察举贤良文学制度化，授之以官爵，奉之以利禄，询之以议论；设立"五经博士"，同时罢废其他诸子博士；设立太学，以儒家经典教育生员，"以养天下之士"。这些措施对于树立儒学的独尊地位具有重要意义。钱穆先生指出，汉武帝将自秦以来的百家博士全取消了，而专设五经博士，专门挑选研究古代典籍，关注政治、历史、教育、文化问题的学者，让他们做博士官。那些讲求神仙长生、诗词歌赋、纵横策之士以及隐士与法律师之类的地位则降低了，全部从博士官中剔除，此即"排斥百家"。这在当时的情形下，不可不说是一种有见识的整顿，也不可不说是一种进步。

"独尊儒术"是一个系列的文化工程。独尊儒术不仅需要理论上的创造，更需要将学术与现实政治联系起来，使之意识形态化、制度化。只有这样，儒家经学才能真正成为官学，成为时代精神的代表。汉武帝实行了一系列神化皇权的措施，如行封禅之礼、太初改制、建立年号等，还将儒家的理论渗透到政治、法律、文化等各个领域，使之成为制定各项政策的理论根据。经过朝廷的提倡，"儒家经学成为官学，不仅体现在学术上的独尊地位，更重要的是它成为现实政治的指导思想，渗透到当时的礼乐制度建设之中，特别是博士官制度和太学的建立，更使儒家经学垄断了教育和官僚选任的途径，牢牢巩固了儒家经学独尊的社会政治基础"。"一方面，儒家经学由于官学的地位而得到广泛的传承发展，形成系统的知识体系和专门的学者队伍；另一方面，儒家经学的实质精神开始进入社会政治生活的方方面面，在皇族教养、官员选任、礼法建设上都发挥着指导作用。"[1]

汉武帝制定"罢黜百家，独尊儒术"的文教政策，是中国历史上和文化史上划时代的历史事件。冯友兰先生指出："汉武帝和秦始皇都致力于从思想上统一中国，但武帝所采纳董仲舒的建议比秦始皇所采纳李斯的建议要温和得多。秦朝对各种哲学思想流派的方针是一律禁绝，造成思想界的真空。汉武帝则是在百家中扶植儒家，使它成为正统。"[2]自此，儒家思想一跃上升到学术思想文化的主流地位，成为社会的统治思想，"形成以儒家思想为主导的汉文化。这种基本格局，作为中华民族文化的最大特色，保存两千余年"[3]。

---

[1] 周桂钿、李祥俊著：《中国学术通史》（秦汉卷），人民出版社2004年版，第5页。

[2] 冯友兰著：《中国哲学简史》，赵复三译，生活·读书·新知三联书店2009年版，第226页。

[3] 许殿才主编：《中国文化通史》（秦汉卷），北京师范大学出版社2009年版，第18页。

　　这一政策几乎为以后各代统治者所遵奉，使得在整个中国封建社会的历史上，儒家始终道统不绝，占据中国思想文化舞台的中心，为历代王朝提供理论基础，并对我国文化教育事业的发展、对中华民族共同心理的形成产生重大影响。

　　确立儒家思想的主导地位，是汉代一个特别重要的文化成就。这个主导地位从这时开始，一直持续了两千多年，至今仍对我们的生活产生着一定的影响。汉武帝"罢黜百家，独尊儒术"，是"儒家文化引导中华民族文化走向"的开端。① 在此以后，儒家思想凭借封建国家机器的权威力量，而被广泛渗透到社会生活的各个层次、各个方面，从而成为社会各阶层普遍的心理认同，主宰或影响着人们的思维模式和行为方式。从某种意义上说，它规范并决定了秦汉时代整个文化发展的主导特征与价值体系。而在儒家统领文化的格局确立后，哲学、史学、文学、教育、科学技术以及社会风俗等各个文化领域都越来越多地受到儒家思想的影响。我们看到，在汉代，儒家文化精神全面渗透到当时社会生活的各个方面。这表现在具体的封建日常活动中，一举一动都严格遵循儒学的原理或广泛借用儒学的名目。当时，举凡朝廷的奏章或诏书，都大量引用六经或孔子之语，以证明其所作所为的合理性、必要性。这种情况代代传承，一直持续到明清时期，贯穿整个中国古代社会，成为中华传统文化最有代表性的现象。

　　不过，在两千多年的历史中，儒家思想也在不断创新发展。汉代的古文经学与今文经学之争，实际上是对如何解释儒学的讨论。到了宋代，又有了理学。在元明时期，理学又有新的发展和新的表述。而在这个过程中，一方面，孔子儒家思想的正统地位得到进一步加强和巩固；另一方面，儒家学说不断增添了新的内容。这种变化，既反映了时代的变化，也反映了人们认识水平和思辨能力的提高。经过不断的创新和改造，儒家思想才得以延续发展、发扬光大。一代代儒家学者都对儒家思想进行发展创新，作出了自己的贡献。正是因

———————

① 许殿才主编：《中国文化通史》（秦汉卷），北京师范大学出版社2009年版，第30页。

为不断地讨论、争辩，突破旧的思维模式，实现思想观念上的创新，才使得儒家思想生生不息，保持着强大的生命力。

不过，董仲舒提倡"罢黜百家，独尊儒术"，并不是禁绝各家的著作和思想；儒家的独尊，并非儒学的独存。董仲舒的意思，只是在强调和突出儒家在社会文化中的主流地位，将其上升为统治阶级的统治思想。其用意只在于确立儒家在官学与朝廷政治中的地位，不许其他学派分沾，而不是禁止诸子百家在社会上流传；读书人若要研究，尽可自便，只是不能用来猎取功名富贵。所以，在汉代，并没有取缔诸子之学，黄老、兵、刑、农、医和阴阳等家的学术都有所流传和发展，百端之学，存而不废，续而不绝。西汉末年，刘歆集技群书，"讲六艺传记，诸子、诗赋、数术、方技，无所不究"（《汉书·刘歆传》）。中华文明是博大的，博大本身就意味着丰富、多元与包容。在思想文化领域，汉代确立了儒家思想文化"独尊"的主导地位，与此同时，其他思想流派、其他学术文化在汉代及其以后，都有不同程度的丰富和发展。儒家以外各家学派的学术活动也从来都没有停止过，更没有遭受什么打击、压迫和钳制。而儒家思想学说也大量吸收了其他学派的思想成果，把它们纳入自己的思想体系中来。

前文引述冯友兰先生的看法，认为秦始皇的"焚书坑儒"和汉武帝的"独尊儒术"目的都是一样的，就是为了实现国家的"大一统"而进行思想上的统一。但是，秦始皇失败了，汉武帝成功了。其原因，最主要的不仅是秦始皇施以粗暴严厉的手段，汉武帝采取比较温和的措施，而是孔子的儒家学说，更适合作为中华民族的核心思想。自此以后，儒家思想成为"独尊"的国家意识形态。

本是先秦诸子百家中一家的儒家，为什么会在中华文明中取得这样特殊的文化地位呢？首先，这当然与官方的有意扶植、推崇和宣传有关。从汉代董仲舒提出"罢黜百家、独尊儒术"开始，历代王朝几乎都自觉地把儒家学说作为一种官方文化，不断通过对孔子本人及其门徒、传人和后裔进行加封等形式化的手段来强化儒学的文化地位，把"尊孔读经"作为主要的教育内容，来强化儒家思想。

其次，儒学本身并不是一个完全封闭的思想体系，它以自己的同化能力和开放性把中国文化中各种有价值的思想学说纳入自己的观念框架中，变成儒家学说的一部分。秦以后的儒家是百家的总汇，历史上有所谓儒、道、释"合流"之说，实际上这种"合流"的本质是"道"与"释"汇合到"儒"的流中，是按照儒家的文化精神和观念框架剪裁和解释"道"与"释"，是以儒家思想为主体的"合流"。

但是，对于确立儒学的文化地位来说，最根本的或最重要的，是儒学的精神蕴含并体现了中华文明的内在规定性，集中表达了中国传统社会的文化主题。所以，中华文明的主体或代表，就"应当是"儒家思想，而不能是其他别的学说。官方的强化作用，儒学对其他思想学说的同化和吸收能力，也都是由儒学自身的这种属性所决定了的。

儒家思想作为中华文明的主体或代表，或者说儒学的基本精神蕴含和文化意义，主要表现在以下几个方面：

第一，儒家思想集中表达了一种农业文明的世界观。任何一种文化中最基础的部分就是它的世界观。此处的世界观指一个民族以什么样的方式看待宇宙或世界，对待生活的态度，以及对世间万物的构成观念。世界观源于一个社会趋于一致的倾向，它赋予人某种思想框架和观念，而用这种思想框架和观念可以把自我、社会和宇宙视为一个富有意义的整体秩序。中国传统社会是一个农业社会。农业社会中的人们，满足于维持简单再生产，缺乏扩大社会再生产的动力，因而社会运行缓慢迟滞，大体呈现静止、稳定、和谐的特点。人们所追求的是从事周而复始的、自产自销的农业经济所必需的安宁和稳定。中华民族的世界观和价值观源于农业的生产方式和农民的精神气质，是按照农民的方式建构起来的"意义世界"。儒学的文化意义首先在于，它以哲学运思的方式，把中国传统农民的世界观理论化、系统化，建立起中国人"看"世界的思想观念体系。例如儒家主张"天人合一"的自然主义精神，提倡顺应自然、服从自然，并且用自然现象来论证社会秩序，强调人与自然的和谐。在儒家哲学中，人们感受到的不是改造和征服自然的宏大气势，而是一种田园诗般的宁静和安详。人与自然处于同一有机整体之中，人与自然的对话是宇宙有机整体的内部交流。儒家提倡的人生最高境界是"知天命",顺应"天命",从而达到与宇宙的交融与"合一"。这种自然主义的世界观表达的正是在农耕经济形态下生活的人们对宇宙的基本感受。

第二,儒家思想建立起一套完整的伦理道德规范体系。中国传统社会是以家族为本位的宗法社会,血缘人伦关系是宗法社会中最基本的人际关系。在宗法社会里,道德的威力始终被看得比法律更有效。这种情况决定了中华文明是一种以家族伦理为中心价值取向的伦理型文化。儒家对中国宗法制度下的人际关系进行了理论上的概括与总结,形成了一套完整的伦理道德观念和理论体系,构成中华文明意识形态系统的核心。儒家的伦理道德体系以"孝""仁""忠""义"为基本范畴,详细和明确地规定了宗法社会的人伦秩序,即"父子有亲,君臣有义,夫妇有别,长幼有序,朋友有信"。其中"仁"是儒家文化最高的普遍原则,士以"仁"为己任,即所谓"克己复礼,天下归仁"。"仁"被作为协调人际关系和个人与社会关系的基本出发点和尺度。历代儒家学者为论证和完善这套伦理道德体系做了大量的工作,不仅使宗法制度的"礼治秩序"合法化和伦理化,而且通过它的教化功能,使人们把对"礼治秩序"的外在遵从内化为自觉的道德意识和行为准则。孔子说"道之以政,齐之以刑,民免而无耻;道之以德,齐之以礼,有耻且格"(《论语·为政》),充分表达了"德治主义"的政治主张。现在我们说中华文明的伦理性特征,主要指儒家对伦理道德体系的充分论证和发挥,以及其对社会伦理道德意识的强化作用。正是由于历代诸儒大量的理论性工作,中国传统伦理学才成为世界诸文化体系中最完备的伦理学之一。

第三,强化了中华文明的"大一统"意识。在中国的文化观念中,历来认为只有天下归于大一统,才会安宁下来。实际上,中国自商代开始,就有了一个形式上的"中央"。秦汉时代,建立了统一的中央政府,实行封建专制主义的政治统治,同时要求在思想上、在意识形态上实行统一。在这方面,儒家学说发挥了极为重要的作用。一方面,儒学被历代奉为官方的意识形态,为统一思想提供了一个可以普遍接受的基础;另一方面,历代儒学中贯穿着一个基本精神，即"道统"观念，这种观念主张中华文化在性质上的"一本性"，强调"大一统为常道"。许多儒家学者都自觉地把承续"道统"作为自己的使命和责任。中华文化传承久远，儒家思想历久不竭，固然有多种原因，但与儒家对"道统"观念的自觉与强化不无关系。

"儒家思想是在华夏民族文化积累和华夏社会心理基础上形成的。经过自身的发展和社会的选择，它成为中国封建社会的统治思想，成为中国封建文化的核心，对汉民族乃至整个中华民族文化的发展产生了决定性的影响。"① 儒家思想以农民世界观、伦理精神和"道统"观念为基调，精辟地总结了中国人的生活方式，概括了中华文明的基本价值取向和精神内涵，成为这一文化系统不可替代的主体和代表。虽然历史上曾多次出现反儒或与之抗衡的思想，虽然经过几千年的历史筛选和沉积，后来的"儒家"已与"原始儒学"有许多不同，虽然我们今天的研究揭示出许多中华文明多元聚合的例证，但是，只要我们讲到传统文化，甚至只要我们讲到中华文明，便离不开儒家和儒学，离不开对儒家思想的判断、评说。儒家思想作为中华文明主体和代表的文化地位，是我们无法回避的一个历史存在。

六、完备礼俗与文明传统的同构

"匡饬异俗"是秦始皇统一天下的政策之一。汉定天下，国力渐强，风俗文化也有不同程度的创造和定型，展现出一幅崭新的面貌。秦汉社会风俗文化不仅是一派时移俗易的新风貌，而且对后世产生了深远而广泛的重大影响。

民俗文化主要体现在人们的衣食住行等日常生活方面。中国的服饰习俗形式多样、内涵丰富，向以衣冠王国著称于世。秦汉时，对服饰美的追求已达到相当高的境界。不同阶层、不同民族、不同场合、不同环境的服饰，风格各异，从而使服饰的等级性、民族性、时代性等有机结合，融为一体。在饮食方

---

① 许殿才主编：《中国文化通史》（秦汉卷），北京师范大学出版社2009年版，第30页。

面，秦汉时期，随着社会生产力的发展和人民生活水平的提高，饮食在前代的基础上进一步多元化，不仅宫廷饮食继续改善，而且平民饮食也日益丰富。食物种类比较丰富，食物结构发生了变化，主副食的搭配比较合理，出现了比较复杂的烹调技术和方法。在居住方面，秦汉时期的住宅上承战国时期，一般说来可分为庭院式、楼阁式与干栏式三种住宅形式。秦汉的建筑形式影响了中国以后两千多年人们的居住形式，因此"秦砖汉瓦"成为中国古典建筑的形象性说法。在婚姻和丧葬习俗方面，汉代也已经基本定型。

在汉代形成或定型的民俗文化中，最有特色的是节日习俗。传统节日是一个民族文明成熟的缩影，它既体现着人与自然的关系，又反映着现实中人与人的联系。节日民俗给中国人一种井然有序、富有时间节奏、热闹而不失尺度的空间分布。庸常的世俗生活因为有了热闹的节日，才构成中国老百姓完整的人生时间，使人生因此充满期待、愉悦而显得非同寻常。汉民族的传统节日，大部分萌芽于春秋战国甚至更早的时代，但我国现在民间流行的大部分节日都是在秦汉时期，特别是在汉代定型的。如除夕、元日、元宵、上巳、清明、端午、中秋、重阳等节日，在这一时期不仅有了固定的日期，其风俗内容也都已基本定型。在这一时期，一些风俗上升为礼俗，一些礼俗变为风俗，风俗和礼俗融为一体，被人们约定俗成地接受并沿袭下来。

周公"制礼作乐"，建立以礼治为主要特征的社会制度，孔子弘扬周公的思想，主张恢复周礼，即"克己复礼"。尊礼思想是儒家思想的重要内容之一。在汉代独尊儒术政策被提出之后，孔子的这种尊礼思想在民间文化中得到了进一步的制度化和规范化。

中国历来被称为"礼仪之邦"，礼仪在中国社会的政治文化生活中占有极为重要的地位。"礼"，简单地说，就是社会生活中的礼仪、制度、规范。古代的"礼"包括的范围极为广泛，它既是"立国经常之大法"，又是"揖让周旋之节文"，具有社会政治规范和行为道德规范两个方面的内涵，几乎囊括了国家政治、经济、军事、文化一切典章制度以及个人的伦理道德修养、行为准则规范。西周以"礼"治天下，形成了比较完备的礼制。春秋战国时期社会动荡，"礼崩乐坏"。孔子一生所努力追求的，就是恢复周代的礼治秩序，他认为恢复了礼治，天下就太平了。汉代对"礼"文化进行了系统的总结，使其更加制度化、规范化，成为社会各阶层共同遵循的行为规范。"礼"几乎包括社会生活的各个方面，社会所有成员的行为都能够从这里找到依据和评价标准。这些细致入微的礼制，不仅促进了全社会的"行同伦"，约束社会成员的行为方式，而且具有强烈的道德教化功能，培育了中华民族的整体道德传统和精神风貌。

中国的民俗文化与思想学术文化有同构的关系，是中华文明得以连续发展的一个重要原因。传统文明可以分为大传统和小传统两个部分。大传统指的是知识阶层的规范性文化，在中国主要是以孔子儒家学说塑造的文化模式和文化精神；小传统指的是在人民群众中流传的非规范性的文化，即民间文化、民俗文化。

在中国传统社会，农民是全国人口中最大的一部分，小传统主要是在广大乡村中产生和传承的，它以民间风俗、口头文学、方言俚语等形式存在，是农民日常生活的文化。小传统文化是自发产生和流传的，它渗透在人们的日常生活中，通过潜移默化的方式世代相传。大传统则是历代知识阶层自觉的文化创造，是被有意识地培养并流传下来的传统，是经过严格选择或认真锤炼和改进的传统。就是说，它是有意识、有目的的并经过理性思考而创造的文化，代表着中华文明的基本精神，规定着中华文明的基本发展方向。

大传统文化以学派思潮、历史典籍、文物制度、艺术创作等形式存在，并在官方和民间得到认真保存和传播。大传统和小传统是两种不同的文化，它们是互相独立的。但它们又不是各自封闭的，它们之间是相互交流、相互影响的关系。"大传统和小传统可以看（作是）思考和行为的两条河流，它们彼此区别，但又曾经汇在一起，超出自身的范围之外。"① 在中国历史上，大

---

① 引自［美］P. K. 博克著：《多元文化与社会进步》，余兴安、彭振云、童奇志译，辽宁人民出版社1988年版，第230页。

多数知识分子来自农村，是在家庭私塾教育制度下培养起来的，他们与农民和农村有着千丝万缕的联系，在他们的思考和文化活动中，不可避免地受到小传统文化因素的熏陶和影响。大传统中许多伟大的思想和优秀作品往往起源于民间，脱胎于小传统文化。因而，中华文明中始终带有一种明显的农业文明的性质。同时，大传统形成后又通过种种渠道再回到民间，进入小传统文化中，并且在意义上发生种种始料不及的改变。由于中国知识分子历来尊奉"经世致用""齐家治国"的价值取向，自觉地担当起社会教化的职能，往往有意识地把大传统的儒家思想文化规范成民俗，给民俗文化赋予大传统的文化意义，这就使中华文明中大传统与小传统之间的传播具有自觉的性质，使它们在基本精神和价值取向上趋向一致。这是中华文明的重要特点之一。

在欧洲中世纪，大传统和一般人民有所隔阂，成为一种"封闭的传统"。因为欧洲的"雅言"是拉丁文，其传授在学校，属于上层贵族的文化。各地的人民则都采用方言，可以和拉丁文互不相涉。中国的文化很早就有"雅"和"俗"两个层次的区分。但中国的"雅言"是本国语文的标准化或雅化，因而中国的大传统与小传统也易于交流。

在中华文明中，作为大传统的儒家思想在塑造着中华民族文化精神的同时，作为小传统的民俗文化也同样发挥着传承儒家思想文化的重要作用。传统文化的传承，不仅体现在教育层面和精神文化层面，而且在我们的日常生活之中，体现在日常的风俗、礼俗之中。它们和主流文化精神一起构筑了我们的生活环境、生活空间，也一起传承着中华文明的精神和生命力。

七、中国传统伦理价值观的秩序建构

中国是一个有着深厚伦理道德基础的国家，道德文化是中国传统文化中最重要的并且是最成功的一部分。中国传统社会在漫长的历史演变中，逐渐形成了一整套严密而具体的、世代相传的伦理道德规范体系。在道德文化的两大层面中，其上层有以孔子儒学为代表的并为历代思想家所承续的形式完备的道德哲学，设定了中国人的道德理想、道德价值、道德关系、人伦秩序和行为规范，并通过制度的和非制度的多种形式渗透和影响着下层的道德文化，发挥着对中国人进行道德教化的功能。在道德文化的下层，有潜藏到人们深层心理结构中的道德意识、道德信念、道德思维和道德心态，并形成世代沿袭的道德行为方式。

中国传统伦理价值观主要有这样一些特征：

第一，强调以家族血缘关系为主体的人伦关系。家族或家庭是中国传统社会组织的基础，家庭人伦关系是中国人最主要的人际关系。中国传统伦理以"孝"为核心，讲"三纲五常""三从四德"，对家庭中的父子、长幼、夫妻等人伦关系都有明确的规范，特别重视人伦价值，在家族人伦关系的基础上又进一步发展出社会等级关系次序。这样的人伦关系和社会等级关系就是对个人"身份"的确定，个人认同自己的身份，按照自己的地位身份活动，就是讲人伦、守道德。每一个社会成员首先考虑的是如何在错综复杂的人际关系中履行自己的伦理义务，即"父慈、子孝、兄良、弟悌；夫义、妇听，长惠、幼顺；君仁、臣忠"，否则就是不道德。

第二，强调以社会为本位的道德原则，把社会集体利益（皇权利益、家族利益）作为个人一切行为的出发点和归宿，以集体主义作为基本的价值取向。在传统社会中，中国人只能作为家族的成员而获得"存在"，生命的意义在家族这个集体之中，是以社会取向而不是以个人取向为成就的动机。个人的取舍选择要以家族集体的利益为最终标准。在道德评价上，只肯定那些对家族集体、社会和他人有益的言行。

第三，注重人际关系、社会关系和谐的道德心态。钱穆先生指出，中国文化主张"和谐"，中国人更多看重"和谐"。在传统中国人的深层心理结构中，一直把"和谐"当作最高目标，以自然之和谐（道、理）为真，以人人之和谐（仁、义）为善，以天人之和谐（天人合一）为美。特别是在人际关系、社会关系领域，中国人历来主张"和为贵""和气生财""家和万事兴"等。

"和"是中国传统伦理价值观的一项重要原则。张岱年先生指出:"和谐是整个中国传统文化的最高价值原则。这一原则和认为宇宙是一个和谐的整体的世界观及重和谐的思维方式一起,对中国传统文化产生了深远的影响,规定了中西文化的基本差异。"

第四,以"成圣成贤"为社会的道德理想或理想人格,强调个人的修养践履,即"独善其身"。理想人格是对一种人格模式的理想化的设计,是人们在自己的心目中塑造出来的、最值得追求和向往的、最完美的人格典范,集中体现了特定文化的伦理价值观。中华传统文化所设计的理想人格是一种在伦理道德关系上至善至美的典范和楷模,是一种体现"仁"的道德理想的"圣人"。任何个人都应该按照"圣人"的理想人格模式约束和反省自己,通过自我修养和内心修炼,展现潜藏于自身的"仁"性,实现个人人格的完善和成长。

总之,中国传统伦理价值观的主要特征,在于强调家族人伦关系和社会等级次序,以集体主义为主要价值取向,以人伦和谐为最高价值原则,并以体现这种道德关系的"圣人"作为道德理想和理想人格。中国传统伦理价值的这些特点,体现了中国传统社会和传统文化的基本精神内涵,有利于对人们进行道德教化,形成了中国人特有的道德品质和道德风尚,形成了中国传统社会稳定的道德关系,使它们成为整合社会力量、协调社会利益关系和人际关系的重要纽带。

伦理价值观反映着现实社会生活中的道德关系。中国传统伦理价值观和传统中国人的伦理精神,取决于、服从于、服务于中国传统社会和传统文化的性质。

中国传统社会在经济形态方面的表征主要是一种农业社会。中国传统社会自给自足的小农业与家庭手工业相结合的经济结构,决定了家庭在社会生活中所发挥的特别重要的功能。家庭不仅是一个生活共同体,而且是一个生产共同体。因此,在中华传统文化中,家族制度受到特别强调。家族观念是中国人最基本的生活观念和立身处世的出发点。中国人不仅以家为本位、为中心展开其生命活动,而且具有泛家族主义的倾向,把家族制度泛化和普遍化为社会政治制度。传统社会通常被称为"宗法社会"，中国传统社会的社会秩序通常被称为"宗法制度"。这种宗法制度实际上就是把家族制度的内容和形式演化为社会政治制度，实行政治组织与家族组织合一，即所谓"家国同构"。就如韦伯所形容的，中国是一种"家族结构式的国家"，这是中国传统国家模式的显著特征之一。

中国传统社会是以家族为本位的宗法社会，血缘人伦关系是宗法社会中最基本的人际关系，在这种宗法社会中，道德的威力始终被看得比法律更有效，这种情况决定了中华传统文化是一种以家族伦理为中心价值取向的伦理型文化，而伦理价值观则成了中华传统文化的核心。儒家对中国宗法制度下的人际关系进行了理论上的概括和总结，形成了一套完整的伦理道德观念和理论体系，构成中华传统文化意识形态系统的核心，在建构传统中国人的伦理价值观上发挥了突出作用。我们现在所指称的"中国传统伦理价值观"，实际上就是经过历代儒家思想家们理论化、系统化了的关于伦理价值和意义的总的看法和态度。

中国传统伦理价值观是中国传统社会生产方式和生活方式的反映，是中国传统社会宗法制度下道德关系的反映，但它作为一种社会意识，作为一种观念文化形态，又在传统社会中发挥着重要的功能和作用。中国传统伦理价值观为传统中国人的道德活动以及整个生命活动提供了基本的价值取向和激励动力，为维护传统社会的秩序和结构稳定提供了精神纽带和控制手段，为构筑传统中国人的精神世界提供了观念文化基础。中国传统伦理价值观是维护、促进中国传统社会和传统文化体系稳定的精神力量。

第四章

农耕文明与游牧文明的交涉融合

农耕文明与游牧文明的交涉，是中华文明史上反复出现的一个主题。二者有冲撞与对抗，也有对话与交流。游牧文化不断吸收中原农耕文化成果，也给农耕文化以刺激和激励。游牧民族带来的冲突和震荡，给中华文明造成重大危机，同时中华文明在动荡中获得了大发展的生机和活力，这正是中华文明强大生命力的表现。

一、农耕文明与游牧文明

古代欧亚大陆极其辽阔的大旷原上，生活着许多游牧部族。这些游牧部族"无城郭常处耕田之业"，经常迁徙，在中国古典史学上被称为"行国"①。新石器时代欧亚大陆各地的农牧业出现后，逐渐向其他地区扩散，最后传播到草原地带，形成一种混合经济。例如，在欧亚大陆草原西端的南俄草原，新石器时代早期虽然出现了农牧业，但主要以采集与狩猎为主。新石器时代中期则是农业、牧业、渔猎和采集相结合的混合经济。后来，由于农业经济难以适应不断干燥的气候，农业村落数量减少、规模缩小，游牧经济却日益重要起来。到距今4500年至4000年前后，游牧经济逐渐在草原地带获得了主导地位。在蒙古，游牧文化形成于公元前3000年代后半期至公元前2000年代前半期。近来有学者在探索我国北方游牧经济的起源问题时提出，北方游牧业是从中原的家畜饲养发展而来的，至青铜时代才形成完整独立的游牧经济形态。

这样，从公元前3000年代后半期开始，游牧经济逐渐成为草原通道所特有的一种经济形态。这条游牧经济带的北面是狩猎经济，南面则是农业经济。众多的游牧部族在草原通道上纵横驰骋，由于他们的流动性很大，所以自然而然地接触到各地的不同文化，并将这些文化传播开来。于是，东西方文化就在草原通道中汇聚。

欧亚草原地带是非定居（游牧或半游牧）的畜牧文化领域。欧亚草原是一个独特的生态系统，从多瑙河到中国长城东西绵延，长约8500千米，南北宽400—600千米，从北部的森林和森林草原带到南部的丘陵、半沙漠和沙漠带，地理跨度为北纬58°—47°。②许倬云先生指出："中国和欧洲之间的接触，有

---

① "行国"是司马迁在《史记·大宛列传》中提出的概念，以与城郭之国即邦或城邦相对。城郭之国，田畜土著；行国则随畜逐水草。

② ［俄］叶莲娜·伊菲莫夫纳·库兹米娜著：《丝绸之路史前史》，李春长译，科学出版社2015年版，第3页。

很长一段时期是间接的，经过这中间的亚洲内陆，有时隔绝，有时畅通。"[1]
他还指出，据草原文化考古学研究，欧亚大陆间游牧的草原文化，在公元前
2000年开始有扩散的现象。其原因之一是由于以畜牧为生的牧群人口增加；
二是牧人们学会了骑马；三是草原上气候干燥，生活环境恶劣。同时，牧人
们知道了饮乳和制作乳制品，比单纯食肉增加了新的生存条件。大致说来，
中亚牧人扩散的第一阶段始于公元前2000年。第二阶段在公元前1000多年，
游牧人群扩散及于天山、阿尔泰山、萨彦岭一带，甚至到了外贝加尔地区。
第三阶段是从公元前700年前后开始，匈奴及其族类在草原上的大扩散。[2]

　　由于游牧社会"逐水草而居"的习性或其他自然灾害等方面的原因，因此
一批又一批游牧民族和部落在草原上迁徙，不断接触并连通了其他地区的民族
乃至农业社会。这些游牧部族居于中西两大古典文明中间，在古代中西文化交
流中起到了中介作用。正是在这些游牧民族的努力下，草原丝绸之路最早出现
在欧亚大陆上，成为促进人类文明聚合和发展的大通道。

　　中原汉文化在历史上一直与北方草原民族保持着频繁的接触。这种接触
对中华文明的发展有着重要影响。中国与欧亚草原的相互关系对于理解中华文
明的形成具有基础性作用。

　　我国历史上不同类型的农业文化，可以分为农耕文化和游牧文化两大系统，
形成并立的农耕文化区和游牧文化区。我国农耕文化区和游牧文化区大体上以
秦长城为界。长城分布在今日地理区划的复种区北界附近，它表明我国古代两
大经济区是以自然条件的差异为基础的，并形成了明显不同的土地利用方式、
生产结构和生产技术。中华文明大系统包括中原农耕文明和草原游牧文明两大
部分。农耕文明是主体部分，游牧文明是补充部分。两大部分又有着长期的交
涉、交流乃至碰撞和融合。这是中华文明保持强大生命力的重要因素。

---

　　① ［美］许倬云著：《许倬云说历史：中西文明的对照》，浙江人民出版社2013年版，前言
第2页。
　　② ［美］许倬云著：《西周史》（增订本），生活·读书·新知三联书店1994年版，第68页。

自商周以来，中国古代的中原王朝就以面向北方游牧民族为对外交涉的重点，春秋时期的"尊王攘夷"，也主要是针对北方的游牧民族。朱熹曾称赞管仲"尊王攘夷"的功绩："尊周室，攘夷狄，皆所以正天下也。"（《四书章句集句·论语集句》）在"尊王攘夷"运动中，齐、晋、秦等国向北和西北方面的进攻，阻止了北方游牧民族的南下，使得原先分布在中国北方和渭水以西的草原民族戎人和部分大夏人向西迁徙，迁居到伊犁河流域与楚河流域。

北方民族与内地的交涉冲突，实际上就是中原农耕文化与草原游牧文化的碰撞、对抗与冲突。而在这样的碰撞和对抗中，也有相互的对话与交流。一方面，游牧文化不断吸收中原的农耕文化成果；另一方面，游牧文化也不断给农耕文化以新鲜的刺激和激励，同时，经过欧亚大草原，游牧文化成为中原文化与西方文化交流的中介。

我国历史上的农耕文化和游牧文化虽然在地区上分立对峙，在经济上却是相互依存的。偏重于种植业的农区需要从牧区获得牲畜和畜产品，作为其经济的补充。牧区的游牧民族种植业基础薄弱，靠天养畜，牧业的丰歉受生活条件变化影响极大，其富余的畜产品固然需要向农区输出，其不足的农产品和手工业品更需要从农区输入，遇到自然灾害时尤其如此。在通常的情况下，两大经济区通过官方的和民间的、合法的和非法的互市和贡赐进行经济联系。匈奴人、蒙古人，无不热衷于与汉区做生意。但和平的贸易并不总是能够维持的。游牧经济的单一性形成的对农区经济的依赖性，有时以对外掠夺的方式表现出来，对定居农业生活构成威胁。上述情况都可能导致战争。战争造成了巨大的破坏，但加速了各地区各民族农业文化的交流和民族的融合，为正常的经济交往开辟了道路。因而战争又成为两大农业文化区经济交往的特殊方式。

农、牧区的这种关系，对中国古代政治经济发展影响极大。我国游牧民族尽管有时把它的势力范围扩展到遥远的西方，但它的活动中心和统治重心始终放在靠近农耕民族统治区的北境。

在我国古代农业中，农区和农耕文化处于核心和主导地位。农区文化对牧区的影响是显而易见的，但牧区文化对农区文化也有着不可忽视的影响。历史上牧区向农区输送牲畜和畜产品是经常性的、大量的，对农区农牧业生产有很大的促进作用，这在半农半牧区表现得最为明显。原产北方草原的驴、骡、骆驼等，汉初还被视为"奇畜"，汉魏以后已成为华北农区的重要役畜了。农区畜种的改良，往往得力于牧区牲畜品种的引入。甘青马、西域马、蒙古马、东北马等，都对中原的马种改良起了巨大作用。中原羊种原属羌羊系统，随着中原和北方游牧民族交往的增加，华北地区成为蒙古羊的重要扩散地，中原羊种因而得到了改良，而与原来的羊种迥异。太湖流域著名绵羊地方良种——湖羊，也是在蒙古羊的基础上育成的。唐宋在陕西育成的同羊，则兼有羌羊、蒙古羊和西域大尾羊的血统。

牧区的畜牧技术对农区也有很大的影响。骑术是从北方草原传入中原的，"胡服骑射"就是其中的突出事件。这些技术往往通过内迁、被俘、被掠为奴等途径进入中原地区，并得以广泛传播。曾做过汉武帝马监的金日磾就是被俘的匈奴人。我国古代华北地区农业科技的经典《齐民要术》记述马、牛、羊等牲畜牧养、保健和畜产品加工技术颇详，这是与当时大量游牧民进入中原有关的，这些记载中应该已经包含了牧区人民的珍贵经验。中原从游牧地区引进的作物也为数不少，除了人们所熟知的张骞时代引进的葡萄、苜蓿等，仅就《齐民要术》看，就有不少来自胡地、冠以"胡"名的作物和品种，如胡谷、胡秫、胡豆、胡麻、胡桃、胡瓜、胡葵、胡葱、胡蒜、胡荽、胡栗、胡椒等。

秦汉时期，农业文化区与游牧文化区已有明显的分界。司马迁在《史记·货殖列传》中根据经济与文化发展的性质及自然资源景观，以碣石—龙门为分界线，基本划分出了当时的中原农业文化区和北方草原游牧文化区。

战国以来，我国各民族所建立的政权界限与自然区、经济区界限非常契合。秦、燕、赵长城正是东部季风区和西北干旱区的分界。公元前3世纪末至公元3世纪初，亚洲东部大部地区都属中国的秦及两汉王朝的版图。中国的中、南部为汉族和其他农业民族所聚居，北部草原、沙漠地带则是各游牧民族生息活动之地。这是匈奴称雄北方游牧世界的时期，大漠南北蒙古草原都受其控制。匈奴东方是东胡。东胡原驻牧于西辽河上游西拉木伦河和老哈河流域。汉初，东胡王利用匈奴的宫廷内争，乘机占领匈奴东部土地。公元前206年，冒顿单于举兵反击，造成东胡族向北方的大迁徙。其中一支退居大兴安岭的乌桓山，故称乌桓。东胡的另一支退居大兴安岭北段的鲜卑山，故称鲜卑。北走的鲜卑，初因乌桓阻隔，未及通汉，后来势强，匈奴西徙，其尽占匈奴之地。

匈奴的西方是月氏和乌孙。月氏人和乌孙人居于"敦煌、祁连间"，大体上分布于肃州（酒泉）以西至敦煌之间的为乌孙人，肃州以东至张掖之间的为月氏人。月氏人的南方为另一游牧民族羌人，乌孙的西北为塞人。

在匈奴北方，为丁零和坚昆。丁零又作丁令或丁灵，春秋战国时分布在贝加尔湖地区西至阿尔泰山以北。公元前后，东部丁零曾游牧于贝加尔湖以南，西部丁零则游牧于额尔齐斯河至巴尔喀什湖之间的地区，这些区域均为匈奴统治区。后来，丁零联合乌桓、鲜卑等族夹击匈奴，迫使北匈奴西徙。坚昆，又作隔昆、结骨或居勿，属突厥部落之一，西汉初时其受匈奴统治。公元前1世纪70年代，乘匈奴势衰，其脱离匈奴控制，移居叶尼塞河上游。匈奴西迁后，其势力渐强，至3—4世纪又处于突厥汗国的统治之下，唐时称黠戛斯。

在这些草原游牧民族中，匈奴是势力最强大的。秦汉与北方的交涉，主要是面对匈奴人。而欧亚草原上民族的大迁徙，在这一时期也都直接或间接地与匈奴有关。

二、匈奴与汉文化的碰撞与交流

匈奴是古代著名的游牧民族，长期活动在我国北方草原上。中国文献中，商周时代称其为鬼方，周代又称之为混夷、獯鬻、猃狁，春秋时称其为戎、狄，战国、秦、汉以来称之为胡或匈奴。秦汉以后，"匈奴"这个名称就固定了下来。

匈奴是个游牧民族，"随畜牧而转移""逐水草而迁徙"。匈奴是一个大族，根据一些文献资料推算，汉初匈奴盛时人口约有200万，以后由于内争和分裂，有所减少，但也不少于150万。匈奴各王驻牧地，东起大兴安岭的乌桓、鲜卑西部边界，西至阿尔泰山脉，绵亘数千千米，遍布大漠南北。到战国末年（公元前3世纪末），各分散的匈奴部落联合起来，形成统一的部落联盟，下属24"国"（即部落），其首领称"王"。部落联盟的头目是头曼（？—前209），号称"单于"，意即大王或皇帝。头曼约与秦始皇在位时间差不多。

在此时期，匈奴社会开始发生急剧变化。自战国以来，不少中原人进入匈奴地区，秦时更多。这些迁入的汉人在匈奴地区垦荒耕种，仍以农业为主业。秦汉时，为了加强北部防务，又对占领的匈奴旧地进行以农业为主体的开发经营，并进行大规模移民。据史料记载，终秦不过10年，就向西北边地进行了三批移民，很快使这一农牧交错地带成为新的农业区，富庶几与关中媲美，号称"新秦中"。游牧人被排挤或融合，农耕在这里发展起来，但畜牧业仍比较发达。司马迁说"龙门（在今山西河津西北、陕西韩城东北）碣石（在今河北昌黎北部）北多马、牛、羊、旃裘、筋角"，又说凉州（辖境约相当于今甘肃、宁夏等地）"畜牧为天下饶"，指的就是西汉疆域内的这个半农半牧区。

西汉时，移民规模更大，移民开辟了大量的良田。"这些新农区不仅成为传播农业科技文化的中介，而且亦逐渐发展成为新的农业文化的策源基地。"[1]汉武帝在河套地区和河西走廊等地大规模移民实边和屯田，同时大兴水利，推广耦犁、代田法等先进工具与技术，使该地区成为全国农牧业生产最发达的地区之一。尤其是河西农区的建立，像插进牧区中的一根楔子，把游牧的匈奴人和羌人隔开，同时把中原农区与南疆分散农区联结起来。

汉代屯田，深入到西域和羌人活动的青海河湟地区。在东北地区，燕国和秦汉相继用兵东北，占领辽河东西等地区。通过置郡屯戍，大批汉人进入东

---

① 张波、樊志民主编：《中国农业通史》（战国秦汉卷），中国农业出版社2007年版，第242页。

北，铁器牛耕等随之传入，开创了东北农业的新局面。辽东辽西从此成为中原农耕文化向东北扩展的桥头堡。除了屯戍，流移或被俘进入牧区的汉族人对农耕文化在当地的传播也起了很大作用。

这样，中原汉人进入匈奴地区，与匈奴人进行直接的接触和交往，使得中原的生产技术和文化传入匈奴。考古材料证明，战国时期匈奴手工业已有相当发展，能制造各种铜器和铜武器，如铜镞、铜戈、铜剑、铜斧、铜盔等，此外还能制造陶器，加工毛皮和乳制品等。公元前3世纪前后，匈奴进入铁器时代，出现铁制工具和铁制武器，铁刀的生产已相当普遍。铁器的推广使用，使社会生产力大为提高，匈奴社会开始脱离原始氏族制度。公元前209年，头曼单于的儿子冒顿刺杀头曼，夺取单于位，进行了一系列政治改革，并凭借强大的军事力量积极扩张，建立起庞大的部落国家。

匈奴人经常侵扰我国边境地区，长期以来是中原王朝的主要边患。《史记·太史公自序》中说："自三代以来，匈奴常为中国患害。"战国时期，匈奴屡为北方边患，燕、赵、秦三国不得不在北方分别修筑长城，以御匈奴骑兵。秦始皇统一六国后，把三国长城连接起来，重新修缮，并向东西扩展，筑成"万里长城"。这条西起临洮（治今甘肃岷县），沿黄河北走至河套，傍阴山东去，直至辽东的防御体系，是抵挡游牧民族骑兵的重要屏障。

秦末动乱，匈奴乘机渡过黄河，进入河套以南地区。匈奴冒顿单于利用楚汉相争之机，竭力向外扩张，成为亚欧大陆东部的强大政治势力，并不断侵扰中原王朝边境，对新建西汉政权构成重大威胁。汉初与匈奴交兵，屡战失利。此后六七十年间，汉对匈奴一直执行和亲政策，但匈奴并未因此停止对北方地区的骚扰。汉武帝改变了对匈奴的忍让政策，进行抵抗反击。同时派张骞出使西域，联络大月氏、大宛、乌孙等，夹击匈奴，以断其右臂。匈奴在强大汉军的打击下屡屡败北，受其奴役的少数民族遂乘机摆脱其控制。其统治集团内部矛盾不断加剧，内讧不已。至公元前51年，匈奴分裂为南北两部，南匈奴呼韩邪单于降汉，迁居塞内，分布于晋陕北部和内蒙古西部地区，与汉人杂处，逐渐转向农耕，实行定居，并逐渐与汉族和其他民族融合。北匈奴留漠北，原归附的鲜卑、丁零等族乘机反抗，又遭南匈奴多次攻击，其势大为削弱。北匈奴郅支单于不敢南下侵略，遂改向北边、西边进攻，北并丁零（贝加尔湖一带），西破坚昆（今吉尔吉斯）、乌揭（坚昆东边的游牧部落），称霸于中亚，建都赖水（怛逻斯水）。这是匈奴的第一次西迁。至公元前36年，汉西域副都护陈汤擒杀郅支单于，臣服于汉的呼韩邪单于统一匈奴。

尽管匈奴与中原王朝时战时和，但贸易关系一直没有中断。匈奴十分重视与汉族人的互通"关市"，以交换汉族人的农产品和手工业品。另外，汉朝与匈奴之间大规模的贡物馈遗也是文化交流的一个重要途径。汉初武帝前，每年都要付给匈奴大量的金银、粮食和丝织品；东汉时南匈奴内附后，朝廷为了安抚其部众，除了每年赠给匈奴贵族大批彩、缯、食物外，还在灾荒之际给予大量接济。如光武之时赠给南匈奴衣裳、冠带、车马、用具、乐器、锦绣等物，而匈奴也往往贡奉牲畜等。在蒙古高原和西伯利亚地区，迄今发现汉朝文物的遗址和墓地已有20多处，分布在西起俄罗斯西西伯利亚地区鄂毕河流域，北至贝加尔湖沿岸，东到蒙古国肯特省东北部鄂嫩河上游的广阔地域。蒙古考古学者发掘漠北匈奴人的墓葬，出土了大量来自汉朝的器物，有铁器、铜器、陶器、木器、漆器、石器、五铢钱、板瓦、筒瓦、瓦当、马具、黄金、服饰、丝织品等，反映了匈奴人与汉朝广泛的物质文化交流和匈奴人所受汉文化的深刻影响。

公元前3世纪前后，匈奴人已经开始使用铁器。从匈奴许多刀剑的形式酷似汉式的情形看来，匈奴人的铁器文化不仅受到汉族文化的很大影响，而且可以推测当时的铁匠大多是来自中原的汉族匠人。在匈奴活动的广大地区，不仅发现了大量秦汉时期的丝织品，而且还在今内蒙古和林格尔的东汉墓壁画中发现了采桑图的内容，可以证明此时的蚕桑生产技术已经传播到此地，并已被匈奴人掌握。其他诸如铸铜业、金银铸造业、制陶业等，也或多或少地受到中原汉文化的影响。此外，匈奴的农业生产也深受汉人传统农业科技文化的影响，其农业技术都是从汉人那里传入的，而且从事农业生产的劳动者也大多是汉人。匈奴人在与中原汉族长期的交往、征战以及和亲、关市的过程中，受到汉文化的深刻影响，他们的民族文化吸收了许多汉文化的因素。

在与匈奴的长期交往中，汉文化也受到匈奴草原文化的影响。法国学者谢和耐（Jacques Gernet，1921—2018）说到游牧民族与中原文化的互动时指出："中国人学会畜牧、骑术、使用马具和某些战术是应该感谢游牧者的。有些食谱和变成了中国人日常服装的长袍、裤子也学自游牧民。事实上，双方通过对峙线上只供使臣、商人出入的'口岸'而转输的不仅仅是双方各自需求于对方的产品（丝织品、茶、盐、中国金银、马、驼、牛、羊）。正和欧亚大陆所有的农牧交界地区的情况一样，各种宗教、工艺也无不循着贸易商路而传播。"①许倬云先生说："匈奴和汉廷之间或战或和，在彼此学习的过程中，中国吸纳了许多草原作战的技术，以此来对抗匈奴，甚至用于长程征伐。""无论是和是战，经过不断的对外接触，中国的文化中增加了新的成分。在三国魏晋时代，居住在中国边境的汉化的匈奴后裔，乃是'五胡'中首先进入中国的竞争者。"许倬云还指出："中国、西域和匈奴之间失落的军队、掠夺的战俘、移动的人口，也使三个地区的人群都增加了前所未见的基因，不仅北方胡人（匈奴、东胡、丁零、羯……），连居住在西域的塞人，也有与中国内地人种混合的记录。凡此，都是从对外战争过程中发展出来的一些新的条件，它们改变了中国的文化面貌，也为中国民族增加了新血液。"②在汉匈相互交往的过程中，草原文化也通过多种方式进入中原地区，比如精良畜种的引进和畜牧技术的推广等，进而引起农区文明体系的一系列变化，诸如产业结构的调整、食物构成的演变、文化传统和生活习俗的多元化趋向，以及生态环境变迁等方面，都不无吸纳匈奴畜牧文化成分的特征。

---

① 引自张广达著：《西域史地丛稿初编》，上海古籍出版社1995年版，第381页。需要注意的是，国外一些学者在相关研究中所指称的"中国"实际是"中原"，我们应予以区分，不能将二者混淆。

② ［美］许倬云著：《说中国——一个不断变化的复杂共同体》，广西师范大学出版社2015年版，第79、81页。

三、游牧文明的冲击与重整反应

中华文明在漫长的历史发展进程中，也有过许多波折，有过激烈的文化冲突和抗拒。特别是几次大的外来文化冲击，使得中华文明的发展受到破坏和阻滞。历史上，中华文明有过三次大的异族文明冲击，第一次发生在魏晋之后的十六国时期；第二次是13世纪蒙古人对金、宋的征服以及元朝的建立；第三次是19世纪中期以后西方工业文明的冲击。这些文化冲击都对中华文明产生了相当严重的影响，都对中华文明的传承和发展提出了严峻的挑战。但是，在异质文化的冲击面前，中华文明并没有被冲垮，没有被"北化"或"西化"，而是以顽强的生命力，战胜了种种困难，通过自身的修复能力和重整反应，获得新的发展动力，又在新的基础上得到了发展。中华文明生生不息的生命力，在异质文化的冲击面前经受住了严峻的考验。

魏晋南北朝时期的文化交流与碰撞，首先面对的是所谓"胡"和"汉"文化的交锋。那些曾经占据北方的"五胡"以及其他游牧民族，都是中华民族大家庭的组成部分。从现在的地域观念来说，这些"胡"人文化与汉族文化的关系是中华文明内部农耕文化与游牧文化的关系。但是，在当时的情况下，"胡"与"汉"却是两种不同的文化体系、两种不同的文明形态。从文明史的意义上说，魏晋南北朝的文化冲突、文化碰撞和文化融合，首先突出表现在"胡"和"汉"两种文化的碰撞、交流和融合上。这是这一时期广义上的中华文明与世界文化对话、互动的组成部分。这种碰撞、交流、互动和融合极大地丰富了中华文明的内容，并且为中华文明的发展提供了强大的刺激和动力，成为这一时期中华文明大发展的重要原因之一。

魏晋南北朝时期的文化发展，重要特点之一就是北方草原游牧文明与中原汉文明的大碰撞、大交流、大融合。这种大碰撞、大交流、大融合的盛大文化场景，主要是由北方民族持续的内迁引起的。这一次为时200年的人口变动，在中国历史上，实为规模最大的一次，由此出现了游牧民族和中原汉族、草原文化与农耕文化规模广大的文化交流和融合的局面。魏晋南北朝时期，社会风俗呈现大变化，出现了与两汉时期不同的形态，其最大的特点是胡汉的融合。胡汉文化融合的过程，时有反复，总体则是一步一步发展为北方的新文化。

"五胡"的概念是《晋书》中最早提出的，泛指在东汉末到晋朝时期迁徙到中国内地的外族人。汉魏之际，中国北部和西北部的游牧民族主要有匈奴、羯、鲜卑、氐、羌等五支，史称"五胡"。他们从东汉时期开始不断向内地迁徙，接受汉族先进文化的影响，社会生产力不断提高，逐渐向农耕生活过渡。东汉末至三国时期，由于战乱，中原汉族居民大量迁徙，人口成为各种割据势力控制的目标，汉代统一时期居于边境或偏远地区的各少数民族也成为被掠夺和迁徙的对象，一些少数族群也趁内地人口减少之机主动内徙。曹操击败袁绍后，远征辽东，消灭袁氏残余势力，并将亲附袁氏的三郡乌桓迁到河北，后平定关陇，又将大量氐族人迁到关中各郡。与氐族一样，原居于今青海、甘肃及四川西北部地区的羌族人也大量迁居关中。东汉初年举国内徙至今内蒙古草原的南匈奴则逐渐南移，魏时分为五部，族居于今山西汾河河谷。魏及西晋初期，游牧于蒙古草原的众多的匈奴部落受到草原上新兴的鲜卑族的压力，亦纷纷迁到长城以南地区。在今汾河河谷与匈奴杂处的还有一个自称为匈奴后裔的民族——羯族，他们鼻子高耸，眼眶深陷。

在上述内徙的氐、羌、匈奴、羯人的外围，东到辽东，西至今青海，横跨蒙古草原，一个新兴的游牧民族集团渐趋活跃。这个总称为"鲜卑"的民族集团，起源于今大兴安岭东麓，当蒙古草原上的匈奴帝国在西汉武帝以后连续的打击下解体后，他们逐渐向西迁徙，吞并融合残余的匈奴部落及从西伯利亚南下的丁零族，力量逐渐强大。东汉末及曹魏初，鲜卑先后在蒙古草原上建立起以檀石槐及轲比能为首的部落联盟，其内部社会关系也逐渐从原始社会向阶级社会过渡。曹魏末年到西晋初期，鲜卑慕容部、宇文部、段部据有辽东、辽西；拓跋部雄居塞北，以盛乐（今内蒙古和林格尔）为其政治中心，并先后与魏晋政权发生政治联系。鲜卑乞伏部及拓跋部的一支迁徙到今陕西、甘肃北部边境地区，而慕容鲜卑的一支吐谷浑则移居到青海草原。

到西晋初年，胡人南徙的人数已相当多，内迁的匈奴、鲜卑、乌桓等族人达40余万，迁入关中的氐、羌族人达50余万，占关中人口的半数。胡人已经遍布北方各地，关中地区尤其众多。当时山阴县县令江统在其著名的《徙戎论》中惊呼："关中之人百余万口，率其少多，戎狄居半。"在很多地方，迁入人口超过了当地汉人人口。

在内徙的乌桓、匈奴、氐、羌等少数族群中，一部分成为西晋政权的编户齐民，承担封建国家规定的赋税徭役，其主体部分则族聚而居，虽受封建国家的控制，但各自有王、侯、部帅等首领。中央政府的剥削、王公贵族对少数族群人口的掠夺以及与汉民杂居时造成的民族纷争，使得民族矛盾日益尖锐，各少数族群首领也往往利用这种矛盾，伺机获取自己的政治利益。西晋末年，发生"八王之乱"，内迁各族的上层利用西晋内部矛盾的激化，以其部族武装做基础，相继起兵反晋，建立割据政权，出现了大乱局。

这一乱局的时间一般从西晋灭亡开始算起，一直延续到北魏的建立。百余年间，北方各族及汉人在华北地区建立了数十个强弱不等、大小各异的国家，其中存在时间较长和具有重大影响力的是"五胡十六国"。这些政权的建立，又促进了更多北方民族成员陆续南迁，进入中原地区。据估计，349年，迁居中原的胡人高达五六百万之多，数量是相当惊人的。

大批北方民族的内迁，改变了当时的人口结构和文化版图，把北方民族的民族基因和文化带到了中原。许倬云先生指出，北方五胡"进入中国，在中国的北方注入大批外来的人口，也在斗争之中，一方面扩大自己的基础，消灭敌对力量，另一方面，他们也必须努力寻求汉人的合作，胡汉之间逐渐融合，成为新的人口结构。北方和西北草原地带的资源，也流入中国范围内"。"这些五胡建立的国家，在人口数量和文化水平上，都不能和汉人相比，他们逐渐融入了中国。"①他还指出:"从东汉末年开始到隋唐统一的四百年间,中国这块土地上的人民,吸收了数百万外来的基因,在北方草原西部的匈奴和草原东部的鲜卑,加上西北的氐、羌和来自西域的羯人,将亚洲北支的人口融入中国的庞大基因库中。而在南方,百越和其他原住民(例如蛮、苗),以及西南部的藏缅语系与南亚语系的原居民,都被从中原扩散的大批汉人同化为南方的中国人。""这四百年的过程,是东亚地区人种大融合的时代。"②

游牧民族在4世纪、5世纪大规模向农耕世界迁徙,是在亚欧大陆普遍发生的现象,是两个世界长期交往促进社会经济发展的必然结果。亚洲历史上的战争和冲突,多数情况是游牧民族对农耕民族的入侵、劫掠和占领。战争造成了巨大的破坏,但加速了各地区各民族农业文化的交流和民族的融合,为正常的经济交往开辟了道路,因而冲突和战争又成为两大农业文化区经济交往的特殊方式。许多北方游牧民族通过战争和掠夺征服了定居的农耕民族,占领了新的土地,成为新的统治者,也过上了定居的生活。但是,他们在定居了几代以后,开始尊重定居地区的艺术、教化和习惯。他们与当地人通婚,他们在征服者和被征服者之间弥补上了某种宽容的关系;他们交流了宗教思想,接受了土壤和气候所强加于他们的经验教训。他们变成了被他们征服的文明的一部分。他们为农耕世界带来新的活力,促进封建制社会经济的不断发展。从最初古巴比伦文明的变迁,到雅利安人南下进入伊朗高原和印度河流域,再到突厥人从西亚一路走到地中海边上,还有十六国乱局,蒙古人的大征服,在这些过程中,这些来自北方草原的游牧民族,不仅是原住民族文化的破坏者,还给亚洲内地带来了强劲的刺激。他们不只是文明的破坏者,更是文明的继承者和保存者。

北方游牧半游牧民族进入南方的农耕世界,对农耕文明造成了严重的破

---

① [美]许倬云著:《说中国——一个不断变化的复杂共同体》,广西师范大学出版社2015年版,第98、102页。

② [美]许倬云著:《说中国——一个不断变化的复杂共同体》,广西师范大学出版社2015年版,第103页。

坏性后果。"胡"与"汉"是两种不同的文化体系、两种不同的文明形态。魏晋南北朝的文化冲突、文化碰撞，首先就突出表现在"胡"和"汉"两种文化的碰撞上。但与此同时，草原民族的统治，改变了中原文化的形态，给中华文明以强烈的冲击和刺激，使中华文明中加入了许多游牧文化的因素，在社会风俗方面也出现了"胡化"的现象。这一时期，"社会风俗大变化，呈现出与两汉时期不同的形态。其最大的特点，在于胡汉的融合"①。

数百年间的胡族统治，对中原社会产生的影响是极其深刻而广泛的。对魏晋南北朝社会生活史的研究表明，该时期"胡化"的程度相当高。从汉族的角度来看，胡俗的大量吸收也相当显著，衣食住行，都有反映。"胡化"与"华化"是一个过程的两个方面，构成了以人为载体的文化交流的复杂景观。进入中原的胡人，将他们的文化习俗带来，使中原社会生活渐染胡风，而他们在中原生活日久，向慕中原文化，而逐渐"华化"。

胡、汉两种服饰文化，是按不同的性质和方向互相转移的。其一，统治阶级的服饰文化，魏晋时基本遵循秦、汉旧制。南北朝时，一些北方民族进入内地初建政权后，鉴于他们的本族服饰不足以炫耀其身份地位的显贵，便改穿汉族统治者华贵的服装。其二，在实用功能方面，比汉族统治者所穿的宽松肥大的服装优越的胡服，向汉族劳动者阶层转移。这样，鲜卑人追求汉服，汉族人改穿胡服，有学者将此种情况称为"汉、胡服饰文化的转移"②。

北魏时，中原人民的服饰从北方民族服饰中吸取了不少因素，如将衣服裁制得更加紧身、适体。宋代顾文荐《负暄杂录》写道："汉魏晋时皆冠服，未尝有袍、笏、帽、带。……至元魏时，始有袍、帽，盖胡服也。唐世亦自北而南，所以袭其服制。"北齐时，胡服成为社会上的普遍装束，绝大多数汉人都喜欢穿着胡服，不仅用于家居闲处，还用于礼见朝会、谒见皇帝。在饮食文化方面，各民族把自己的饮食习惯和烹饪方法都带到了中原腹地。西域人带来

① 韩昇主编：《中国文化发展史》（魏晋南北朝卷），山东教育出版社2013年版，第289页。
② 黄能馥、陈娟娟编著：《中国服装史》，中国旅游出版社1995年版，第127页。

了胡羹、胡饭、胡炮、烤肉、测肉等制法。至北魏时，鲜卑民族拓跋氏入主中原后，又将胡食及西北地区的风味饮食大量传入内地，使中原的饮食出现了胡汉交融的特点。汉代以来传入的诸种胡族食品已逐渐在黄河流域普及开来，受到广大汉族人民的青睐。西晋建立之初，中原的达官贵人就爱使用少数民族的床和盥漱器皿，家中必备少数民族的煮烤等烹调用具。宴请客人，首先上的是少数民族器具所盛的食物，这表明当时以使用少数民族器具和食用少数民族食品为时髦。

这样，中华文明以强大的吸收能力，把北方的游牧文化吸收到中华文明的大系统中，使之成为中华文明的一部分。同时，游牧文化为中华文明新的发展增加了新的血液和刺激因素，使中华文明经过这次大规模的冲击，经过自觉的重整反应，到隋唐时代又在新的基础上出现了大发展、大繁荣。陈寅恪先生论及"胡"文化南传的历史意义时指出："李唐一族之所以崛兴，盖取塞外野蛮精悍之血，注入中原文化颓废之躯，旧染既除，新机重启，扩大恢张，遂能别创空前之世局。"苏秉琦先生也指出："'五胡'不是野蛮人，是牧人，他们带来的有战乱，还有北方民族的充满活力的气质与气魄。北方民族活动地区出土的大量反映北方草原文化与中原文化结合的、辉煌的北朝文化遗址遗物，从东汉末年的和林格尔壁画墓，到云冈石窟、司马金龙墓、北齐娄睿墓等乃至'平城'等北朝的都城建筑，以及在瓷业、农业、科技方面都是北朝留下的堪称中华民族的无价之宝。北方草原民族文化是极富生气和极其活跃的，它为中华民族注入新的活力与生命，它还带来欧亚大陆北方草原民族文化的各种信息，为中西文化交流做出重要贡献。大唐盛世的诸多业绩都源于北朝。"[①]

另一方面，少数民族统治下的汉族知识分子，为保存和传承中华文化作出了持续的努力和重大贡献。历史学家何兹全说，西晋末年，随着士族上层的渡江，装在他们头脑里的玄学也被带过江去，原先影响甚微的经学士族留在北方，他们保持着汉朝讲经学、重礼仪的旧传统。胡族政权要占据北方、立足中

---

① 苏秉琦著：《中国文明起源新探》，生活·读书·新知三联书店1999年版，第164页。

原，就必须熟悉儒学传统，崇尚中原文化，以汉法治汉人。在这种背景下，胡族君主与汉人士族进行了卓有成效的合作，而儒学显示了强大的生命力与同化作用。何兹全所说的这种情况，使得当时留在北方的士族成为汉文化的"保护者和传承人"。

自十六国以至北朝各代，汉族才智之士多受到重用。北魏建立之初即重用清河崔氏，大约亦采用九品中正制，至拓跋焘时期已出现"中正官"的记载。这些都助长了北方士族的发展。汉族才智之士参加有关地区的政治活动，有时还取得重要地位，这对于民族杂居地区的汉化也是有重要意义的。这样，在北朝政府中，"其政治上的大传统，依然沿袭两汉文治政府之规范"①。钱穆先生指出："那时虽有大批中国士族，随著东晋王室南渡长江，但大部分的中国士族，依然保留在北方并未南迁。他们是中国传统文化在北方的承继人和保护人。当时北方政府，虽拥戴胡人为君主，但实际政治的主持与推行，则大部分还在中国士族手里。当时中国北方士族，他们曾尽了教育同化胡人之极大努力。"②

四、文明的力量：征服者被征服

北方草原游牧文化对中华文明的冲击和影响，是当时文化态势的一个方面。另一方面，南下的北方民族一旦进入中原地带，进入中华文明的核心地区，就被博大、繁荣的中华文明所包围、所征服、所同化。他们都经历了一个汉化的过程，因而成为中华大家庭的成员，他们的文化也成为中华文明的组成部分。本书前文曾引述法国历史学家布罗代尔的一段论述，他说，在"文明人"与"蛮族"的斗争中，"蛮族之所以取胜，每次都因为它一半已文明化了。在进入邻居的内室以前，它已在前厅等了许久，并敲过十次大门。它对邻居

---

① 钱穆著：《中国文化史导论》（修订本），商务印书馆1994年版，第136页。
② 钱穆著：《中国文化史导论》（修订本），商务印书馆1994年版，第135页。

的文明即使尚未操练得尽善尽美，但在耳濡目染之下，至少已受到很深的影响"①。在十六国之前很久，这些部族就已经与中原汉民族多有交涉和往来，并且许多年前就已经内迁，与汉民族杂居，深受汉民族文化的影响。

进入中原的"五胡"，在丰富浩繁的汉文化的浸润下被完全折服。这一时期的各民族上层以精通汉文化自诩。建立汉国的匈奴人刘渊就有较高的文化素养。史载，他"幼好学，师事上党崔游，习《毛诗》《京氏易》《马氏尚书》，尤好《春秋左氏传》《孙吴兵法》，略皆诵之。《史》《汉》、诸子，无不综览"（《晋书》卷一〇一）。他曾说："吾每观书传，常鄙随陆无武，绛灌无文。道由人弘，一物之不知者，固君子之所耻也。"（《晋书》卷一〇一）"五胡"许多的君主崇尚中原传统文化，师从名儒，究通经史，并大力提倡对中原传统文化的传习。后秦姚兴常与人"讲论经籍"，就连卢水胡沮渠蒙逊也"博涉群史，颇晓天文"。

在这些国家中，以前秦（氐族）和后秦（羌族）的文化最为兴盛，其次则是鲜卑慕容氏建立的前燕及后燕。此外，汉族人张寔、李暠所建立的前凉和西凉，更是当时的文化中心，史称"河西文化"。

十六国时期，各少数民族统治者都接受过儒学教育，执政前后也都积极地引用儒士和儒生。他们借助儒家学说，承袭儒家规章制度，取得汉族士人的支持和合作。十六国各少数民族统治者都重视儒学，不仅有利于促进各民族的大融合，而且对加速各少数民族向封建化的过渡有着积极作用。各国统治者为了维护政权的稳定，也积极发展教育。他们援引汉族名儒，设立学校。中华传统文化教育没有因民族斗争而覆没，这是在这个遭受异族文化强烈冲击的时期中华文明传承没有中断的重要原因。前赵、后赵皆设立太学，重视人才培养。前秦苻坚亲临太学，检查诸生的学业成绩。前赵刘曜设置太学、小学，选拔人才。前燕慕容皝设置官学，并著教材《太上

---

① ［法］布罗代尔著：《15至18世纪的物质文明、经济和资本主义》第1卷，顾良、施康强译，生活·读书·新知三联书店1992年版，第106页。

章》和《典诫》。后秦、南凉设置律学，召集地方散吏入学。各少数民族政权的学校教育都以中华传统文化为主要内容，特别是延续了汉朝时的经学教育。这对促使北方各族接受汉文化，对于各民族融合以及中华文明的传承，都具有积极意义。

北魏统一北方后，北方地区出现了比较安定的局面。发生在5世纪后期的北魏孝文帝改革，是北魏社会政治盛衰的一个关键点，也是中华文明历史进程中的一个重大事件。北魏孝文帝的改革是五胡十六国以来最彻底的一次汉化运动，从政治、经济、制度到礼乐文化等方方面面，全面推行汉制，从而对北魏建立以来从游牧社会向农耕社会转型的成就进行全面的总结，力图使北魏在文化上获得质的飞跃与提升，浑一胡汉，长治久安。

北魏孝文帝的汉化改革，彻底改变了鲜卑族原有的风俗习惯，毫无保留地学习和采纳汉族的典章制度和生活方式，全方位促进鲜卑族接受汉族文化，使胡族政权不但在政治上而且在文化上被中原文明所同化。《魏书》卷二四说："礼仪之叙，粲然复兴，河洛之间，重隆周道。"

在北魏时期的全面汉化改革中，儒学起了重要作用，加速了胡汉差别的消失，加速了民族融合的进程，也使中原传统文化得以发扬光大。北魏王朝的统治者不但主动吸收儒学、自觉儒化，而且积极推行儒家礼仪制度，多次祭奠孔子，延请大儒为皇帝讲经，公开举起儒家的旗帜。

魏晋以后的乱局，对中华文明的冲击是很大的。但是，在这样的冲击面前，中华文明没有中绝，没有坍塌，反而浴火重生，更广泛地吸收融合了边疆游牧民族的文化因素，在新的基础上得到更大的发展。这些胡族的统治者倾心汉族文化，热心推广汉族文化，是一个重要原因。而到了北魏时期，孝文帝全面汉化的改革、全面推行汉文化，不仅加速了鲜卑族的农业化和封建化进程，加速了鲜卑民族的文化进步，也使中华文明的传承得以延续，并且在新的基础上获得发展。可以说，孝文帝的汉化改革，是中华文明史上的重大事件，是一次重要的中华传统文化振兴运动。

在近4个世纪中，北方周边民族如汹涌的潮水奔向中原，会合在汉民族传统文化的海洋里。在经济制度上，他们接受了封建的生产方式，并推陈出新，制定出均田制。在政治制度上，北朝的门下省制是我国古代三省制度的重要来源之一。其府兵制兼采汉文化和鲜卑文化而形成。尤其是经历汉文化教育之后，各民族产生了属于自己的文人和学者。北朝末年，在鲜卑步六孤氏（汉姓陆）中产生了我国著名的声韵学家陆法言，著有《切韵》。北魏宗室元勰十步成诗，形神兼备。到隋唐时期，出身于少数民族的文学艺术家更是不胜枚举。

古往今来，征服与被征服的历史，最终都揭示出这样一条规律，那就是征服者最终都要受制于被征服地区的政治、经济乃至文化环境。马克思曾指出，野蛮的征服者自己总是被那些他们征服的民族的较高文明所征服。恩格斯在谈到民族征服的时候也指出："由比较野蛮的民族进行的每一次征服，不言而喻，都阻碍了经济的发展，摧毁了大批的生产力。但是在长时期的征服中，比较野蛮的征服者，在绝大多数情况下，都不得不适应由于征服而面临的比较高的'经济状况'；他们为被征服者所同化，而且多半甚至不得不采用被征服者的语言。"[1]

恩格斯概括的这一历史现象，正是魏晋南北朝时期的文化面貌，这也是经历了数百年的战乱流离、分裂割据，中华文明没有中绝而得以持续传承的主要原因。

元朝统治者进入中原后，也同样越来越多地接受了汉族文化。忽必烈在做藩王时就热心学习汉文化，向刘秉忠、元好问、张德辉等文士请教儒学治国之道。他登基后，自命为中原正统帝系的继承者，将中原地区作为他的立国基础。他采用了汉人的建议，改国号为"元"，取《易经》"大哉乾元"之义。这些都意味着其政权文化性质的某种转变。"改国号为'大元'，不但表明忽必烈对汉文化的接受，对汉族正统观念的崇尚，同时也显露出他的

---

① 《马克思恩格斯选集》第3卷，人民出版社2012年版，第222页。

那种生机勃勃、超越汉唐的宏大气魄。"①从此，一个由北方游牧民族建立的政权变为中华帝国正统王朝的一个朝代。忽必烈采用许衡等儒士"必行汉法乃可长久"的建议，变易旧制，以适应中原地区传统的政治、经济和文化形态。

在元代，汉人儒士被任用，儒学得到重视。忽必烈之后，又有元仁宗、元文宗等力倡学习儒学，倚重汉人文臣，实施汉法。元仁宗通过对孔孟的崇奉，表明以儒家的纲常之道作为统治思想。元文宗统治时期，汉文化更是得到多方面的提倡。天历二年（1329）二月，元文宗在大都建立奎章阁学士院，聚集人才，儒学在蒙古、色目人中得到进一步发扬。同年九月，又命翰林国史院与奎章阁学士院编纂《经世大典》。《经世大典》保存了大量的元代典制纪录，成为明初纂修《元史》的依据。这是元文宗行"汉法"、崇文治的一个标志。元文宗在信用文臣的同时，又极力尊孔崇儒，以赢得汉人文士的拥戴。

中国历史上最后一个封建王朝是东北的满族人建立的。清入关前，满族领导者皇太极的一个重要选择，就是积极地吸收汉文化，并将其作为一项重要国策。这一选择甚至成为清王朝200多年的立国基础。

皇太极在多方面学习和吸收汉文化，把汉文化的内容贯彻到军政、经济、文化建设等方面。皇太极是掌握汉文化知识非常丰富的君主，他在训谕大臣、发布内外公文时，经常引用汉族历史知识、典故以及孔子、孟子的至理名言，并能把一些知识和历代得失、经验教训运用到外交及军事中去。他还注意征求文馆诸臣、汉族归降官将的建议。后来刊印的《天聪朝臣工奏议》就集中了汉人官员、文人们这方面的建议，其中不少内容为皇太极所采纳。皇太极对官民服制、官员祭丧之制，乃至官场言语书词等，都本着效仿中原王朝"明尊卑，辨等威"的原则，进行了改革和规范。

皇太极还非常重视教育的作用，设置弘文院，由大学士"劝讲御前，侍讲皇子，并教诸王之属"（《称谓录》卷一三）。他还开始组织力量大量翻译汉

---

① 王育济等著：《中国文化发展史》（宋元卷），山东教育出版社2013年版，第21页。

文书籍，包括"四书"以及《六韬》《三略》《资治通鉴》等典籍，要求无论大小武官都要认真去读，作为用兵打仗的参考。汉文书籍的大量翻译，对提高满族的文化水平，加强满汉文化交流，特别是推动满族汉化，都具有重要意义。

皇太极开展以"仿效明制"为基本内容的政治改革，并不意味着皇太极完全放弃了本民族的文化传统而实行彻底的汉化。实际上，他是本着"有所为而有所不为"的原则进行改革的。这一时期，东北地区的各族文化在以汉族文化为中心进行凝聚、融合的同时，各族之间的文化也互相影响、互相交流，尤其是女真-满族文化由于政治上所具有的优势，对其他民族施加着强有力的、不可抗拒的影响与同化，因而应该说满汉文化的融合是这个时代文化发展的主流。

皇太极时期的文化政策，为满族入主中原做了比较充分的准备。在清代，少数民族文化与汉文化的冲突并没有像先前出现的那样激烈，并没有因为清朝是边疆民族建立的政权而对中华文明造成大的冲击和破坏。有清一代，中华文明得到了持续的传承，并且发展到它在古典时代的最后高峰。

五、大动荡中的文化生机

魏晋南北朝时期是一个动荡和分裂的时代。战乱和动荡严重摧残着曾经十分发达的秦汉文明，也向中华民族的文明传统提出严峻的挑战。然而，正如中国历史上其他时期发生的现象一样，战乱和分裂促使人们追求创新。中华文明并没有在这严峻的考验和惨烈的摧残下衰败或中绝，而是经过硝烟的洗礼，吸收新的血液而获得了新的活力和生机，为随后出现的隋唐文化盛世奠定了基础。

确实，在南北朝这个时代，秦汉以来发展起来的中华文明受到了巨大的冲击和考验，这也是中华文明在发展进程中遭受到的第一次大规模的冲击。北方草原民族强势的草原文化呼啸而来；连绵不断的战乱，使得中原大地生灵涂炭，荒无人烟；南北的分裂造成文化传承的断裂，儒家思想的教育和传承受到沉重的打击。但是，在这种前所未有的冲击下，中华文明没有消亡、没有断裂，而是在动荡中获得了大发展的生机和活力，这正是中华文明强大生命力的表现。其中原因，钱穆先生指出："虽有不少当时称为胡人的乘机起乱，但此等胡人，早已归化中国，多数居在中国内地，已经同样受到中国的教育。他们的动乱，严格言之，仍可看作当时中国内部的一种政治问题和社会问题，而非在中国人民与中国国家之外，另一个新的征服者。若依当时人口比数论，不仅南方中国，全以中国汉人为主体，即在北方中国，除却少数胡族外，百分之八九十以上的主要户口依然是中国的汉人。当时南方政治系统，固然沿著汉代以来的旧传统与旧规模，即在北朝，除却王室由胡族为之，其一部分主要的军队由胡人充任以外，全个政府，还是胡、汉合作。中国许多故家大族，没有南迁而留在北方的，依然形成当时政治上的中坚势力，而社会下层农、工、商、贾各色人等，则全以汉人为主干。因此当时北朝的政治传统，社会生活，文化信仰，可以说一样承袭著汉代而仍然为中国式的旧传统。虽不免有少许变动，但这种变动，乃历史上任何一个时代所不免。若单论到民族和国家的大传统，文化上的大趋向，则根本并无摇移。"①

钱穆在比较罗马帝国的情况时还指出："罗马建国，凭靠少数罗马人为中心。罗马以外区域虽大，到底只是罗马的征服地，并不是罗马的本干与基础。汉代立国，则并非向外征服，而是向心凝结。他是四方平匀建筑在全中国广大地域的自由农村上面的。他的本干大，基础广，因此一时虽有病害，损伤不到他的全部。罗马衰亡，如一个泉源干涸了，而另外发现了一个新泉源。魏晋南北朝时代，则如一条大河流的中途，又汇纳了一个小支流。在此两流交汇之际，不免要兴起一些波澜与漩涡，但对其本身大流并无改损，而且只有增益其流量之宏大与壮阔。"②

南北朝的动荡时代，使中华文明更显示出它的延绵不绝的文化精神和巨

---

① 钱穆著：《中国文化史导论》(修订本)，商务印书馆1994年版，第10—11页。
② 钱穆著：《中国文化史导论》(修订本)，商务印书馆1994年版，第132页。

大的生命力。对于这一时期的文化发展状况，钱穆先生指出："若论学术思想方面之勇猛精进，与创辟新天地的精神，这一时期，非但较之西汉不见逊色，而且犹有过之。……我们从纯文化史的立场来看魏晋南北朝时代，中国文化演进依然有活力，依然在向前，并没有中衰。"[①]

南北朝是中国历史上的大动荡时代，而在这空前的动荡中，已经孕育着文化发展的生机。魏晋南北朝时期，以儒家学说为核心的汉族传统文化经受了严重的考验。反映门阀士族政治、经济要求的玄学兴起；外来的佛教逐渐站稳脚跟，呈现蓬勃发展的态势；土生土长的道教在佛教的影响下复兴；各少数民族文化也随着各族内迁与汉族传统文化发生冲突。但儒家学说在各种文化冲突与排斥的过程中，并没有丧失其生机，最终仍以它为核心，将各种文化内容吸收、融合，凝聚为一个整体。隋唐统一帝国的出现，标志着汉族传统文化的中心地位重新确立。

在这一时期，学术事业并未因社会的急剧动荡而走向衰微，相反却取得了超迈前代、引领后世的发展与繁荣。秦汉王朝的大一统，曾经为文化的繁荣创造出稳定的社会环境，但也因思想文化的专制主义而抑制、压抑了文化创造性的生命力。随着汉王朝崩溃，汉武帝以来"独尊儒术"的文化政策被冲破，思想文化领域获得了新的解放。传统价值的权威失坠了，人们着力去探索新的人生价值与个体价值，不断开辟着学术新领域，不断创造着文化新观念。社会发展进入一个思想解放、学术自由的时代，思想学术界在一定程度上再次出现百家争鸣的局面。这不仅为佛教的输入、道教和玄学的兴盛开拓出一片自由的天地，而且使士人任情适性，被压抑的思想和才华被充分发挥出来。他们或者恢复被罢黜的诸子之学，或者全力开拓不再附翼于儒学的哲学、文学、艺术和史学。在中国学术史上，南北朝是少有的思想活跃、学术繁荣的时代，学术风气之盛、学术成果之丰富，比之治平之世不稍逊色，在若干方面的成就（比如哲学、史学）不仅凌驾于两汉之上，亦令隋唐瞠乎其后。

---

① 钱穆著：《中国文化史导论》（修订本），商务印书馆1994年版，第148页。

这是一个富有创造性的时代，也是取得了空前文化成就的时代。钟繇、王羲之和王献之父子的书法，顾恺之的绘画，云冈、龙门石窟的雕刻，都在艺术上达到了登峰造极的地步。祖冲之的圆周率，虞喜的岁差，郦道元的《水经注》，都代表了当时世界最先进的科学水平；贾思勰所撰《齐民要术》，被后世农学家奉为经典；而灌钢冶炼技术的发明，指南车、千里船、水排的创造，都是同时代无与伦比的技术成就；在天文学、历法学、数学、化学、生物学、博物学等方面，都涌现了一些非常杰出的学者，取得了众多具有重大科学史价值的学术成就。

南北朝时期的文化生机，还表现在当时大规模、大范围民族文化的冲撞和融合上。统一政权瓦解后，曾被秦汉政权斥于边地的古老民族氐、羌，曾与秦汉政权厮杀的北方草原上的游牧民族匈奴，还有羯、乌桓、丁零等以及鲜卑各部，主要是匈奴、鲜卑、羯、羌、氐等"五胡"，陆续内迁，汇聚于中原，都在黄河流域这个政治大舞台上留下过自己的身影，出现了全国范围内的民族大迁徙、大混合、大同化。在长江流域及岭南地区，蛮、山越、俚等少数民族在政治上虽不如北方各族活跃，但也经历了同样的民族融合过程。在民族融合的过程中，各民族逐步破除了种族界限，趋向于渗透和融合，最后与汉族融为一体。陈寅恪先生曾指出，汉人与胡人之分别，在北朝时代文化较血统尤为重要，凡汉化之人即目为汉人，胡化之人即目为胡人，其血统如何，在所不论。钱穆先生也指出，那些来自草原的胡人，"只要他们一接触到中国文化，便受到一种感染，情愿攀附华夏祖先，自居于同宗之列，而中国人也乐得加以承认。……中国人对当时他们所谓的异民族，也并不想欺侮他们，把他们吞灭或削除，只想同化他们，让他们学得和自己同样的生活方式与文化习惯"[①]。民族的大融合，不仅使北方游牧民族大量学习中原汉族文化，成为"汉化之人"，同时把他们的民族文化传播于中原，大大地丰富了汉族的精神生活，将一股豪放刚健之气注入汉文化系统的肌体之中，为中华文明输入了新的因子、新的血

---

① 钱穆著：《中国文化史导论》（修订本），商务印书馆1994年版，第133—134页。

液，增加了新的生命力。

这一时期的文化生机还表现为区域文化之间的融合交流。吕思勉先生说："正因时局的动荡，而文化乃得为更大的发展。其中关系最大的，便是黄河流域文明程度最高的地方的民族，分向各方面迁移。"①东汉末年至西晋，黄河中下游地区连遭战乱，长安和洛阳两大古都沦为废墟，而这一带一向是中华文明的中心地区。由于战乱，大批中原人士迁居江南，他们为南方的文化开发发展作出了重要贡献。江南原来是文化比较落后的地区，中原人士南迁，把中原文明大规模地带到那里，并与当地文化，如蛮、越等民族文化相融合，促进了江南的开发，使这一地区的文化迅速发展起来，形成了灿烂一时的"六朝"文化。六朝是江南华夏文明大发展的时期。玄言诗、山水诗等文学成就都是六朝文化的代表性成果。六朝文化大大丰富了中华文化的内涵，为中华文化在唐宋时代的大发展奠定了基础。正因为有魏晋南北朝分裂时期区域开发的成就，后起的隋唐帝国的统治区域才比秦汉时期更为广阔，经济文化也远较秦汉文明昌盛。

与此同时，这一时期突破了秦汉统一帝国时期政治中心与经济中心合二为一的固定模式，北方的政治、经济和文化中心开始东移，由长安—洛阳一带迁到黄河下游的河北地区。在秦汉统治中心黄河流域以外的地区，在辽西、塞北、河西、西南、江南等秦汉人眼中的偏远蛮荒之地，也形成了一个个政治中心，促进了各地区社会经济及文化的发展。慕容鲜卑前燕及北燕政权对辽西的开发，都远远超过秦汉时期。十六国时的五凉政权对河西的开发及其中一些政权在西域地区的直接统治，更使中原地区与西域的联系豁然贯通。大批中原人士迁居河西走廊的凉州，并带去了中原的文化和丰富的典籍文物，融合了氐、羌、鲜卑等民族的文化因素，使河西地区形成了与河北地区发展程度大体相当的文明。江南、河北和河西地区都保存了汉族文化传统，同时吸收了不同少数民族的文化因素，因而具有一定的地区差异。而这些不同的区域文化之间

---

① 吕思勉：《中国文化史》，新世界出版社2008年版，第351页。

也相互交流、相互融合，共同创造着中华文明丰富多彩的繁荣局面。当它们最后汇合于中原时，则使中华文明跃进到一个崭新的发展阶段。因此，钱穆先生指出："魏晋南北朝时期，实在是继承著春秋以前完成了中国史上第二次的民族融和与国家凝成的大贡献。这实在可认为是中国传统文化在经过严重测验之下的一种强有力的表显。"[①]

南北朝时期是一个宗教文明勃兴的时代，宗教已经成为构成新文化的基本要素，宗教的发展是该时代文化史的重要方面。其重要标志是道教的成熟与定型、佛教的广泛传播并在中华文化的土壤中扎根。南北朝时期，自两汉开始东渐的佛教，由于特殊的历史机缘得以迅速扩张，通过大规模的译经活动，佛学理论不断传入，并引起中国知识阶层日益广泛的兴趣。与此同时，东汉末期在民间仙道方术基础上形成的太平道和五斗米道，经一批知识人士的疏理、清整和提升，形成新道教，构建了其独特的宗教理论。这两种新起的宗教与传统的儒家学说在思想文化领域形成三足鼎立的局面。

总之，在这个大动荡、大交流的时代，"经历国家崩溃、社会动荡的乱世，士人对现实政治的批判，逐步转向重新建构新的文化内核上来。各种思想的交锋与碰撞，各民族的斗争与融合，对批判的再批判，开始形成更具理性与包容的文化精神。……从文化整合的过程中，我们看到新时代的文化精神逐渐显现出来，隋唐文明的盛大景象，其多元文化的兼包并蓄和高度开放的特征，都是魏晋南北朝各种文化交融的结晶"[②]。

---

① 钱穆著：《中国文化史导论》（修订本），商务印书馆1994年版，第138页。
② 韩昇主编：《中国文化发展史》（魏晋南北朝卷），山东教育出版社2013年版，第4页。

第五章

中华文明的开放性与包容性

中华文明具有开放性的品质，具有全面开放的广阔胸襟和兼容世界文明的恢宏气度，形成了健全的传播和接受机制，与各民族进行了广泛的交通往来和文化交流。吸收和融合外来文化，体现了中华文明强大的吸收能力，也不断开阔着中国人的世界眼光，增强着中国人的世界意识。

一、中华文明的开放性品质

魏晋南北朝时期，中华文明对草原游牧文明的对话、融合与吸收，为中华文明的发展增添了新的内容，注入了新的活力，体现了中华文明开放性和包容性的品质。

近代以来，不断有人批评中华文明的保守、落后，说中华文化是一种封闭的文化，这是片面的、错误的。纵观几千年中华文明发展的总趋势，开放是主流，开放是本质性的特征。中华文明在自身的成长过程中，形成了健全的传播和接受机制，具有全面开放的广阔胸襟和兼容世界文明的恢宏气度，与世界各国、各民族进行了广泛的交通往来和文化交流。

考古学家李济先生指出："文化只是一个完整的个体；各区域的发展，各代表这个整体的一面；每面的形成又赖其他方面的支持。中国民族性特点之一为能吸收其他区域文化之优点。我们的祖宗有不耻下问的风度，肯向别人请教，所以才能留给我们这笔丰富的文化遗产。追求中国文化的原始，不可忘了中国民族的这一性格。"[1]美国学者芮乐伟·韩森（Valerie Hansen）也指出，地理环境的封闭性是相对的，古代中国一直保持着开放的态势，而其相对独立的地理空间内部，仍然存在着由多元化（diversity）和活力（dynamics）所带来的勃勃生机。[2]另一位美国学者伊佩霞（Patricia Buckley Ebrey）则说道："如果古代的中国人因为害怕精神污染而拒绝接受有用的但却是间接学来的思想，那么他们也就不那么值得赞美了。在任何重大的意义上，中国文明都显然不是任何古代中东文明的一个分支，因为它的语言文字、宇宙观和艺术都是十分独特的。然而，让中国文化成为世界上伟大文明之一的，不是它的孤立隔绝或纯粹

---

① 李济著：《中国文明的开始》，江苏教育出版社2005年版，第77页。
② ［美］韩森著：《开放的帝国：1600年前的中国历史》，梁侃、邹劲风译，江苏人民出版社2009年版，《译者的话》第1—2页。

单一，而是在古代相互联接的思想、社会组织、工艺和技术的组合方式，它赋予了中国成长、适应和扩展的能力。"①

　　中华文明不是在自我封闭中，而是在与世界各民族文明的广泛交流中成长的。开放性使中华文明保持了一种健全的文化交流的态势、文化传播和文化输入机制，而这正是中华文明具有强大生命力的原因所在。虽然中国历史上也有过海禁、闭关、锁国的时期，但毕竟是短暂的和暂时的。从整个中国历史来考察，开放的时代远远超过封闭的时代。即使在封闭的时代里，也不是完全割断了与外部世界的联系，完全中断了与外部文化的接触和交流。因为文化交流是一种自然的历史现象，总是要找到接触和交流的渠道。在文化的开放和交流中，大规模地输入、接受和融合世界各民族文化，使中华文化系统处于一种"坐集千古之智""人耕我获"的佳境，使整个机体保持旺盛的生命力，为中华文明发展提供了源头活水。苏秉琦先生指出，中国历史上有过"闭关锁国的政策和时代，但事实上的内外交流几乎一天也没有停止过。陆上丝绸之路、海上丝绸之路、陶瓷之路如此，不见经传的条条通衢更是如此。闭关锁国不过是封建统治者的主观愿望而已，民间的物质文化、精神文化的开放交流从未被锁国政策真正扼杀过。不绝于史书的沟通中外的名人、功臣们的业绩，只不过是综合构成、开拓疏通了世界文化交流网络中的一些环节和文化交流史上的一些辉煌的瞬间。所以，中国历来是世界的中国"②。

　　许倬云先生曾这样提出问题："为什么过去'中国'有如此强大的吸引力，能将许多外围的文化吸入华夏圈内？从另外一方面看，华夏圈又如何保持足够的弹性，吸纳外围的文化与族群？"③

　　①　［美］伊佩霞著：《剑桥插图中国史》，赵世瑜、赵世玲、张宏艳译，山东画报出版社2001年版，第21页。

　　②　苏秉琦著：《中国文明起源新探》，生活·读书·新知三联书店1999年版，第174—176页。

　　③　［美］许倬云著：《说中国——一个不断变化的复杂共同体》，广西师范大学出版社2015年版，第17页。

中外文化的相遇与交流，并不只是一个自然的历史过程，并不只是一个被动的接受过程，而是包含着中国人主动去认识世界、主动走向世界的过程，是历代中国先贤披荆斩棘，筚路蓝缕，不畏艰险，主动走出国门，去寻求知识、追求真理，把在外国的所见所闻，把交通和历史地理知识，把他们所了解的各民族、各国家创造的先进文化，把他们所接受的信仰和他们认为的生活真理，介绍给自己国家的人们，从而大大开阔了中国人的眼界，增加了中国人对于世界的知识，丰富了中国人的知识系统。我们的先人在很早的时候便致力于走向世界的努力，张骞、法显、玄奘、王玄策、鉴真、郑和等，代不乏人。他们不避艰难险阻，越关山、渡重洋，与各国各族人民建立起政治的、经济的、文化上的联系，搭建起友谊的桥梁。这是一种宏阔的胸怀和气度。钱穆先生指出：

> 中国人对外族异文化，常抱一种活泼广大的兴趣，常愿接受而消化之，把外面的新材料，来营养自己的旧传统。中国人常抱著一个"天人合一"的大理想，觉得外面一切异样的新鲜的所建所值，都可融会协调，和凝为一。这是中国文化精神最主要的一个特性。[①]

为什么中华文化能够在如此漫长的历史进程中，始终对外来文化有这样多的引进和吸收？为什么能够吸收那么多东西，并使之内化为中华文化的一部分？为什么中华文化能够持续不断地向海外传播，并在不同时代都有其作用和影响？根本的原因就在于中华文化本身的开放性。开放性是中华文化的一个显著特征。正是由于开放性，中华文化在大规模文化输出的同时也广泛地吸收、接受、融合域外文化，既使自身不断丰富起来，更使中华文化博大精深。正如鲁迅先生所说的那样，汉唐时代，"我们的祖先们，对于自己的文化抱有极坚强的把握，决不轻易动摇他们的自信力；同时对于别系的文化抱有极恢廓的胸

---

① 钱穆著：《中国文化史导论》（修订本），商务印书馆1994年版，第205页。

襟与极精严的抉择，决不轻易地崇拜或轻易地唾弃"①。也由于这种积极的输出和吸纳运动，中华文化使自己获得了强大的生命力，即便是在近代西方文化大规模和强有力的冲击下，中华文化也能通过自身的重整而使自己走向现代化。

如果从文化起源的方面来考察，我们甚至可以认为，开放性是中华文明的一个原始基因。现在学术界一般认为，中华文明的起源是有多个源头的，是"多元共生"的。从大的文化区域的范围内来看，中华文明是在一个相对封闭的地理环境下出现的原生型文明，但这个"相对封闭的地理环境"又是一个极其广大的范围，包含着多区域的文化形态以及多民族的文化样式，呈现了丰富的文化多样性。中华文明就是在这样多样性的条件下不断交流、互动和融合而最后成为统一的中华文明共同体的。即使在中华文明共同体形成以后，各地域文化、各民族文化仍然保持着自身的特点和传统，并在不同地域和民族之间进行着广泛的和持续的交流。因此，中华文明对于不断有外来文化进入并不会感到新奇和不习惯，而是抱着积极热烈的态度欢迎各种外来文化的进入，并且有能力将它们融合到中华文明的大系统、大家庭之中。苏秉琦先生说："从旧石器时代起直到今天，中国文化从来不是封闭和孤立的。"②因此，开放性是中华文明的原始基因，中华文明在起源上就已经孕育了开放性的特质。

中华文明之所以能够持续地接受和引进外来文化，并且能够使其本土化，吸收到中华文明大系统之中，使之成为中华文明的有机组成部分，是由于中华文化具有巨大的吸收能力。苏秉琦先生说："中华民族极富兼容性和凝聚力。……历史上许多进入内地的少数民族先后与汉族融合，不断给汉族注入新血液、新活力，得到不断壮大，并团结五十多个兄弟民族共同组成伟大的中华民族大家庭。"③

中华文明的兼容性和凝聚力来源于其本身的丰富性和多样性，来源于其

---

① 孙伏园著：《鲁迅先生二三事》，湖南人民出版社1980年版，第23页。

② 苏秉琦著：《中国文明起源新探》，生活·读书·新知三联书店1999年版，第174页。

③ 苏秉琦著：《中国文明起源新探》，生活·读书·新知三联书店1999年版，第179—180页。

巨大的"体量"。在几千年的历史发展过程中，中华民族以其伟大的智慧，进行了雄伟壮观的文化创造。中国曾经在物质文化、精神文化、制度文化、艺术文化诸领域中居世界领先地位，使中华文明成为世界文明发展史上的主要源流之一。古代中国不仅创造了发达的科技文化和物质文化，而且在哲学、艺术、政治等许多领域都取得了辉煌的成就。在人类文化所发展出来的各个方面，中华文明都取得了巨大的成就，都有丰富的内容。中华文明是一个巨大的"文化体"。如许倬云先生所说："因能容纳，而成其大；因能调适，而成其久。"①因为丰富，因为先进，也因为其内在的创造力，因此就有了极为丰富的文化内容和源源不断向海外传播的推动力。这个体量巨大的"文化体"同时就具有了强大的吸收能力，能够将外来文化吸收到这个文化体中来，与其中相应的部分相对接。这也说明，中华文化在大规模引进外来文化的同时而又不丧失本民族文化的核心价值和基本特质。许倬云先生指出：

> 任何文化体系本身若不具有普遍性和开放的"天下"观念，这个体系就难以接纳别的文化成分，也难以让别的文化体系分享其输出的文化成分。
>
> 华夏文化体系，兼具坚韧的内部抟聚力，及广大的包容能力，遂使中国三千年来不断成长扩大，却又经常保持历史性共同意识。世界上若干伟大文化体系中有些有内聚力强的特质，如犹太文化系统；也有的包容力特强，如同回教和基督教的两大系统。中华民族的华夏文化却兼具两个特点，而且都异常强劲。②

外来文化总是与本土文化有差异的，有差异就有冲突，只有对本民族文

---

① ［美］许倬云著：《说中国——一个不断变化的复杂共同体》，广西师范大学出版社2015年版，第1页。

② ［美］许倬云著：《西周史》（增订本），生活·读书·新知三联书店1994年版，第317页。

化有充分的自信，才能够以平和的心态对待这些差异和冲突，以吸纳外来文化的方式消除差异、化解冲突。对自身文化缺乏自信，就会对文化差异、文化冲突极为敏感，采取坚决抵制的态度。对本民族文化有充分的自信，才会以积极的态度看待外来文化的先进性，对先进的外来文化持有热烈欢迎的态度，因为只有站在同一发展水平上，才能理解、认识外来文化的先进性，才能认识到将其引进、补充到自己文化中的重大意义。李济指出："全部人类的历史不以地域来限制。在叙述人类发展史时，把文化本身当做全人类的一件事，把创造文化、发明新事物视为人类共同努力的结果。""文化一分畛域，就可能为外来文化或本国独创等意念所影响。实际上没有一个区域的文化是完全孤立而独自发展成长的，吸收外来文化并不足奇。一个民族能吸收外来文化而作进一步的新发展，这是大有希望的民族。相反地，抱残守缺，对外来文化采深闭固绝态度者，终将落伍而受淘汰。大家作此想法，不仅有助于今日世界文化的交流，对远古文化工作的研究也更易求得真实。"①

二、外来文化与中华文明的创造性

能够大规模引进和吸收外来文化，表现了中华文明强大的创造能力。接受和吸收外来文化，是为了满足自身丰富和发展的需要，将外来文化"内化"为自己的文化，也就是将外来文化本土化的过程。从历史上看，这个过程不仅表现了中华民族强大的学习能力，还表现出中华民族强大的选择能力和创造性、创新性能力。任何外来文化"进入"中华文化的大系统，成为中华文化的一个组成部分，都有一个再创造、再解释并重新获得新的意义的过程。任何外来文化被引入中国，不论是直接"拿来"的，还是需要加工、改造的，都需要有强大的创造性能力，都是一种再创造。我们所强调的中华文化的创造性，不仅表现在独自的文化发明之中，也表现在对外来文化的消化、吸收、融合之

---

① 李济著：《中国文明的开始》，江苏教育出版社2005年版，第68—69页。

中，表现在对它们的改造、重塑的再创造之中。中华文明对引进的外来文化进行创造性转化；对于外来文化引起的激励和推动，进行创新性发展。接受和学习外来文化，不是要它们来取代中华文化，而是用它们补充、丰富中华文化；吸收和融合外来文化，是用外来文化来改造中华文化，但更是用中华文化改造外来文化，使它们本土化，使它们成为中华文化的一部分。中华文明的创造性、创新性，使得中华文明如滔滔江水，奔流不息，永葆旺盛的生命活力，从而描画出中华文化辉煌灿烂、色彩斑斓、波澜壮阔、大气恢宏的发展历史。

任何文化传播到新的背景下，它所发生的反应，都取决于当地文化的特点。因为文化传播的接受一方，并非一块"白板"，而是具有一定传统、理念和价值标准的。那么，它们在接受外来文化的时候，往往以已有的"期待视野"模式对外来文化加以衡量，在接受了新东西时将其纳入这个固有的模式加以理解。这就是所谓的"接受屏幕"。外来文化总是透过"接受屏幕"渗入本土文化的。或者说，接受了外国某种文化要素的社会很可能以与自己的民族传统相适应、相和谐的方式来对它进行消化吸收。文化传播时常会出现这种"再解释"和"再理解"的过程。按照现代解释学的说法，一切解释"原不过是解释者的不言而喻、无可争议的先入之见"①。这种解释的"先入之见"是作为解释主体的"我们"的认知状态，是"我们"进行理解和解释的起点，从中形成我们理解的视野和角度。正是这种"先见"构成理解和解释的必要条件，使理解和解释成为可能。而文化的传播、交流、移植、改造又恰恰基于这种解释。当人们对异域传来的文化所代表的"文化"进行这种带有"先入之见"的解释时，文本与解释者之间就构成了一种关系，这种关系使文本所象征的文化遗产转换成解释所象征的新的文化成果。因此，德国哲学家哈贝马斯（Jürgen Habermas）说："解释学的理解离开任何先入之见就不能接近论题。相反，理解的主体不可避免地受到语境预先的影响，在这种语境中，他从一开始就已经

---

① ［德］马丁·海德格尔著：《存在与时间》（修订译本），陈嘉映、王庆节合译，生活·读书·新知三联书店20006年版，第176页。

获得了他的解释方案。"①

因此，对异质文化的移植，不可能是纯粹的"拿来主义"，而是拿来之后经过了"先入之见"的解释而完成的。这时，解释者的思考与动机才使得被解释的文本呈现了新的意义，才使异质文化转变成本土文化的内容。因此，在接受者对外来文化进行"理解"和"解释"的过程中，主体文化与客体文化均发生变异，从中产生具备双方文化要素的新的文化组合。这样，传播到中国的外来文化要素，经过中华民族的理解、解释、接受和创造性转化，被融合到我们的文化之中，从而使这些文化要素具有不同的意义、作用和影响。麦克尼尔指出："文化的借用导致的往往不是机械的翻版，而是质变。因为当外来因素与一种新的文化环境结合时，它们不可避免地会获得与它们起初产生时不同的意义和象征价值观。"②

这就是说，在文化传播之时，正在传播中的文化，有它自己的历史、特征、风格和定势；在传播过程之中，传播方式、传播时期和传播地区又会影响和决定传播与接受这两个方面。从接受方来说，它已经形成了自己的文化定式，这决定了它对外来的、异质的文化的接受意识，从而形成其"期待视野"与"接受屏幕"，总体上，这样就形成一种接受态势，并形成一种接受势能。当输出（传播）方和引进（接受）方接触、交流之后，又发生从本身定势出发的对外来文化的解读、诠释的问题。许倬云先生说，中西文化在源头上就表现出差异性，并按照自己的轨迹发展，"从古至今，中西文化有过不少纠缠和交流，这些基本的差异却不断涌现。面对变化时，这些差异影响了各自响应变化的方式；两者交流时，这些差异也常常决定了难以避免的误解"③。

在上述一系列活动之后，就产生了对原来的文化丛（"文化原"和"元文

①　［联邦德国］哈贝马斯：《解释学要求的普遍适用》，《哲学译丛》1986年第3期。

②　［美］威廉·麦克尼尔著：《西方的兴起：人类共同体史》上册，孙岳等译，中信出版社2015年版，第371页。

③　［美］许倬云著：《许倬云说历史：中西文明的对照》，浙江人民出版社2013年版，第77页。

化")所具有的"含义"，在进行了解读(含误读)、诠释、附加、演绎、变形、改塑之后，就形成了"意义"。正是通过这种被赋予本民族文化的"附着物""添加剂"和创造性的"意义"，外来文化才发生对本土文化的作用，也只有这样来起作用。这正是传播—接受作用的具体形态①。

但是，这时候所说的"外国文化"，比如"印度文化""西方文化"，就不再是原本意义上的"外来文化"，不再是原本意义上的"印度文化""西方文化"，不再是它们原来的形态或含义，而是在中国人的"期待视野"和"接受屏幕"上的，经过中国人理解、解释的"外来文化"，是中国人所说的"外来文化"。中国人所说的"外来文化"与原本的"外来文化"并不是一回事，二者之间存在着传播者和接受者之间的差异。

接受一方对外来文化的"解释"和"理解"，也是一个选择性问题。文化传播是一个选择性的过程。即使是在大规模的、整体性的文化传播高潮中，即使是全面吸收和移植外来文化的时期，主体文化对外来文化的吸收和移植也是有选择性的，不可能是完全"全盘"接受、"全盘"照搬的。英国历史学家汤因比在谈到文化传播的选择性时也指出："对人类事务的任何研究都必然带有选择性。假若某个人手头拥有一天内在全世界所出版的所有的报纸，又假若他得到保证说这里报道的每个字都是道地的真理。即使如此，他又拿这些报纸怎么办呢？……他只得进行选择；而且，即使他把所有的事实都复制出来，他也只得突出某些事实，贬抑另一些事实。"②

进行这种文化选择的原因很多，进行选择的依据也很多，但归根结底是看接受文化传播的一方是否有需要，是否能对本土文化有补充、有发展。比如，近代以来，西方文化大规模地传播过来，但并非所有的西方文化都被接

---

① 此处移用了美国学者赫施(Eric Donald Hirsch)所使用的本文的"含义"和读者所赋予的"意义"的术语，概念相类，但涵盖面更广泛。参阅［美］赫施著：《解释的有效性》，王才勇译，生活·读书·新知三联书店1991年版。
② ［英］阿诺德·汤因比：《汤因比论汤因比》，见田汝康、金重远选编《现代西方史学流派文选》，上海人民出版社1982年版，第133—134页。

受，而是经过了中国人的理解和选择，其中有利于中华文化丰富和发展的部分得以被接受。这一点在唐代也有明显的例子。唐代是一个大开放的时代，"胡人"带来的东西很多，但"三夷教"在中国的传播就不成功，虽然也搞得红红火火，但时间不长，很快就自消自灭了。因为当时正是佛教蓬勃发展、高歌猛进的时候，"三夷教"不适合中国社会的需要。没有社会需要，就丧失了存在的理由和依据，结果只能是昙花一现。

总之，外来文化进入中国之后，经过当地本土文化的选择和"解释"，这些外来文化要素被"接受"到中华文化之中，与原有文化相融合，从而逐渐成为接受一方民族文化的一部分，被接受传播的民族"民族化"，即"中国化"。这种"中国化"的过程，便是对外来文化的选择、解释、剪裁的过程，也是外来文化对中国原有文化发生实际影响的过程。

将外来文化"本土化"，是一个民族文化创造力的表现。外来文化本地化、民族化或者说"中国化"的过程，体现了中华文化强大的吸收能力，体现了中国人对外来文化的接受和再创造。

经过选择，经过本土化，"外来文化"就不再是"外来文化"，而是"中国文化"了，是"中国文化"的一个组成部分了。举佛教的例子，现在我们所说的"中国化佛教"还是印度文化吗？不是了，而是中国文化的一部分了，甚至成为中国传统文化中很重要的一部分。这样的"一部分"，不是贴上来的，不是有隔阂的，不是可有可无的，而是内在的"一部分"、有机的"一部分"，成为中华文化有机系统不可分割的组成部分。将"外来文化"吸纳到本民族文化中，使之成为本土文化的一部分，体现了中华文化强大的吸纳性，体现了中华文化吸收、改造和融合外来文化的强大能力。

三、丝绸之路与对外开放

自古以来，中国与域外各国各民族都有着深入的、广泛的和持久的文化交流。在这样的交流过程中，中华文化中的许多科学技术、学术文化和文学艺术传播到世界各地，参与着和丰富着世界文化的创造，使中华文明在全球文化的大格局中占有很重要的地位。同时，世界其他民族的先进文化成果也源源不断地传播到中国，丰富、激励和促进着中华文明的发展与繁荣。

汉代时，出现了对外交往的第一次高潮。汉朝是当时东方世界最强盛的大帝国。在西北，汉朝采取积极抗击匈奴的战略，控制了天山南北，移民屯田，而后又设西域都护，巩固和拓展西北边地，开辟了通往西域的交通线，为正式开通丝绸之路准备了条件。在西南区，也大力开辟，设置都护。在越南北部和朝鲜北部，则直接设置郡县，将其纳于汉朝的直接统治之下。汉朝通过对周边地区的积极经略，使其处于中华文化的广泛影响之下，为形成以中华文化为中心的东亚文化圈奠定了基础。

对外的积极拓展，是与大一统的文化传播密切联系在一起的。司马迁说"海外殊俗，重译款塞，请来献见者不可胜道"，讲的就是汉代在文化大一统局面下的对外交往和文化交流。汉朝不仅积极经略周边地区，而且大力发展对外关系和经济文化交流。汉代是中华文明史上第一个全面实行文化开放的时代，而文化开放正是对自己民族的文化充满自信的表现。在此之前，中外文化已有交流的踪迹，也早有持续不断的涓涓细流。而至汉代，则是自觉地开辟对外交通，发展对外交往，与远近许多国家和地区建立广泛联系，成为真正具有世界性影响的东方帝国。在陆路，由张骞通使西域而正式开辟了丝绸之路，打通了东西方的交通，密切了西域乃至更远地区与中国内地的政治经济文化联系。在海路，开辟中印海上航道，把航线延伸到印度洋，与海上通道沿途国家建立了联系。汉朝在积极向国外派遣使节的同时，还接待来自许多国家的使节，不仅建立起互通友好的政治关系，还大力加强人员往来，发展经济关系，促进物质和精神文化交流。当时中外交通四通八达，人员往来相望于道，出现了前所未有的中外文化交流盛世。

贯穿欧亚大陆、绵延数千千米的古代丝绸之路，不只是"一条"商贸道路，而是一张连接欧亚大陆政治、经济、文化的交流"网络"。通过各条丝绸之路，通过这个巨大的交通网络，自东徂西，数千年来，在旷日持久的绵延岁月里，欧亚大陆两端的居民开始有了接触和往来，大陆上的各民族、各种文化展开了大交流、大融合。有了这样的大交流、大融合，也就有了东西方文明的大发展，有了世界文化的融合和共同的繁荣。英国汉学家吴芳思（Frances Wood）指出："今天，很多人把'丝绸之路'当作一个广义词，使之不仅涵盖了遍布高山和沙漠的辽阔地域，还蕴含了悠久的文化历史。"①

这种大交流的局面，也和当时的世界大趋势密切相关。在中国人积极向外探索的同时，西方的其他文明也在积极寻求与东方的联系。交往、交流，需要双方的积极性，而在秦汉这个时代，正是欧亚大陆各个文明都在积极发展对外贸易和文化交流的普遍开放的时代。

丝绸之路的开通，不仅创造了东西文化交流的物质条件，也代表着一个文化大交流时代的到来。《后汉书·西域传》概括自西汉迄后汉400年间中西交通大势说：

> 论曰：西域风土之载，前古未闻也。汉世张骞怀致远之略，班超奋封侯之志，终能立功西遐，羁服外域。自兵威之所肃服，财赂之所怀诱，莫不献方奇，纳爱质，露顶肘行，东向而朝天子。故设戊己之官，分任其事；建都护之帅，总领其权。……立屯田于膏腴之野，列邮置于要害之路。驰命走驿，不绝于时月；商胡贩客，日款于塞下。云云。

正是在秦汉大统一的基础上，中华文明的对外交流，无论是对外来文化的接受、学习和吸收，还是中华文化在世界上的传播与推广，都出现了前所未有的高潮。这是一个气象广阔的时代，是一个文化大交流、大碰撞的时代。正是这样广阔的文化交流与碰撞，刺激了、促进了秦汉文化的大发展、大繁荣。

---

① ［英］吴芳思著：《丝绸之路2000年》（修订版），赵学工译，上海辞书出版社2016年版，第2页。

在汉代，中华文明与世界其他文明开始了具有实质意义的对话。人们对于与其他民族的文化交流抱有积极开放的态度。在文明的上升期，人们有无穷的好奇心和宏阔的胸襟。

季羡林认为，丝绸之路"实际上是在极其漫长的历史时期内东西方文化交流的大动脉，对沿路各国，对我们中国，在政治、经济、文学、艺术、宗教、哲学等等方面的影响既广且深。倘若没有这样一条路，这些国家今天发展的情况究竟如何，我们简直无法想象"[①]。

在这漫漫长路上，在几千年的悠久岁月中，实现了东西方文化的大流动、大交流，形成了蔚为壮观的世界文化景观。民间商旅、官方使臣、虔诚的僧侣、勇敢的探险家和旅行家，以及征战的军队和迁徙的移民，相望于道，不绝于途。丝绸、瓷器等丰饶的中华物产，经由这条国际贸易的大通道输往沿途各国，中国的生产技术、科学知识也陆续传往西方世界。关于中国的种种游记、见闻乃至传闻，不时向西方传达着遥远东方帝国的文化信息。而西方的物产和技术，科学知识和发明创造，以及关于西方文化的传闻信息，也沿着这条大道，源源不断地传播到中国，推动和促进中华文化的发展。丝绸之路是古代中华文化与外来文化相互交流、激荡和相互影响的主要源泉之一，对于中华文化的丰富和发展，对于世界文明的丰富和发展，都具有十分重大的意义。

四、"殊方异物，四面而至"

与域外各民族的文化交流，相当大地丰富了中华文明的内容。我们说中华文化"博大精深"，内容极为丰富，其"博大"和"精深"的来源，有许多是在长期的对外交流中，从"外"面"拿来"的。这些从"外"面"拿来"的文化成果，既包括丰饶的物产，也包括先进的科学技术、灿烂的艺术文化和学术思想。由于在长期的对外交往中，不断地以外来文化丰富和补充中华文化，

---

① 季羡林：《〈丝绸之路贸易史研究〉序》，《兰州商学院学报》1990年第4期。

因而中华文化不断得到补充、充实和丰富。在中华民族文明的系统中，有许多直接来自其他民族的先进文化成果，不用太仔细地梳理，就会发现不胜枚举。因为中华文化博大精深，也就使得中华文化包含着丰富的"世界文化"的内容，因而具有了"世界文化"的意义。

范文澜先生概述汉代西域文化在中国的传播情况时说：

> 从西方传到中国来的，就物产方面说，家畜有汗血马，植物有苜蓿、葡萄、胡桃、蚕豆、石榴等十多种，这些物产的输入，给中国增加了新财富。就文化方面说，有乐器乐曲的传入。张骞传来《摩诃兜勒》一曲，乐府因胡曲更造新声二十八解，朝廷用作武乐。西汉晚期，印度佛教哲学与艺术，通过大月氏传入中国。希腊罗马的绘画也在一世纪中传到天山一带。这些西方文化特别是佛教哲学的东来，大大影响了东方人的精神生活。[①]

范文澜在这里基本上概述了汉代西域文化在中国传播的几个主要方面，其中有动植物等西域的物种物产，有音乐和绘画等艺术形式，也有佛教和哲学等精神文化。这样，从物质文化层面，到艺术文化层面，再到精神文化层面，几乎都包括了。因此，可以说，在汉代，西域文化在中国的传播，是广泛的、深入的、全面的，其影响也是巨大的。这种影响不仅仅为中华文化补充了新的内容，丰富了中国人的物质和文化生活，而且给予中华文明以强大的外部刺激和推动力量，促进了中华文明自身的繁荣和发展。历史学家吴小如也说：

> 西域各国的使节、商贾、军人，怀着对汉文明的向往，骑着骆驼，经过长长的丝绸之路，来到汉帝国。伴随着他们的足迹，西域文化也传播到汉帝国。据史书记载，西汉京师长安，西域货物云集，异国客人熙

---

① 范文澜著：《中国通史简编》（修订本）第2编，人民出版社1964年版，第87页。

熙攘攘。大宛的葡萄、石榴、胡麻，乌孙的黄瓜，奄蔡的貂皮，大月氏的毛织品，异域的杂技、音乐、绘画艺术、风土人情，注入中土。其中杂技、音乐等艺术最受汉人关注，且引起帝国上层的重视。[①]

正是汉代这一历史时段广泛的对外文化交流，特别是与西域地方的文化交流，大规模地吸收和引进西域文化，才为隋唐时代中华文化的大发展、大繁荣奠定了雄厚和坚实的基础。另一方面，汉朝开通了丝绸之路，加强了对西域地区的经略和控制，保证了丝绸之路的通畅，也使得中华文化在西域得以传播，促进了当地文化的发展。

西域与中原的文化交流，首先的而且主要的，是物产、植物和动物的交流。这是整个文化交流最初的方面，也是基本的方面。首先是双方对彼方物产的需求，进而产生了贸易活动，并且进而有了交通、人员的接触和往来，有了相互的认识和了解，有了进一步的、深层的文化接触与碰撞、传播与交流。所以，物质文化交流是人类文化交流基础的部分。

丝绸之路开通后，中西贸易往来频繁。范文澜认为，汉代的对外贸易，"用黄金及丝织品与匈奴交换马、骡、驴、驼驼、兽皮、毛织物，与西羌交换璧玉、珊瑚、琉璃，与南蛮交换珠玑、犀象、翡翠。《盐铁论》说，中国出一端（二丈）素帛，得匈奴值几万钱的货物，外国物产内流，中国利不外溢，是富国的良策"[②]。

在当时中国与西域的贸易中，丝绸是从东往西贩运的大宗商品。而从西向东，主要是西域乃至从地中海地区、波斯甚至印度转运到西域的各种特产。英国汉学家吴芳思指出：

粟特人把葡萄藤和苜蓿运到中国来喂养从费尔干纳进口的天马。他们

---

① 吴小如主编：《中国文化史纲要》，北京大学出版社2001年版，第72页。
② 范文澜著：《中国通史简编》（修订本）第2编，人民出版社1964年版，第69页。

还从绿洲城市高昌引入特种的马奶葡萄（在铅容器中用冰冷藏运输），从西方往中国贩卖奢饰品：对中国的银器工艺产生过巨大影响的波斯萨珊王朝的银器和玻璃器皿、来自叙利亚和巴比伦的念珠、来自波罗的海诸国的琥珀、来自地中海的珊瑚和铸造佛像的铜以及来自罗马的紫色羊毛布。[①]

通过丝绸之路传入中国的货物有琉璃、地毯、毛织物、宝石、象牙、金银器、玛瑙、琥珀、沉香，以及毛皮、良马、骆驼、狮子、驼鸟等。

汉乐府诗中说：

> 行胡从何方？
> 列国持何来？
> 氍毹、毾㲪、五木香，
> 迷迭、艾蒳及都梁。

由于和西域的交通畅达，往来人员频繁，各种西域物产和珍禽异兽传入中国，"其结果在长安开始流行珍视外国式样商品的异国趣味"[②]。《西都赋》说，汉武帝时，长安集中了四方奇物，"其中乃有九真之麟，大宛之马，黄支之犀，条支之鸟，逾昆仑，越巨海，殊方异类，至于三万里"。

吴芳思说："食品是经丝绸之路输入中国的最重要的商品之一，因为它们大大丰富了中国人的餐桌。虽然一些食品仍然保留着显示其来源的名称……但是，让中国厨师感到吃惊的是，他们使用的一些基本的佐料当初就是从国外进口的，如芝麻、豌豆、洋葱、芫荽来自巴克特里亚，还有黄瓜等都是汉朝时从

---

① ［英］吴芳思著：《丝绸之路2000年》（修订版），赵学工译，上海辞书出版社2016年版，第58页。

② ［日］长泽和俊著：《丝绸之路史研究》，钟美珠译，天津古籍出版社1990年版，第56页。

西方引入的。"①

丝绸之路和南海交通开辟以来，有许多西域的奇花异草、名果异木通过不同的途径传入中国，在中国移植栽种。汉代时，出现了中国农业发展史上第一个引种高潮时期。综合各种史籍文献的记载，可知汉代时传入中国的西域植物主要有：苜蓿、胡麻（芝麻）、胡桃（核桃）、胡豆、胡瓜（黄瓜）、胡荽（香菜）、胡蒜（大蒜）、石榴、葡萄等。以上这些植物能够引入中国，都可归功于张骞，实际上可能是在那个时代或更早一些时候，这些植物就已经传入中国。但这也说明了一些事实，就是自张骞通西域，确实为西域的物产（包括动植物）源源不断地传入中国创造了条件。

这些植物传入中国后，丰富了当时的作物品种和种类，经过中国人民千百年来的种植、选育，成为中国蔬菜、水果、油料等农业作物的重要组成部分，对中国的农业、畜牧业等产生了深远影响，也改变了人们的饮食结构，极大地丰富了中国人的饮食文化。

到了唐代，随着对外交往和贸易的扩大，输入中国的西方物产品种就更多了。美国学者薛爱华（Edward H. Schafer, 1913—1991）创作的《撒马尔罕的金桃》一书，对唐代西域地区及西方各国输入唐朝的商品进行了详尽的叙述。他将这些商品分为人、家畜、野兽、鸟、毛皮和羽毛、植物、木料、食品、香料、药品、织物、颜料、矿产、珠宝、金属、上流社会日用品、神器、书籍等18大类。下面又细分为169种，如家畜分为马、骆驼、牛、绵羊、山羊、驴、骡、野驴和狗，野生动物分为象、犀牛、狮子、豹与猎豹、黑貂、银鼠、瞪羚、岩羚、古怪的有蹄类、猛禽、旱獭、蒙哥、伶鼬、黄鼠狼，珠宝则有碧石、水晶玻璃、光玉髓、孔雀石、青金石、玻璃、犀角、象牙、鱼齿、珍珠、玳瑁、珊瑚、琥珀等，而且每一种都予以详细说明。这些物品的传入，大大丰富了中国人民的物质生活和精神文化生活。

---

① ［英］吴芳思著：《丝绸之路2000年》（修订版），赵学工译，上海辞书出版社2016年版，第50页。

"海纳百川，有容乃大。"大规模地输入外国文化，兼容世界上一切先进文化的优秀成果，是古代中华文明得以生机勃勃、灿烂辉煌的条件之一。正是汉代这一历史阶段广泛的对外文化交流，特别是与西域地方的文化交流，大规模地吸收和引进西域文化，才为隋唐时代中华文明的大发展、大繁荣奠定了雄厚和坚实的基础。

五、大唐文明的盛世气象

自两汉以来，尽管中国的历史经历了王朝更替，战乱频仍，南北分治，但有一个总的趋势没有变，就是对外采取积极的开放政策，无论是哪一个王朝，无论是南方还是北方，都大力扩展对外的交往、贸易和文化交流，积极地吸纳外来文化。这种文化大开放、大交流的浪潮到隋唐时期达到了高潮。唐代的对外开放展现出更开阔的气象。

在整个欧亚大陆上，唐朝是国力最强盛、文化最发达的大帝国，是当时世界的文化重心所在。唐朝的疆域辽阔广大，极盛时势力东至朝鲜半岛，西北至葱岭以西的中亚，北至蒙古，南至印度支那。《新唐书·地理志》说："举唐之盛时，开元、天宝之际，东至安东，西至安西，南至日南，北至单于府，盖南北如汉之盛，东不及而西过之。"《唐大诏令集》卷一一《太宗遗诏》说："前王不辞之土，悉请衣冠；前史不载之乡，并为州县。"疆域的扩大也就是文化势力的扩大。

在当时的世界文化格局中，唐朝是疆域广大、威力远被的大帝国，中华文明是朝气蓬勃、气象万千的文明。繁盛的唐代文明，不仅以其博大精深而给当时的中国人以文化滋养，而且光被四表，广泛传播于周边地区，建立起在地理上以中国本土为中心、文化上以中华文明为轴心的东亚文化秩序和中华文化圈，还远播于中亚、西亚地区，促进了那里的文化发展，进而与欧洲和非洲建立起直接的文化联系。盛唐文明不仅是中华文明发展到那个时代的最高成就，而且是世界文明在那个时代的最高成就。不了解唐代文明，不了解唐代文明在世界各地的传播和影响，就不能全面而深刻地了解当时世界文明的大势与世界文明史。

大唐文明的盛世是在魏晋南北朝时代分裂和离乱的基础上建立起来的。魏晋南北朝时代，虽经离乱困厄，战火纷飞，给中华文明的发展造成了极大的冲击，但与此同时，汉代大一统的局面被打破了，"独尊儒术"的文化政策被打破了，也释放出文化发展的内在能量，呈现出生机勃勃的气象，孕育了文化大发展、大繁荣的生机。然而，文化的大发展、大繁荣，还需要国家统一的和平局面，需要强大的国家实力。而唐代就是这样威力远被的时代、国力强盛的时代。统一强盛的时代培育了远大的理想。正是魏晋南北朝时代释放出来的文化能量，在大唐盛世里开放出万紫千红的文化成果。

大唐文化是中华文明发展的一个宏伟的高峰。在过去漫长的历史进程中，只有汉代文明可以与之相提并论。而大唐文明正是继承了汉代文明发展的优秀成果。两汉与盛唐，奠定了中华文明发展的基石。钱穆先生指出："中国文化在秦、汉时代已完成其第一基础，即政治社会方面一切人事制度之基础。在隋唐时代则更进而完成其第二基础，即文学艺术方面一切人文创造的基础。""政治、社会一切制度譬如一大家宅或大园林，文学、艺术是此房屋中之家具陈设，园林里的花木布置。中国人的家屋与园林已在秦、汉时代盖造齐全，隋、唐时代再在此家屋里讲究陈设，再在此园林里布置花草。至于全部设计，则在先秦时代早已拟成一个草案了。"①钱穆先生还说："汉代人对于政治、社会的种种计划，唐代人对于文学、艺术的种种趣味，这实在是中国文化史上之两大骨干。后代的中国，全在这两大骨干上支撑。"②

这样，到了盛唐这个时代，中华文明已经是体制完备，博大广阔，在文化的各个方面、各个领域都创造了令人惊叹的成果，站到了历史的巅峰。这是一个在各个领域都显示出蓬勃生机、蒸蒸日上的时代，是一个在各个方面都充

---

①　钱穆著：《中国文化史导论》（修订本），商务印书馆1994年版，第164、165页。

②　钱穆著：《中国文化史导论》（修订本），商务印书馆1994年版，第173页。

满创造活力、满壁风动的时代，是一个超越前朝历代并在发展的总体水平上领先于世界的时代。这一时代丰富而优秀的文化遗产，贻惠后代，影响巨大而深远。"由于这是与其他时代相比较而极富特色又特别繁荣的文化，在许多方面被后人当作模仿的蓝本和借鉴的楷模。从典章制度到风俗习惯，从思想、学术到文学、艺术，后代都从中汲取到有益的滋养，对各时代的文化建设起了重大作用。"①

唐朝是中国古代史上发展对外关系最积极、最活跃并且交往最广泛的时期。唐朝始终保持开放心态，积极推动中外交往和对外贸易。武德五年（622），唐高祖赐书高丽王说：

> 朕恭膺宝命，君临率土，祗顺三灵，绥柔万国，普天之下。情均抚字，日月所照，咸使乂安。……方今六合宁晏，四海清平……方申辑睦，永敦聘好……（《旧唐书》卷一九九上）

唐高祖的这段话可以看作唐初发展对外关系的总方针。唐前期历代帝王基本上都遵循"中国既安，四夷自服"这一方针。贞观十八年（644），突厥俟利苾部十万余众归附。当时朝廷用兵辽东，群臣恐其威胁京师，请加防范。唐太宗说："夷狄亦人耳，其情与中夏不殊，人主患德泽不加，不必猜忌异类。盖德泽洽，则四夷可使如一家；猜忌多，则骨肉不免为仇敌。"（《资治通鉴》卷一九七）他还说：

> 自古皆贵中华，贱夷、狄，朕独爱之如一，故其种落皆依朕如父母。
>
> 我今为天下主，无问中国及四夷，皆养活之，不安者我必令安，不乐者我必令乐。（《册府元龟》卷一七〇）

---

① 孙昌武著：《隋唐五代文化史》，东方出版中心2007年版，第12页。

此前以华夏别蛮夷，唐太宗不隔华夷，贵贱无别，爱之如一，这种"华夷一家"的观念，不仅是对前人的超越，也对后世的华夷观念和对应国策产生了深远影响。

贞观初年，唐朝与近20个国家有外交往来。唐太宗《正日临朝》诗说"百蛮奉遐赆，万国朝未央"，可见当时中外邦交之盛。《新唐书》说：

> 唐之德大矣！际天所覆，悉臣而属之，薄海内外，无不州县，遂尊天子曰"天可汗"。三王以来，未有以过之。至荒区君长，待唐玺纛乃能国，一为不宾，随辄夷缚，故蛮琛夷宝，踵相逮于廷。（《新唐书》卷二一九）

到盛唐时代，唐玄宗对外交往的基本态度是"开怀纳戒，张袖延狄"，对周边邻国主张"润之以时雨，照之以春阳，淳德以柔之，中孚以信之"，继续奉行积极对外开放的方针，真诚相待各国使者，确保睦邻友好政策的落实。开元二年（714），唐玄宗即位不久，便发诏令说：

> 我国家统一寰宇，历年滋多，九夷同文，四隩来暨，夫其袭冠带、奉正朔，颙颙然向风而慕化，列于天朝，编于属国盖已众矣。我则滋之以时南，炤之以春阳，淳德以桑之，中孚以信之。玄风既同，群物兹遂，莫不自天壤穷海域，厥角以请吏，执贽以来庭。（《册府元龟》卷九九九）

开元初，大食（阿拉伯）帝国遣使来朝，进献马及宝带等方物。在朝见唐玄宗时，大食使臣没有跪拜皇帝。这个"跪"与"不跪"的问题也就是"礼仪问题"，到了清朝还出现过。英国使臣马戛尔尼就是因为不肯跪拜乾隆皇帝而引起争执，招致清朝皇帝及官员的不满，结果没能完成外交使命。但是在大唐时代，唐玄宗的态度则不那么固执，他认为"大食殊俗，慕义远来，不可置罪"。由此可见，唐朝统治集团保持比较宽容与友好的心态，尊重海外殊俗，对各国"朝贡"不遵礼仪似乎也不太在乎，不太为难"不懂礼仪"的"贡使"，亦显唐朝开放兼容的大国气派。从这一点上来说，唐玄宗比之乾隆，也就是唐朝比之清朝，其胸怀、气度、风范，都要宽广得多了。

由于唐朝的声威远播和积极的对外开放政策，与唐朝保持政治、经济和文化联系的国家众多，来唐朝贺、奏事、进贡的使节往来非常频繁。朝鲜、日本、东南亚乃至西亚、欧非诸国，都频频遣使入唐，以通友好。有些国家遣使十分频繁，唐朝也向各国派遣使节。开元、天宝间，与唐朝有官方往来的国家和地区多达70余个，"各有土境，分为四蕃"。《通典·边防典》中列举了与中国发生联系的189个国家、政权和部族。据今人统计，与唐发生联系的国家和地区有300多个，包括周边少数民族政权，周边内附少数民族部众，与唐有藩属关系的国家和独立政权，甚至远在"绝域"的国家。天宝末年进士鲍防在《杂感》一诗中这样描写当时万国来朝的盛况：

> 汉家海内承平久，万国戎王皆稽首。
> 天马常衔苜蓿花，胡人岁献葡萄酒。

在唐代，从政府到民间，都普遍形成了一种对外开放的心态。"万国""四海""华夷""蕃汉""胡汉"等名词使用的频率很高，一种开放的、大民族的观念逐渐形成。在这样的观念下，对外开放成为一种全面的开放。这种全面的开放，既包括向外拓展的趋势，积极发展对外关系，也包括民族迁徙与民族融合的动态进展，还包括广泛的对外经济与文化交流的开放；既是政府对外的开放，也是民间的广泛的对外交流；既包含经济贸易的物质文化交流，也包含思想、艺术、宗教等精神方面的交流。总之，唐代对外交通发达，对外关系活跃，促进了中外文化交流大规模的发展，呈现空前的全面文化开放的态势。范文澜先生指出：

> 大抵一个朝代，每当国内混乱、统治动摇的时候，对内越是惴惴不

得自保，对于外来文化越是顽固地排斥拒绝，不敢有所触发。天宝之乱以前的唐朝，处在强固稳定的时期，在政治上有自信心，奉行"中国既安，四夷自服"的方针，在文化上也有足够的自信心，并蓄兼收，群花同放。因为唐代的中国文化已经发展到昌盛成熟的阶段，任何外域文化传入中国，都没有可能消溶唐文化，而只能作为一种新养料注入唐文化的整体内。唐代外域文化在中国流行，并不是因为中国的封建文化已然衰老没落，相反，是因为它正在高度繁荣，具有充分的吸收力和消化力。唐文化依据本身发展的需要，对于外来的新成分，有抉择地损益取舍，经过汲取发扬，愈益显得丰富多彩。唐文化远播到东西方各国，各国也依据自己的文化传统，斟酌吸收，使本国文化得以获取助益，加速发展。唐代确实是中外文化交流极盛的时代。

唐文化摄取外域的新成分，丰富了自己，又以自己的新成就输送给别人，贡献于世界。长安正就是这样一个各民族相互影响，各种文化相互流通的中心点。[①]

唐代文化以其健全的传播和接受机制，以全面开放的广阔胸襟和兼容世界文明的恢宏气度，如"长鲸吸百川"，广泛吸收外域文化，从其他文化系统中采撷英华，先后熔融了中亚游牧文化、波斯文化、阿拉伯文化、印度文化乃至欧洲文化，使当时的帝都长安成为中外文化汇聚的中心，使盛唐文化成为一种世界性的文化。钱穆先生在其著作中谈及唐代的全面开放和对外来宗教与文化的大规模吸收与接受，并进而论及中国文化的开放性本质时说：

……到唐代，印度思想之流入，虽逐渐枯绝，但中国对其更西方的大食、波斯一带的通商，却大大繁盛起来。那时中国各地，几乎全都有

---

① 范文澜著：《中国通史简编》（修订本）第3编第2册，人民出版社1965年版，第761—762、775页。

大食、波斯商人的足迹。只广州一埠，在唐代末年，就有大食、波斯商人集廛达十万人之多。那时中国除却佛教外，还有景教、祆教、摩尼教、回教等传入，这些宗教，虽在中国并不能如佛教般影响之大，但中国人对于外族宗教态度之开放，是很可注意的。

　　而且除却宗教信仰以外，其他一切，如衣服、饮食、游戏、礼俗，以及美术、工艺各方面，中国接受西方新花样的，还是不可胜举。因此我们可以说，中国不论在盛时如唐，或衰时如魏晋南北朝，对于外族异文化，不论精神方面如宗教信仰，或物质方面如美术工艺等，中国人的心胸是一样开放而热忱的。因此中国文化，虽则是一种孤立而自成的，但他对外来文化，还是不断接触到。中国人虽对自己传统文化，十分自信与爱护，但对外来文化，又同时宽大肯接纳。[①]

大规模的文化输入，使中华文明系统处于一种"坐集千古之智""人耕我获"的佳境，使整个机体保持旺盛的生命力，因而是唐代文化生机勃勃、灿烂辉煌的条件之一。

　　正是在广泛兼容世界文明的同时，盛唐文化也大踏步地走向世界。与前代相比，唐代文化在海外传播的范围更加广泛。唐代的全面对外开放，使中华文化全面走向世界。正如范文澜先生所指出的：

　　辉煌灿烂的唐文化，深为当时世界各国人民所向往。各国人士不顾跋涉的艰难，来到中国，观摩摄取。以唐朝首都长安为中心，中国各民族之间，中国与当时世界各国之间，形成了交流文化的巨大场面。……繁荣的唐文化，吸收了域外文化而愈益丰富多彩。唐文化传播到东西方各国，起着推动各国文化发展的作用。[②]

---

①　钱穆著：《中国文化史导论》（修订本），商务印书馆1994年版，第206页。
②　范文澜著：《中国通史简编》（修订本）第3编第2册，人民出版社1965年版，第802页。

六、国际化的唐代长安

唐代对外交通和文化交流的盛世，是以长安为中心展开的。长安就是这样一个各民族相互影响、各种文化相互流通的中心点。隋唐时代的长安城，规模极其宏大，集中体现了大一统帝国的政治版图，映现出隋唐文化壮阔的时代精神和包容天下的博大胸襟。

唐朝是当时世界上最强盛的帝国，盛唐文明是一种世界性的文明，而唐朝的帝都长安则是世界文明交流融汇的中心，是一座国际化的文化大都市。长安城的规划和建设充分体现了中国古代的都城建设规制和最高水平。长安也是同时期世界上最大的城市，建于800年的另一世界名城巴格达的总面积还不及长安的一半。长安城的规划和建设，在中国城市发展史上占有极其重要的地位，其宏大的规模、严整的秩序和磅礴的气势，在世界城市建设史上留下了光辉的一页。

隋唐时代的长安城相当繁荣。它不仅是全国的政治中心，而且是经济中心、文化中心和交通枢纽。唐代长安人口，据估计，鼎盛时有170万人，若放宽估计，则有近200万人。唐帝国的兴盛发达，帝都长安的雄伟壮观，中华文化的辉煌灿烂，以及经济发达和物产丰盈，都令世人钦慕景仰，吸引着世界各国人士。各个国家的外交使节率领颇具规模的使团来到长安，呈现"万国衣冠拜冕旒"的盛大景象。其中，有的外国使节还长住长安，乐不思归。长安的国子学和太学还接纳了许多来自日本、朝鲜半岛以及西域等地的留学生，他们在这里学习中国文化典籍，其中有些人还参加了唐朝的科举考试。此外，来唐朝的还有来自各国的旅行家、艺术家、佛教僧侣、祆教徒、摩尼教徒、景教徒和伊斯兰教徒等。而对外贸易的发展，则吸引着南亚、西亚的商旅来到长安，使长安成为一个国际贸易的场所，东西方国际贸易的一个集会点。据估计，当时住在长安的外国人约占长安人口总数的2%。见诸诗文、笔记、小说所称者，有商胡、贾胡、胡奴、胡姬、胡稚、蕃客、蕃儿、昆仑奴等。

大量外国侨民涌入中国，在中国各大城市里生活或活动，胡僧在寺院里传经，胡商在市场上交易，胡姬在酒馆里翩翩起舞，各国的使臣出入官府。他们将自己本民族的饮食、娱乐、服饰等风俗文化带到中国，也使与他们接触、交往的汉地的人们了解了他们的文化传统和习俗，从而使西域文明中的胡服、胡妆、胡戏、胡食成为一种新奇时尚，风行一时，影响了唐人社会生活的各个方面，改变了唐人的生活风貌。

唐代胡化之风弥漫于社会生活的各个领域，涉及饮食服饰等日常起居，涉及音乐舞蹈等娱乐活动，还涉及诗歌绘画等艺术领域。来自外国的各种商品和奢饰品以及它们的仿制品，都成为人们竞相追逐的对象。唐代是一个胡风、胡俗大流行的时代。诗人元稹在《法曲》中这样描写唐代"胡化"之风：

> 自从胡骑起烟尘，毛毳腥膻满咸洛，
> 女为胡妇学胡妆，伎进胡音务胡乐。
> 火凤声沉多咽绝，春莺啭罢长萧索。
> 胡音胡骑与胡妆，五十年来竞纷泊。

大量外国人涌入，从事着商业、艺术等活动；由他们带进中国的"胡风"弥漫于社会生活之中，整个唐朝充满了对异域情调的想象和欣赏，影响着和改变着人们的生活习惯和社会风俗。

在唐代兴起的这种弥漫于社会生活各个领域的"胡风"，来源于频繁的人员交往和物质交流，来源于源源不断进入中国的外来物产和商品，也来源于唐朝人对于域外文化的想象，这种对域外文化的想象成为刺激本土文化发展的一个精神源泉。而经过中国人的接受、理解、转化和改造，"胡风"进入中华文明系统之中，并成为中华文明的一部分。比如，"胡服"的一些元素被汉服所吸收，就成了中国传统服饰的某些元素；"胡食"经过人们的加工改造，变成了中国传统饮食的组成部分；西域歌舞则直接进入中国乐舞的系统之中，成为中国传统音乐舞蹈的重要成分。总之，唐代的"胡风"，促进了中华文明，尤其是民间文化和艺术文化的发展，"胡风"也就变成了"中国风"。

七、世界眼光与文化自信

　　与域外各民族的文化交流，也不断开阔着中国人的世界眼光，不断增强着中国人的世界意识。鲁迅先生说："国民精神之发扬，与世界识见之广博有所属。""世界识见"，就是一种世界的眼光，世界的意识，世界的胸怀。这种"世界识见"的养成，与所处的时代相关，与生产方式、生活空间、交往条件相关，也与自己的文化自信、文化自觉和文化精神相关。中国人的世界眼光、中国人的世界观，是一个不断扩大的过程。中国人世界观、世界眼光的扩大，与中国疆界的扩大有关，与中国与海外交通的拓展和扩大有关，与各民族之间交往和交流的发展有关，更与中国人走向世界的步伐有关。我们看到，中国人对海外文化的认知、了解和接受，不断丰富和发展着中国的文化体系，也不断开阔着中国人对外部世界的认识，扩大着中国人的世界眼光和文化胸怀。

　　汉代是对外文化交流的第一个高潮，就是在这时，由于陆上、海上交通技术的发展，一下子打开了中国人的视野，拓展了中国人的"世界识见"，并真正对中国人的思想世界产生了有意义的影响。张骞出使西域带回来的有关西域的文化信息，大大开阔了中国人的眼界，给当时的中国人以很大的刺激，如同后来哥伦布发现新大陆吸引了无数欧洲人前往一样，西域开拓了中国人的视野，对中国人产生了极大的吸引力，使汉代的中国人也开始注视西方，知道西域天地广阔，国家众多，物产新奇，民情殊异。西域奇特的风俗人情、丰富的物产资源对中国人而言也是极大的诱惑。

　　隋唐时，对外交往扩大，人员往来频繁，更增进了人们对外部世界的了解。到了近代，中国人的世界知识，中国人所说的"世界"，就大体上是"真正"的"世界"了。

　　对外交往的扩大，对外部世界了解的增多，人们世界视野的扩大，对人们思想的冲击是巨大的，对促进本土文化的发展也是极有意义的。中国历史上许多具有重大意义的变革都是与对外部世界的认知有关的。对外部世界认知的增加，世界视野的扩大，促使人们反省本土文化的不足，并且自觉地用这些新知识、新文化补充自己、改变自己、发展自己。所以，正是开放促进了改革，对外开放的扩大促进了自身内部的变革。当代学者葛兆光指出：

> 世界视野的拓宽必然引来文化交融与冲突，文化交融与冲突则必然导致思想世界的变化。一般说来，在意识形态逐渐完熟、定型与固定化的时代，思想体系的内部就已经不再具有自我更新与引发变异的资源，即便有，更新与变异也只是在思想世界的内部，并不影响整个思想世界的格局。而此时的世界拓展与思想碰撞，就给一个相对封闭的思想世界带来了一些外在的，但又是新鲜的变革动力……[1]

所以，西方在文化交流中的"我"之"外"，往往起到了一个"乌托邦"的作用，起到了对本土文化的反思和批评的一个参照物的作用。近代中国以"西方"为参照，对传统中国文化进行反省和批判，实现走向现代化的变革。同样，欧洲也以"中国"为参照，对传统基督教神学和封建专制制度进行批判和反省，激发了声势浩大的启蒙运动。对于启蒙思想家们来说，中国就是一个尽善尽美的"乌托邦"。

不断地吸收世界上其他民族先进的文化成果，不断扩大自己的世界眼光，就使得中华文明具有了"与时俱进"的能力，始终与时代同行，保持自身文化的时代性与先进性。在全球史的视野中来比较，中华文明在很长时期内处于领先地位，甚至一度成为世界文化的高峰，之所以能够保持其领先性或先进性，有两个基本条件：一个是积极吸收世界文化中最先进的、最新的文化成果，一个是开阔的世界眼光和世界意识，了解世界文化发展的大趋势。唐代成为世界

---

[1]　葛兆光著：《七世纪前中国的知识、思想与信仰世界》(中国思想史第1卷)，复旦大学出版社1998年版，第419页。

文化的一个顶峰，就与唐代的大开放、唐代人广阔的世界眼光有密切关系。

因此，广阔的对外文化交流是促进文化发展的强大动力。大量的外来文化成果、因素被吸收到中华文明中，使得中华文明得到补充、丰富，而补充和丰富本身就意味着文化的发展。随着对外交流的扩大，人们的眼界开阔了，看到了其他民族文化的许多新东西，看到了其他民族文化的先进性，促使反观自己文化的不足，促进了自身的改变和发展。这些外来文化为中华文明的发展提供了借鉴和参照，在有的情况下甚至是提供了文化的理想模式，对中华文明的发展起到了激励、刺激、开发、推动的作用，为其发展提供了刺激动力，进而启发了中华民族进行文化创造的灵感和智慧。

从这个角度来叙述中华文明的发展历史，更强调了中华文明所包含的世界文化的内容，更强调了中华文明的世界性价值和意义。这个过程中，对于中国人来说，一方面，不断有外来文化的各种形式、各种形态、各种因素传播过来，被中国人所了解、所认识、所接受，丰富了中华文明的内容，促进了中华文明的发展；另一方面，也不断扩大着中国人关于外部世界的知识，扩大着中国人的文化视野。

在中国不同时期的文献中，都有对外国的有关记述。这些记述有的是正史中的文献，如历代的"西域传""东夷传"，有的是各种文献中的相关记载，如各种"异物志"，汉唐以后的各种类书如《太平御览》《太平寰宇记》等，还有更重要的是历代行人的有关游记、报告等，如三国康泰的报告《吴时外国传》、晋时法显的《佛国记》、唐玄奘的《大唐西域记》、唐义净的《大唐西域求法高僧传》，还有许许多多，都是中国人认识世界、了解世界、走向世界的重要文献。而中国人关于外国的知识、关于世界的知识，是中国人对外国文化了解、认识和接受的历史中的一个重要方面，也是认识和接受外国文化的知识基础和心理基础。这些著作反映的就是这方面的内容。历代的中国人都是主动认识世界，主动走向世界。

文化的开放性使得中华文明具有了世界眼光、世界意识、世界观念，以及世界性的文化价值。世界眼光、世界意识对于一个民族文明的发展至关重要。有了世界眼光、世界意识，了解了世界文化发展的大趋势，了解了其他民族文化的发展成就，就不会闭关自守、夜郎自大，而是会用世界的眼光来认识自己，反省自己，促进自己与时俱进，与时代同行。这样，中华文明就不是偏于东亚一隅的地域性文化，而是世界文化总体格局的有机组成部分、重要组成部分。中华民族走向世界，接纳了其他民族文化所创造的优秀文化成果，将自己的文化创造传播于世界各地，因而中华文明也就具有了全人类文化的共同价值。

所以，开放性、世界眼光，是中华文明在数千年的历史中长盛不衰、持续发展、永葆旺盛生命力的内在原因、内在动力。这是中华文明的一个基本品格。

文化的开放性、世界眼光，是对自己文化有充分自信的表现，是建立在本民族文化充分发展基础上的文化自信。从历史上来看，中华文明在很长的一个历史时段里居于世界文明总体格局的领先地位，创造了极为丰富和极为辉煌的文化成就。中华文明在世界文化史上的重要性，首先在于它的先进性。在世界文化的整体格局中，中华文明曾经在很长的一段时间里居于领先的地位。这种先进性或领先地位，一直持续到19世纪。而且中华文明的先进性不仅仅是某个领域、某个方面居于世界之先，而且是整体性地领先于世界。在欧洲还处在中世纪"黑暗时代"的时候，中国已经有了世界性的文化大都市长安；即便是在宋代那个国力较弱的时候，都城开封的人口也达百万，是当时世界上第一大都市。中国人发明创造的器物文化如丝绸、瓷器、漆器、农耕器具，科学技术如"四大发明"、天文历法、数学、医药学等，再如中国的典章制度、法律和政治思想、文学艺术等，一旦传播于海外，便受到高度的重视和热烈的欢迎，其原因，不仅是新鲜，而且是先进，给受传播地区人民的生产和生活提供了许多方便，更不用说对那里的文化发展起到借鉴、刺激、激励和开发的作用了。我们在东亚和西亚，在欧洲和非洲，在世界其他地方，都可以看到中华文化传播的踪迹，都可以看到中华文明影响的历史身影。中华文明曾经在世界的大舞台上对世界文明作出了极为重大的贡献。

第六章

佛教的传播及其“中国化”

佛教在中国的传播是中华文明史上的重大事件。佛教给中国人一种全新的文化信息和文化体验，对中国的哲学、文学、艺术、民间风俗以及政治、经济等都产生了深刻的影响，为中华文明的发展提供了新的刺激和发展的动力。佛教文化在中国传播的成功，主要的经验之一就在于它成功地实现了“中国化”，这也深刻说明了中华文明的开放性和包容性。

一、佛教在中国的传播：文明开放与融合的范例

在汉末到魏晋南北朝这个时期，发源于印度的佛教大规模地传到中国。这是中华文明史上的一个重大事件，也是世界文明史上的一个重大事件。

佛教在中国的传播波澜壮阔，有络绎不绝的印度和西域高僧来中国传教，有前赴后继的中国高僧西行求法；有数千卷佛教经典被翻译成中文，丰富了中国文献典籍的宝库；有历代王朝对佛教的支持和推崇，无数的佛教庙宇占尽天下名山；更有无数的信众，把佛教作为他们的信仰和生活习俗。佛教文化源源不断地向中国传播，广泛地渗入社会生活的各个方面，对中国的哲学、文学、艺术、民间风俗以及政治、经济等都产生了深刻的影响。

佛教在中国的传播，带给中国人一种全新的文化信息和文化体验，为中华文明的发展提供了新的刺激和发展的动力。佛教的传入，打开了中华文明向新的阶段发展的突破口。所以，在佛教传入之初，就造成了可能引起巨大反响和影响的态势。

佛教是产生于古印度的一种宗教，与基督教、伊斯兰教并列为世界三大宗教。在世界三大宗教中，佛教是最早传入我国的。从公元前后开始，在长达1000多年的历程中，佛教文化源源不断地向中国传播。同时，佛教文化与我国传统的儒学与道教等彼此融合，互为消长，经历了一个不断"中国化"的过程，逐渐发展成为中国的民族宗教，丰富了中国文化的内容，成为中华文明的组成部分，从而改变了中国乃至整个东方的文化结构和文化特性。佛教在中国的传播以及"中国化"，中华文化对佛教的接受与融合，可以说是最广泛、最深入、与本土文化融合最成功的，也是世界文化交流史上最具有典型意义的范例。佛教在中国的传播，影响所及，不仅在中国，而且在整个东亚社会，都是巨大的、前所未有的。

佛教在中国的传播对于中华文明的传承和发展具有重要意义。我们应特别关注的是：作为一种外来文化，佛教是怎样适应中华文化，进而融合到中华

文明之中，成为中华文明的一个重要组成部分的？而在佛教这种大规模外来文化的冲击下，中华文明是如何经受住了考验，继续沿着自己的文化轨迹传承和发展的？

可以说，在中国乃至东亚的文化结构中，佛教文化都占有极其重要的地位。季羡林先生曾经指出：

> 佛教传入中国，是东方文化史上，甚至是世界文化史上的一件大事。其意义无论怎样评价，也是不会过高的。佛教不但影响了中国文化的发展，而且由中国传入朝鲜和日本，也影响了那里的文化发展以及社会风俗习惯。佛教至今还是东方千百万人所崇信的宗教。如果没有佛教的输入，东方以及东南亚、南亚国家今天的文化是什么样子，简直无法想象。①

季羡林先生的这段论述很重要。不仅季羡林，还有许多其他学者都论述过佛教东传的重大意义。美国汉学家费正清等指出："（佛教）对中国文明所造成的威胁较19世纪西方文化的挑战更为直接，中国对佛教的涵化是它近代以前对外来文化最伟大的借鉴。"②许倬云先生也指出："佛教传入中国，在世界史上也是一桩大事，其重要性不亚于基督教在欧洲的传布与成长；因为佛教进入中国，引发了中国文化本身的转变，由此也改变了日本、朝鲜以及蒙古等地的文化。"③

佛教最初传入中国，大约是在东汉时代，而真正开始大规模传播，则是在两晋南北朝时期。在这个时期，中华文化经历了春秋战国时期的"文化突破"，实现了全面独立发展的态势，经历了秦汉时代的辉煌时期，进入中华文化的成熟之境，同时也面临着新的选择、寻求新的发展的变革局面。在这样的

---

① 季羡林著：《中印文化交流史》，中国社会科学出版社2008年版，第18页。

② ［美］费正清、赖肖尔、克雷格等著：《东亚文明：传统与变革》，黎鸣等译，天津人民出版社1992年版，第88页。

③ ［美］许倬云著：《历史大脉络》，广西师范大学出版社2009年版，第83页。

情况下，佛教挟裹着巨大的"文化群"浩浩荡荡从西方传来，带给中国人一种全新的文化信息和文化体验。

佛教首先是一种宗教，佛教的传入首先是传入了一种新的宗教形态。在当时的中国，原始宗教还具有一定的影响，民间信仰还比较活跃，而作为中国本土上出现的土生土长的道教，仍处在刚刚出现和成长的阶段，还不是很成熟、很发达。佛教则有一套已经发展成熟的宗教体系，它具有完备的经典、明确的信仰、严密的僧团组织，以及一整套佛事活动和仪轨，还提供了包括符号意义、信仰、叙事体的故事，给予修行者生命体验的宗教实践。这对于人们而言具有巨大的吸引力和感召力。特别是它提供了"来世"信仰，适应了当时中国人普遍的心理需要。

佛教传来的，不仅仅是宗教的僧团和仪轨、仪式，更是一套缜密的思维系统和形而上学，所以是一套完备的理论体系。许倬云先生指出："佛教进入中国其引发的影响，不仅是一个信仰体系的传播，而是彻底地改变了中国的思想方式，既带来了另一种思维，也迫使中国固有的思想系统（儒家与道家）不断与佛教互动，终于融合为中国型的思想体系。"①

从最初来华传教的西域高僧开始，人们就把翻译佛经作为传播佛教最为主要的事业之一，前后900多年，一共翻译了6000多卷佛教经典。这些汉译佛教经典成为现在世界上所存最完备的佛教理论典藏。在中国的历史典籍中，佛典也占有举足轻重的一大部分。可以说，这么大数量的佛经，极大地丰富了中国古代的文献典籍，是一份极为宝贵的文化遗产。

不仅如此，中国的佛教学者对这些翻译过来的佛教典籍进行了大量、深入的研究，创作出大量的注疏和论辩性著作，极大地丰富了中国的思想史和哲学史。可以说，佛教及其思想的传入，不仅促进了中国思想史和哲学史的大发展，而且成为其中相当重要的内容。

佛教在中国传播的成功，在于它同时兼顾了文化的大传统和小传统，既

---

① ［美］许倬云著：《历史大脉络》，广西师范大学出版社2009年版，第90页。

在上层社会精英阶层以其深奥的佛教义理受到欢迎，又以通俗的方式在民间传播信仰，受到下层社会普通民众的接受和理解。这样，佛教不仅以浩瀚的佛经和艰深的哲学，更以与中国民间信仰相适合的方式得以宣传普及，提供给人们一种新的生活方式、崇拜方式甚至是娱乐方式。这样，佛教的影响就深入中国人的日常生活中，成为中国人日常生活的组成部分。而这才是它所具有的强大生命力之所在。

佛教本身除了信仰系统外，还是一个巨大的"文化群""文化丛"，是一个包含着丰富内容、多种形式的"文化集合体"。这主要包含两个方面：一方面是佛教本身所要呈现、表达的艺术形式，如造型艺术、音乐艺术、文学艺术等，这些艺术形式本身就是传播佛教的手段或方式；另一方面是与佛教一起传播进来的印度文化和西域文化，如印度的天文历法、医药科学等。这样的区分并不具有严格的意义。它们本身都是一体的，都是在佛教的大系统下的小系统或支系。

这些随着佛教传入而吸纳进来的各种文化要素、文化内容，都在中华文明中产生了重大的影响，影响到中华文明各个方面的变化和发展，进而扩大了中国人的知识系统，改变或重塑了中国人的认知方式，也大大开阔了中国人的世界视野和文化眼光。伟大的中华文明是中华民族创造的宝贵财富，而创造这样财富的中国人，在这一阶段，接受了来自佛教文化成果的装备，从而扩大了自己、丰富了自己、壮大了自己，使之发挥出更大的文化创造力。

佛教在中国的传播是成功的，可以说是世界文化史上的一个跨文化交流的范例。佛教在中国传播的成功，主要的经验之一在于它成功地实现了"中国化"。实现了"中国化"，就使得中国人在心理上认同它，把它当作自己民族的宗教，把佛教信仰作为自己民族的信仰；同时也在文化上容纳了它，使其成为中华文化传统的一个组成部分。这样，佛教就不再是一种"外来的"宗教，不再是一种"外来的"文化了。

实现佛教的"中国化"，是两个方面共同努力的结果。一方面，佛教以其开放的态度，主动与所进入的异域环境即中华文化环境相适应、相协调，努力使自己成为中国人能接受的、能理解的内容和形式。可以说，自从佛教进入中国就开始进行了这样的努力。与中华文化环境相适应、相协调，是佛教东传中国过程中贯穿始终的策略。可以说，这个"适应性策略"是成功的。

但是，佛教在适应中华文化环境的过程中，并不是完全地去迎合中华文化传统，而是在"适应"中尽量保持自己的思想特性和文化特性。这样，对于中国人来说，所看到、所理解的佛教又是新鲜的，有自己独特内涵的一种文化。这样才能对中华文化起到刺激、激励和补充作用。佛教进入中国，积极与中华文化环境相适应，又能保持自己的宗教和文化特性，这是它的"中国化"的含义。

另一方面，中华文化传统对于佛教，也是以其包容的态度，主动地去接纳佛教，并且按照中华文化的需要对其进行改造和剪裁，使其与中华文化传统相契合、相融合。那些致力于传播佛教的中国僧侣，那些欣赏和接受佛教文化的上层知识分子，都为佛教的"中国化"做出了很大努力。他们翻译佛教经典，注疏佛教学说，与儒学和道教争辩切磋，高僧与名士交游论辩，都成为建设"中国化"佛教的重要活动。当然，作为一种外来文化，佛教在中国的传播也受到本土文化的排斥和抗拒，甚至还演变出"三武一宗"的政治性毁佛行动。但总体来说，中华文明传统对于佛教是欢迎的，是乐于接受和容纳的。

佛教在中国传播的成功，中华文化对佛教的改造、剪裁和融合的成功，深刻地说明了中华文明的开放性和包容性。钱穆先生指出：

> 中国人的文化观念，是深于民族观念的。换言之，即是温和界线深于民族界线的。但这并不是说中国人对于自己文化自高自大，对外来文化深闭固拒。中国文化虽则由其独立创造，其四围虽则没有可以为他借镜或取法的相等文化供作参考，但中国人传统的文化观念，终是极为宏阔而适于世界性的，不局促于一民族或一国家。换言之，民族界线或国家疆域，妨害或阻隔不住中国人传统文化观念一种宏通的世界意味。我们只看当时中国人对于印度佛教那种公开而恳切，谦虚而清明的态度，

及其对于异国僧人之敬礼，以及西行求法之真忱，便可为我上述做一绝好证明。

那时的中国人，对印度佛教那种热忱追求与虚心接纳的心理，这全是一种纯真理的渴慕，真可说绝无丝毫我见存在的。[①]

这样，一方面是佛教的主动适应，一方面是中华文化的积极吸纳，所以佛教的"中国化"是成功的、有效的。这也是互相的选择，双向奔赴的结果。而后一方面，即中华文化对佛教的开放和欢迎，意义更为重大。自从佛教进入中国，中国人就不是被动地去接受，而是主动地去迎接、去引进、去吸取。因此，也有许多高僧到西域和印度"取经"，有许多佛教知识分子投身于佛经翻译的文化事业当中，还有许多高僧去钻研、探索和注疏佛教经典，广泛地传播佛教。梁启超把当年去西域取经的高僧与近代的留学运动相比较，认为他们出于宗教的热忱，更出于求知的渴望、追求真理的精神而不畏艰难、前赴后继，是后代学人的典范。与此同时，还有许多西域和印度的高僧来中国传播佛法，翻译佛经，他们同样是出于高尚的宗教热情和传播真理知识的伟大精神。他们是中国佛教建设的伟大先驱，也是中华文化建设和发展的功臣。

佛教的"中国化"具有十分重大的意义。简单地说，正是因为有了佛教及其"中国化"，才有了中华文明的完整面貌。如果没有佛教文化的输入，中华文明就不会是现在这个样子，就不会有今天这样五彩斑斓、丰富多彩的文化景观。

二、佛教与中国思想的相遇

魏晋南北朝时期是中国思想文化极为活跃的时期。道教的勃兴和玄学的活跃，以及儒学在新形势下的发展，就是当时佛教在中国所面对的思想文化环

---

① 钱穆著：《中国文化史导论》（修订本），商务印书馆1994年版，第148—149、206页。

境。正是在这样的思想环境下，佛教进来了。对于中国人来说，佛教是一种外来的、新鲜的而且与中国传统文化完全不同的文化，是一种与中国思想迥异有别的文化形态。

佛教传入中国初期，如涓涓细流，逐渐地在中国传播开来，逐渐为一些中国人所了解、所接受，并开始了初步的佛事活动。而进入两晋南北朝时期后，细流则汇成了滔滔大河，波涛汹涌，成为一幅文化交流与传播的宏大文化景观。作为一种外来文化，作为一种外来宗教，作为一种外来的思想文化体系，当如滔滔江河般涌来时，佛教给中国人的思想观念和习俗文化以巨大冲击，给中国的传统文化、中国的传统宗教和中国传统的思想体系提出了严峻挑战。一个严密的中国文化体系的大门，被佛教的力量冲撞开了，佛教以及佛教裹挟着的各种文化形态奔腾而来。面对这样的冲击和挑战，本土的思想文化披挂上阵，仓促应战，与之进行激烈的、尖锐的思想交锋和学术论辩，演绎成两晋南北朝时期波澜壮阔、丰富多彩的思想文化大论战，极大地促进了中国思想文化领域的大交流、大变革、大发展。这是中国思想文化史上一个空前活跃的时期，一个百家争鸣、新论迭出的时期。而出现这文化盛况的根本原因，就在于佛教及其思想学说的传入，在于一种异质文化对于传统文化的刺激和激发。

当外来佛教的思潮和典籍大规模涌进内地时，就与中国的传统文化和传统观念发生全面的接触，与当时同样活跃的玄学、道教以及儒学的碰面、交流、对话与交锋。其中，有激烈的论战，也有相互的融合；有尖锐的对立，也有相互的补充。在汉末，初传的佛教主要依附黄老道术而在社会上流传，并通过汉译佛经而表现出道化和儒化的倾向。儒家则从佛教出家修行有违孝道等方面对之加以排斥，而正处于初创阶段的道教往往借助佛教这一比较成熟的宗教来发展和壮大自己。佛教对儒学基本上以妥协调和为主，有时甚至采取积极迎合的态度。对道教，佛教则把道教与道家作了区分，引老子与老子之道来为自己辩护，同时既借助神仙方术来传播佛教，又对道教推崇的辟谷长生等进行了抨击。魏晋南北朝时期儒家的"反佛"，主要还是从社会经济、王道政治和伦理纲常等方面来排斥佛教，并开始从哲学理论的层面来对佛教加以批判。

从中外文化交流史的视角来说，核心的问题还是纠缠着中华文化史的"夷夏之争"，即本土文化对外来文化的应对和抗拒，以及欲迎还拒的纠结心态。一方面，出于文化本位的立场，对外来文化首先是提防、反感、排斥和抗拒，以维护本位文化的地位和尊严；另一方面，对于外来文化所带来的新鲜的、陌生的东西，又想去接触、去了解、去接受，以促进本位文化的丰富和发展。这两种倾向的纠结，实际上是一切人类文化系统内在的文化矛盾，而这种文化矛盾反映了文化系统内部的守成与发展两种力量的张力，也是人类文化史发展的根本动力。

一般而论，这一时期思想文化领域的交锋和论战，主要是儒、道、释三家的论战和斗争，此外还有玄学一家。从佛教东传史的角度来看，玄学与佛教互相契合、互相依附，较少有矛盾和斗争，所以总体上还是儒、道、释三家的论战。实际上，这样的论战本身就已经意味着佛教东传的一大成功、一大胜利。儒家学说从春秋战国开始，经过汉武帝"独尊儒术"的文化政策，已经成为占统治地位的国家学说和意识形态。尽管经过汉末玄学的兴起，儒学的表现形态——经学出现了衰微的气象，但其正统的地位并没有改变，也没有动摇。道教是正在兴起的宗教，它从老子思想中获取文化资源，从民间信仰中获得支持，是一种地道的中国土生土长的宗教形态。虽然在此时尚不完善，但它根植于中国传统文化的土壤，就预示着强大的生命力。儒学与道教，都是中国的本土文化，一个是思想的，一个是宗教的，都在社会的上层建筑中占据主要位置。他们是当时中国思想文化领域中最主要的两家。但是，这个时候却开始说"三家"，把佛教加了进来。

作为一种外来文化形态，作为一种中国人从未知晓的外来宗教体系，佛教居然在几百年间达到这样一个地位，不能不说是佛教传播史上一个极大的成功。在这期间，儒家学者和道教人士对佛教有攻击、有批判、有辩难，对佛教的传入给予抵抗和排斥，但这种情况正说明，佛教作为一种社会思想文化的力量，其存在是不可忽视的、不可小觑的。至少可以说明，佛教的存在已经成为一种"客观的存在"，其"存在性"是不可否认的。在那些激烈排斥佛教的人士看来，佛教带来的对中国本土文化的冲击及影响，也是不能不加以重视的。在近代以前，虽然一直有广泛的海外文化传播到中国，中国人也时常受到外来文化的冲击，但像佛教这样大举进入的情况，还未曾有过。据此可以想见，当时佛教传播到中国具有多么大的影响和意义。

佛教在中国的传播，也就是佛教文明与中华文明的对话。魏晋南北朝时期是佛教东传的扎根期，隋唐时期是佛教东传的开花结果期，这两个时期是佛教文明与中华文明对话非常重要的时期。唐以后，随着三家合流和中国化佛教禅宗的盛行，融入中华文明的佛教已经成为中华文明的有机组成部分，佛教已经不是在异族异质文明意义上与中华文明展开对话了。

佛教在中国的传播，是中国人自己引进来的过程，是中国人接受、学习新文化、新思想的过程。佛教文化对中国传统思想文化所造成的冲击，是因为中国的知识分子不满足于已有的儒家一家独大的沉闷局面、停滞状态，主动寻求新的突破、新的发展的结果。所以，所谓儒、道、释的矛盾和冲突，实际上是这一派中国文人学者与另一派中国文人学者之间的矛盾和冲突，是中华文化传统内部寻求变革的力量与坚持守成的力量之间的矛盾和冲突。只不过其中的一部分人披上了袈裟，成为佛教学者、佛教知识分子。他们援引来自外国的佛教理念、佛教思想，为中国传统思想文化领域注入了新的因素，激起了新的变革。

这样看来，儒、道、释之间的对抗与冲突，实质上就是中国人，特别是那个时代的中国知识分子之间展开的文化对话，是中国知识分子与世界的对话。佛教的传入，为他们提供了一个可以对话交流的对象。这种对话，首先意味着交锋与冲突。佛教传入之初，就已经受到来自本土文化、传统思想的种种辩难，受到它们尖锐的指责和激烈的批判。随着佛教传播的深入，随着大量佛典的翻译流传，人们越来越注意到佛教的传入引起的思想震荡，所以抗拒这种传播的力量也越发强烈，斗争也越发尖锐，并且变成了有系统、有计划的攻击和诘难。三家之间的争论有时表现得很激烈，震动朝野。

但是，虽然有过一波又一波的斗争风云，但佛教并没有被消灭，也没有自己沉寂下来，而是得到了进一步的发展。从外部原因上来看，虽然两次大的"法难"都是沉重的打击，但并没有彻底铲除佛教生存的土壤，它的生长环境还在。而且这种打击也是暂时的，几年过去后，佛教又接着发展起来、活跃起来。说到底，是因为当时的中华文化需要这种外来的佛教文化作补充。与此同时，这样尖锐的斗争，意味着思想的交锋，也意味着相互的砥砺和激励。为了应对这样激烈的交锋，各方面都需要准备自己的思想武器，准备自己的思想资料，同时调整自己的论辩策略，这就从内部促进了自己思想的发展和思维的缜密。我们看到，佛教引起的思想冲突，促使佛教、道家和儒学都在自己固有的轨迹上得到了进一步的发展。一些学者甚至认为，两晋南北朝乃至隋唐五代时期的哲学史，基本上是佛学在中国的发展史。这样说，并不是认为没有别的哲学内容，而只是在强调这个时期的思想、哲学都是围绕着佛教引起的争论和刺激而展开的。

一方面，在这种冲突中，佛教自身得到了发展，同时在冲突中逐渐占据了主动地位；另一方面，在儒、道、释之间的冲突与论辩中，它们相互之间也在寻求沟通和理解，寻求相互的融合和调和。

佛教作为一种外来文化，首先考虑的并不是与本土文化对抗，而是尽量努力与本土文化相适应，减少传播过程中的阻力。这样，佛教在努力保持文化独立性的同时，也努力在中国本土文化中寻找思想资源。所以，许多佛教学者都是内外学兼通，不仅在佛教学说上有很深的造诣，在儒学和老庄、玄学方面也很精通。他们融会贯通，援儒入佛，大大提高了自身思想的力量。同时，这也就使佛教走上了以中国传统思想为其论证的道路，走上了"中国化"的道路。这样一种"儒佛会通"现象，代表着一种从文化冲突、文化妥协到文化融合的历史辩证过程。

佛教一直在努力寻找与中华传统文化对话的途径与空间。佛教传入中国后，依附中国传统的思想文化，为调合儒、道的矛盾，不断地援儒、道入佛，论证三家的一致性。不仅是佛教方面主张三家融合，许多道教人士和儒家学者也有同样的看法。当时的人们于佛儒、佛道、儒道之间的互补共通之处，分别有很多的建议和论述。所以，儒、释、道之间除了冲突，也在互相靠拢、互相吸收、互相融合。除了佛教在这个过程中得到发展外，玄学借助佛教般若学的影响而得到发展，经学也在许多方面受到佛教的影响。至于道教，无论是在理论的精密程度上，还是在宗教仪轨和活动上，甚至在道庵的建造上，都从佛教那里得到了更多的启发。

两晋南北朝时期的思想激荡，引起了思想文化领域的大争鸣、大论辩，促进了中国思想文化的大发展。在这种激荡交锋中，儒、道、释以及玄学都相得益彰，各自得到了发展。作为一种外来文化的佛教带来的文化冲突，没有取代中华传统文化的地位，没有使中国"佛教化""印度化"，在这个过程中却让佛教本身"中国化"，使佛教融入中华文明，与儒家、道教一起成为中国思想文化的结构性力量，从而使中华文化得到丰富和发展，也使得佛教获得持续的发展动力，进而从一个地方性宗教上升为世界性宗教，直到今天仍然发挥着重要作用。与此同时，佛教也给中国思想文化的发展提供了新的思想资源。

魏晋时期佛教文明与中华文明的对话，既有激烈的碰撞和排斥，也有相互的补充和融合。实际上，这一时期儒、释、道、玄诸方的论战同时表现出相互的接受和融合的趋势。荷兰汉学家许理和（Erik Zürcher，1928—2008）指出：

> 通常，新宗教——尤其是外来的——从来没有作为完全代替旧信仰的新教义被接受，而中国佛教形成了一个极端的例子：它增加及融合了同期中国思想的主流，即对中国人来说以"玄学"著称的儒家学说和不可知论及对本体的思索。[1]

佛教与中国传统思想的融合，主要体现在佛学与玄学的对话上。范文澜

---

[1] ［荷兰］许理和著：《佛教征服中国》，李四龙等译，江苏人民出版社1998年版，第5页。

先生说，在这一时期，"清谈家取佛学来扩充自己的玄学，胡僧依附玄学来推行自己的宗教"[1]。

自西晋至南北朝，随着佛经传入的增多，人们对佛教理论的兴趣也大增，这一时期被称为佛教义学时期，即人们多注重佛教的理论而少有抱其信仰而入庙进寺的。这一时期的佛学，主要是阐发般若学，不仅继续翻译大量般若学佛经，而且开始涌现出注解和阐述般若理论的著作。而当此之时，也是玄学勃兴之际。魏晋玄学，以老庄为宗，就形而上的内容和人生的现实问题进行讨论。形而上方面，学者们就体用、本末、有无、一多等哲学范畴互相讨论，反复思辨，被称为清谈。而大乘佛经中的般若学理论与玄学非常相近，其核心也是阐发万物的空有和人生的意义问题，两者有着共同关心的主题。尽管玄学和般若学学术宗旨迥异，入世和出世是两个完全不同的境界，但双方在理论建构和思辨方法上，又是相互启发的。

般若类经典是印度大乘佛教经典中的一大类，最早的汉译本是东汉僧人支谶于灵帝光和二年（179）在洛阳译出的《道行般若经》10卷。自此以后，般若类经典源源不断地传入中国。到西晋时，社会上已经流传着很多不同的版本。到鸠摩罗什东来，"既览旧经，义多乖谬，皆由先译失旨，不与胡本相应"（《出三藏记集》卷一四）。于是又重译大、小品。《般若经》的再三译出，从一个侧面反映了般若思想一度在中土盛行。

般若思想得以广泛流传，这与它的思想内容和中国当时的社会历史条件以及思想文化背景是分不开的。佛教史家吕澂先生从玄学发展的角度概括说：

> 般若学说的流行与受人重视，是因为它与玄学有类似之处，当时我国玄学方面也有所发展。先是王弼、何晏的玄学重老，用《老子》解儒家的《易经》《论语》，学说的中心是主张从无生有。其后裴颜在此基础上发展一步，提出了"崇有"。到向（秀）、郭（象）时，注重解庄的途

---

[1]　范文澜著：《中国通史简编》（修订本）第2编，人民出版社1964年版，第299页。

径……，从而主张"自然"之说，认为既非从无生，也非从有生，而是自生。①

玄学立足了未有无的抽象思辨，落实于名教与自然；般若学则立足于空与有、真俗二谛的统一，其目的在于论证现实世界的虚幻不实。玄学有无兼顾，真俗双取，般若学是空有相即，起价双遣而又终极于解脱。二者相类又相异，这种异同为后来的玄佛合流埋下了伏笔。般若学说与玄学在某些方面是契合的，使它们在各自的发展过程中都有相互的启发和影响，并且为对方提供了发展的空间。"'般若'思想结合本土的玄学得以传播与发展，玄学融入般若空观的内容和方法而开拓出新局面，正是这种影响的集中体现。而值得特别注意的是，般若空观教理体现的本来是与中土传统全然不同的宇宙观、人生观、认识论、方法论，对于中土人士是完全陌生的宗教哲学体系。而这一思想内涵十分丰富并具有重大理论价值的外来的思想体系，却能够被具有悠久文化积累的中国知识阶层所接受，逐渐融入到中国思想传统之中并持续发挥出巨大的影响和作用，从而造成对中国思想发展的重大贡献。"②

般若思想在中国传播得越来越广，到东晋之初更蔚然形成士大夫阶层中的普遍思潮，王室贵族和一切奉佛的士族官僚，几乎没有不研习般若思想的。《般若经》成了名士玄谈的重要资料，般若学上升到东晋佛教显学的地位。台湾地区学者李定一指出："汉末魏晋，佛学依附于黄老，至南朝则以佛学说老庄矣。佛学传入中国两百余年后，始主客异势，成为思想主流。"而"老庄与佛学汇合激扬而成的哲理，自更邃密博大。"③

另一方面，名僧需要有《老子》《庄子》等传统文化的较高修养，但其成名，大都由于讲说般若能出"新义"。因此，对般若的解释按照不同的理解，

① 吕澂著：《中国佛学源流略讲》，中华书局1979年版，第43—44页。
② 孙昌武著：《中国佛教文化史》第1册，中华书局2010年版，第278页。
③ 李定一著：《中华史纲》，中国长安出版社2012年版，第215、216页。

也出现了分化倾向。"对《般若经》有不同的理解，玄学也有不同的学派，双方的结合使般若学自身产生了分化。……般若学的概念，实际上就是当时研究《般若经》的各派学术汇集而成的思潮的总称。"①

葛兆光从中国思想史的角度论述了佛教与玄学的关系，他指出："三世纪以后佛教在中国的传播，虽然看上去是'佛教征服中国'，但在上层思想世界中，其意义反而更多在于使老庄思想中的某些精神凸显出来，并使这种一直处在中国思想世界边缘的思想得到精深的理论的支持。过去作为混杂着人生格言与思辨片断的道家玄思经过三世纪玄学的提炼，已经初步具备了一种形而上的哲理系统，而它的形而上的内容，由于其最接近佛教，所以成了最初理解佛教的语境，正如吉藏在《中论序疏》中所说，'良由此土，无别外道，而用老庄以为至极'，人们借助老庄对佛教进行解释，佛教也是在不断翻译和解释之中，加入了这一思想系统，并使之开始彰显它的系统性，在这个意义上，中国也征服了佛教，因为佛教在中国上层思想世界的传播，实际上是取代并接续了向秀、郭象以来老庄玄学的思路，继续着中国古代思想世界那种关于宇宙与人生的玄思。"②

佛教与玄学的对话，一方面表现为般若学对玄学的影响，另一方面也表现为玄学对般若学的渗透。般若学因玄风而远扬，玄风依般若学而转盛，两股思潮相融而激荡，构成了魏晋时期思想界的主流。

三、佛教是如何实现"中国化"的

自传播到中国开始，佛教就已经同时开始了它的"中国化"进程。佛教的"中国化"，对于它在中国的传播、存在、发展以及融入中华传统文化体

①　向世陵著：《中国学术通史》（魏晋南北朝卷），人民出版社2004年版，第201页。

②　葛兆光著：《七世纪前中国的知识、思想与信仰世界》（中国思想史第1卷），复旦大学出版社1998年版，第531页。

系，成为中华文明的一部分，是一个非常有价值的经验。佛教因与中华文化的交涉、会通、融合而逐渐实现了"中国化"，中华文化也部分地逐渐"佛教化"，从而充实和丰富了中华传统文化的内涵，形成中华文明生命的共同体，促进中华文明的发展。这个经验是成功的，在世界文化交流史上也是一个很值得总结的典型。

佛教向中国传播的过程是十分艰难的，因为它是一种与中华文化传统完全不同的文化形态，它的生长环境也是与中国完全不同的。由于中国固有文化思想传统的成熟与强大，也由于佛教理论思辨性和宗教特性与中华文化的隔膜，佛教的传播一开始便走了一条向中国本土文化妥协而隐匿自己个性的发展之路。苏轼说过："释迦以文教，其译于中国，必托于儒之能言者，然后传远。"（《书柳子厚大鉴禅师碑后》）这一特殊的传教策略，不但使得佛教未曾在其力量薄弱时与本土文化发生激烈冲突，反而引起了中国上层人士和统治阶层的好感，逐渐为中国人所了解、所认识、所接受。从两汉直到魏晋时期，中国人一直借助于中国固有的文化思想形式来理解佛学，其中黄老之学以及魏晋玄学对佛学在中国的普及起了很明显的促进作用。到了后来，鸠摩罗什至长安译经以及其弟子僧肇、道生等人佛学思想的成熟，中国人终于深刻理解了佛学的精义，开始了师心独造的新阶段。南北朝时期各种佛教"师说"学派的形成与发展，使得佛教"中国化"走向了综合创新的成熟期。从隋代的天台宗、三论宗以及三阶教的产生，到唐代南宗禅的形成，唐代八大教派在佛教义理上的本土化达到了巅峰状态。这八大教派以及三阶教，除了密宗，都是中国佛教学者根据自己对佛学教义的理解而创造的具有中国风格和气派的佛教宗派。

所以，佛教在中国的"适应性"传教策略是成功的。当然，这也是一种因时势而采取的策略，是一种基于对中华文化传统特性的认识而做出的选择。

佛教在中国的流传及"中国化"佛教的形成，中国佛教学者和其他知识分子发挥了决定性的作用。中国佛教学者通常都在早年学习儒、道典籍，深受中国原有文化，尤其是先秦文化的熏陶，具有中国国民性格和中华民族精神。而中国儒、道等思想文化内容，又为中国佛教学者提供了文化融合的丰富思想资源。隋唐时代高僧大德重视佛教学术研究，各自独立判别印度佛教经典的高下，选择某类经典为本宗崇奉的最高经典，并结合中国的原有思想，加以综合融通，进而创造出新的宗派。以"中国化"色彩最为鲜明的天台、华严和禅诸宗来说，天台宗重视《法华经》，倡导方便法门，并融合中国原有的"万物一体"观念，建立实相说。华严宗的法藏阐扬万事万物圆融无碍的思想，宗密更是把儒、道思想纳入佛教思想体系，以阐扬万事万物圆融无碍的思想以及人类本源的学说，为华严宗人生解脱论提供理论根据。禅宗依佛教和儒家的心性论，吸收道家的自然主义思想，提出"不立文字，教外别传，直指人心，见性成佛"的宗旨，更是充分体现了文化的独创精神。这种新的佛学思想和新的佛教宗派，是中华文化与印度文化交流的结果，也是中国人自己特别是中国的佛教学者在中国思想文化的背景下对外来的印度佛学思想进行理解、接受、改造和发挥的结果。

吕澂先生指出："佛教传入中国后和中国原有的思想相接触，不断变化，不断发展，最后形成了自己的特殊的新学说。在其发展变化过程中，一方面，印度发展着的佛教思想仍在不断传来，给予了它持续的影响；另方面，已经形成的中国佛学思想也逐步成熟，构成了如天台、贤首、禅宗等各种体系。因此，所谓中国佛学，既不同于中国的传统思想，也不同于印度的思想，而是吸取了印度学说所构成的一种新说。"[1]这种"新说"是中国佛教学者在外来文化的开发和激励下，以外来的佛教思想为原本，在中国思想文化背景下，按照中国人的思维和需求，所进行的文化"再创造"。经过数百年的积累，这种"新说"极大地丰富和补充了中国传统思想文化体系，并因此成为其中具有"新"特质的一部分，甚至成为其中占有重要地位的一部分。所以，吕澂先生还指出："中国佛学的根子在中国而不在印度。"[2]虽然它的思想的种子来自遥远

---

① 吕澂著：《中国佛学源流略讲》，中华书局1979年版，第1页。
② 吕澂著：《中国佛学源流略讲》，中华书局1979年版，第4页。

的印度、遥远的"西天"，但是它在中国的土地上生根成长，并且开出满园的鲜花。

吕澂说的这种"新说"，既不同于印度的思想，也不同于中国传统思想的"中国佛学"，实际上是在隋唐时期完成的。隋唐时期是佛教"中国化"的完成时期。

隋唐佛教势力的强大以及佛学家思想创造力的旺盛、理论成果的成熟与精深，以及与中华传统文化的进一步融合，使得佛学成为当时思想界的主流。隋唐以后，尽管仍然有一些人士顽固地将佛教看作外来文化，但这种言论已经不再有多大力量了。因为在这个时候，佛教已经成为中华文明的一部分，佛教已经不再被大多数人看作一种外来文化了。

佛教的"中国化"道路是佛教文化与中华传统文化双向选择的结果。方立天先生认为，佛教"中国化"是指印度佛教在传入中国的过程中，一方面佛教学者从大量经典文献中精炼、筛选出佛教思想的精神、内核，确定适应国情的礼仪制度和修持方式；另一方面使之与原有的文化相融合，并深入中国人的生活之中，也就是佛教日益与中国社会的政治、经济和文化相适应、相结合，形成独具本地区特色的宗教，表现出有别于印度佛教的特殊精神面貌和中华民族传统精神的特征。

佛教是一种系统结构，由信仰、哲学、礼仪、制度、修持、信徒等构成，佛教"中国化"并不只限于佛教信仰思想的"中国化"，也应包括佛教礼仪制度、修持方式的"中国化"，以及信徒宗教生活的"中国化"。此后中国佛教的发展，就是按照各分宗派这个方向进行的。也正是因为如此，中国的佛教和佛学思想保持了蓬勃发展的态势。还有学者认为："佛教在中国之所以能够扎根，就在于它竭力顺应、接受、融合了中国的传统文化，其中包括中国的文字、语言、习俗、价值观念、政治思想等，而重构了具有中国文化特征的佛教模式。它首先用儒、道的概念、范畴来比附和阐释佛教经典，使佛经在一定程度上汉化，同时对佛教教义进行了迎合中国儒家传统的解释，使之与中国封建社会的意识形态相一致。"①加拿大学者秦家懿指出："佛教如果不是在文化上适应中国的环境便不能在中国一直存留到今天。文化适应促使佛教演变，并使它能够对中国文化做出积极的贡献。"②

我国学者李鹏程认为，外来宗教本土化的现实性属于一个实践范畴，具体操作起来涉及十分广泛的文化内容，一般说来，必须正确解决以下几个问题。

一是外来宗教经典语言的译释问题。这里包括两个方面的内容：一是翻译，二是解释。将外来宗教经典翻译为本土语言，这是外来宗教本土化首先要解决的问题。解决了语言问题后，还有一个解释的问题，因为不同的经典代表不同的文化，如果生搬硬用原来的语言、词汇，对外来经典不加以本土化的加工，不改变其"外邦之物"的形象，人们读起来费劲，念起来拗口，思考起来不与本土思想习惯相适应，必然影响人们接受的效果。所以经典概念、范畴的本土化问题十分重要。

二是外来宗教和价值与本土精神价值的结盟问题。只有同本土类似的或相适应的精神价值结成联盟，表明自己对本土化传统的认同，外来文化才能存在和发展；否则，它的精神形象对于本土来说仍然是异己的。另外，对外来宗教来说，还要处理好认同本土文化传统与坚持自身特性的关系。

三是外来宗教和价值在本土文化空间的民众化问题。外来宗教和价值只有成为人民生活中通俗的、日常的文化存在，才能获得真正的立足。同时它也应该贯通本族文化各个阶层、各个领域，甚至及于各个亚文化系统，只有如此，它才能在当地文化当中生存下来，并不断走向稳固。

四是外来宗教和价值的输入，必须在当地文化精英（知识分子）中取得认同，使它成为文化精英自觉投身的事业，不然，它必将长期处于文化表层，

---

① 罗竹风主编：《宗教学概论》，华东师范大学出版社1991年版，第365页。
② ［加］秦家懿、［德］孔汉思著：《中国宗教与基督教》，吴华译，生活·读书·新知三联书店1990年版，第197页。

而在文化深层结构中无立足之地，处于被批判、被阻碍、被排斥、被挑战的地位。①

对于李鹏程的这个研究，我们还可以从佛教本土化、"中国化"的角度再展开一点说明。可以说，上述四个方面，我们在佛教传入中国的过程中都看到了。佛教向中国的传播，很大的精力用在佛典的翻译上，历经千余年，翻译了五六千卷佛教典籍，这些典籍都是用汉语翻译和表述的，都已经成为中国文化典籍的一部分，这个过程实际上就是对佛教典籍的本土化过程。在这个过程中，中国知识分子的参与和合作起到了关键性的作用。我国的佛教学者以及许多世俗的学者都参与到了这个合作的过程中，例如在玄奘的译场中就有朝廷的官员从事这个工作。这种合作不仅仅是为了翻译佛典，也表示了对佛教思想文化的理解和认同。上述李鹏程说的第二点，即外来宗教与本土文化价值观融合汇通的问题，意义重大，可以说，佛教能够成为中华文化的一个组成部分，首先就在于与中华传统文化相融合的成功。他说的第三点，佛教对中华文化的影响，也深入到人们的日常生活层面，深入到民间文化层面。所以，本土化、"中国化"，即作为一种外来文化、外来宗教的佛教，成功地与中华传统文化相融合、相汇通，进而进入中华文化的大系统之中，成为中华传统文化的重要组成部分。

以唐代佛教八大宗派来分析，它们之间的一些差异也反映了与中华文化融合的不同情况。孙昌武先生将这八个宗派分为两组。

三论宗、法相宗、密宗为一类，从宗义内容看，它们基本对应印度大乘佛教历史发展的三个阶段。它们把这三个阶段的内容移植过来，当然也进行了或多或少的改造和发挥，从而形成中国佛教的三个宗派。而作为大乘佛教前后发展层次三个段落的内容，它们能够大体上同时被改造成中国佛教宗派，也正显示了中华文化多包容、善吸收的特征。但这种基本是按原型移植的办法，终究不能适应中国环境的需求，注定其走向衰败的命运。

---

① 李鹏程著：《当代文化哲学沉思》（修订版），人民出版社2008年版，第343—344页。

另外五个宗派，天台宗、华严宗、禅宗、净土宗和律宗，其"基本共同点，即都是相当彻底地'中国化'的佛教教派，在中国传播广远，影响巨大"。"天台和华严这两个具有丰富理论内容、富于社会意义又在知识阶层中广有影响的宗派，都是积极发展大乘教义、给中土注入新鲜思想内容的宗派，也是充分体现本土传统精神与思维特征的中国佛教宗派。这一类型的宗派在高层次的理论领域中，创造了中国思想学术的新成果，其代表人物则是中国思想史上卓越的思想家。"而净土宗、禅宗和律宗的"共同点是理论色彩都十分淡薄，重在修持实践，因而也更富于群众性，在更广泛的社会阶层中传播，并在群众生活中发挥巨大的作用"。[1]孙昌武还指出："禅宗和净土宗乃是中土民众所真正需要的佛教，是体现民族精神的佛教。这是它们后来成为中国佛教主流的根本原因，也是二者能够终于相融合、相合流的主要原因。"[2]

值得注意的是，佛教的"中国化"过程，或者说佛教的"中国化"，是中国人对佛教主动进行理解、改造和剪裁的过程，在理解、改造和剪裁的过程中，有的被舍弃了，又有些东西添加进来，使之不再是印度佛教的原貌。虽然在佛教东渐的过程中，有许多西域和印度的僧侣来到中国传播佛教教义，翻译佛教典籍，也有他们主动与中华文化相适应的努力，但更多的情况是，他们的这些努力都是在中国僧人和士人的帮助和影响下进行的，比如最早的佛经翻译就是通过中国士人或僧人的"笔受"来完成的。而在以后，更多的中国僧人和士人加入进来，他们按照既有的中华文化的思想背景，去理解来自国外的佛教思想。经过他们的加工改造，这些外国的思想就演变成为中国的思想了。佛教典籍浩瀚，内涵丰厚，思想深邃，经过中国佛教高僧大德长期持续的译经弘法、注释撰述，佛学成为一门专门的学问，并与儒学、道学鼎足而立。中国社会的知识阶层一般也把佛教视作一种学术思想进行学习钻研，且有所得。知识分子的研究，又使佛学思想广泛渗透到思想文化的各个方面，进而使中国佛教

---

① 孙昌武著：《中国佛教文化史》第4册，中华书局2010年版，第1705、1712页。

② 孙昌武著：《中国佛教文化史》第4册，中华书局2010年版，第1715页。

在思想文化领域里的影响持久扩大。陈寅恪先生指出："释迦之教义，无父无君，与吾国传统之学说，存在之制度，无一不相冲突。输入之后，若久不变异，则绝难保持。是以佛教学说，能于吾国思想史上，发生重大久远之影响者，皆经国人吸收改造之过程。"①

这就说到了另一个方面的问题，即中华文明所具有的包容性和开放性。佛教能够传入中国并与中国本土文化相融合的深层根源，是前者的适应性以及后者的包容性。孙昌武先生指出："佛教输入中国，从外来佛教方面说，必须主动地适应本土思想文化环境，对其自身的内容和形式全面地进行改造、扬弃，才争得在异域土地上生存和发展的可能；就中土接受方面说，则要具有广阔的思想境界和巨大的包容力，以容纳百川的气魄和开阔通达的胸襟容纳和汲取外来的新宗教。这后一方面，正体现了华夏文化传统的重大优长。而正由于主、客双方条件如此因缘和合，佛教在中土才得以顺利地被接受并逐步实现'中国化'，进而发展成为具有鲜明民族特色的汉传佛教，并持续地对中国的社会生活、思想文化的发展发挥作用。佛教文化在这一过程中也取得了辉煌的成就。"②

佛教和中华文化进行了双向的选择。佛教选择了与中国传统相适应的策略，接受了许多中国传统的文化因素，使自身成为具有中国风格和气派的"中国的"佛教；中华文化传统选择了接受、理解和改造的态度，按照自己的方式和需要接受了这种外来的文化形态，并且将其补充到自己的文化体系之中，使其成为中华文化传统的一部分，成为"自己的"宗教。

佛教在融入中华文化的进程中，不仅改造了自身，也极大地丰富了中华文明的形式与内容。它的独特的哲学思想、宗教意义、教规教旨以及绘画、音乐、文学、建筑艺术等，包含一切世俗倾向的事物，为建立在自然经济基础之上的中华文明"大观园"奉献了一朵朵璀璨的奇葩。我们看到，佛教给中华文

---

① 陈寅恪著：《金明馆丛稿二编》，生活·读书·新知三联书店2015年版，第283页。
② 孙昌武著：《中国佛教文化史》第1卷，中华书局2010年版，第72—73页。

明带来的东西是极为丰富的、宝贵的、新奇的，在许许多多方面都提供了极为丰富和辉煌灿烂的内容。

美国汉学家费正清等指出："在佛教最辉煌的时代，它是中国文化的一个重要的组成部分……佛教最持久的贡献在于它补充了传统文化，而不是从根本上改造中国民族的价值观。它是民间神话与宗教的取之不尽的源泉，为中国的思想界补充了形而上学的空间，并极大地丰富了中国的文学和艺术。可以说，佛教美化了中国文化，但它并没有像欧洲的基督教那样去改造整个文明。"① 这个论述的重点在于，尽管佛教给予中华文化以重大的影响，但是这种影响在于"补充"和"美化"了中华文化，而不是全面"改变"了中华文化。这一点提示很重要，使我们可以更清楚地认识佛教在中国传播的本质意义。佛教的影响在于丰富了、补充了、"美化"了中华文化，所以它成为中华文化的一个"重要的组成部分"。但是这种丰富、补充和"美化"，是在保持了中华传统文化价值观和基础上进行的，而且佛教本身也反映了这种价值观和文化基础，因而说佛教"中国化"了。

当然，不仅如此，更在于佛教的传播给予中华文明的激励与开发。它对中华文化传统的冲击和挑战也是巨大的，这就促使中华文明自身做出相应的调整，做出相应的回应，使自己获得大发展的心理动力和刺激力量，激发出更大的文化创造力和创新力，促进中华文明一个新的发展。

起源于印度的佛教传入中国后，经过中华文化的改造和剪裁，变成中国化的佛教，成为中华文明的一个组成部分。在唐代，经过中国佛教学者们持续的努力，大体上完成了佛教的"中国化"过程，使佛教成为中华文明的重要组成部分，成为一组代表中华文化精神内涵的巨大的文化丛。

---

① ［美］费正清、赖肖尔、克雷格著：《东亚文明：传统与变革》，黎鸣等译，天津人民出版社1992年版，第111页。

四、佛教对中华文明的丰富与补充

佛教在中国的传播以及其他印度文化的传播，给古代的中华文化以广泛的影响，在宗教、哲学、文学、科学知识、医药学以及日常生活等许多方面都留下了深刻的印记。

佛教带给中国人一种全新的文化信息、文化内涵和文化体验，为中华文化的发展提供了新的刺激和发展的动力。佛教在中国的传播，影响所及，不仅在中国，而且在整个东亚社会，都是巨大的、前所未有的。可以说，在中国乃至东亚的文化结构中，佛教文化都占有极其重要的地位。

佛教的传入，首先是传入了一种新的宗教形态。在当时的中国，原始宗教还具有一定的影响，民间信仰还比较活跃，而作为中国土生土长的道教，还处在刚刚出现和成长的阶段，还不是很成熟、很发达。佛教则是一套已经发展成熟的宗教体系，具有完备的经典、明确的信仰、严密的僧团组织，以及一整套佛事活动和仪轨，还提供了包括符号意义、信仰、叙事体的故事，是一种能够给予修行者生命体验的宗教实践，这对人们有着巨大的吸引力和感召力。佛教使中国人第一次接触到一种理论深邃、拥有教会组织、强调个人超度的复杂宗教。特别是它所提供的"来世"信仰，适应了当时中国人普遍的心理需要。孙昌武先生指出："佛教向中国输入一种新的信仰。这种信仰有系统的教理来支持，又以实现崇高的宗教理想为目标，正是中土文化环境所需要的。而民众信仰心的树立则造成其心理的重大变化，给予民族精神生活以重大影响。"[1]

宗教处于上层建筑的顶端，属于社会的意识形态。佛教给人的安慰在中国固有哲学体系中是无处可寻的。而民众信仰的树立，则带来了其心理的重大变化，给予民族精神生活以重大影响。

---

[1]　孙昌武著：《中国佛教文化史》第1卷，中华书局2010年版，第41页。

传播佛教的僧侣们带来了卷帙浩繁的经文，使崇尚学问的中国人印象尤深。佛教的传来，不仅仅是宗教的僧团和仪轨、仪式，更是一套缜密的思维系统和完备的理论体系。佛教及其思想的传入，不仅促进了中国思想史和哲学史的大发展，而且成为其中相当重要的内容。

佛教给人们带来了一种全新的关于人生生命的时间观。佛教认为，人的生命不再仅仅是一生一世，而是一个循环往复的、没有终点的过程。一个生命个体现在的结果是由其过去的行为所致，而现在的一切行为又会导致未来某个时间出现与之相应的结果。这一"生命没有终结"的生命时间观，给处于乱世的人们以美好的寄托和安慰，从一个侧面显示了佛教对现实人生苦难的关注，凸显了佛教思想的现实意义。

在中国人的生活观念中，佛教部分地影响甚至改变了中国人在日常生活中的态度。张中行先生指出，在这个方面，最值得重视的有三个问题。

> 一种是慈悲心。儒家讲仁，说人皆有不忍人之心，并主张能近取譬，己欲立而立人，己欲达而达人，也是慈悲一路。但没有佛家讲得那样深，要求那样严。南北朝以来，一千几百年，中土人民把心地善良、但行善事看作生活理想，与佛教教义的广泛传播是有密切关系的。另一种是依托感。现实难得尽如人意，于是而有想望，有遗憾，甚至有痛苦。宗教都是应允在这方面能够予以补偿的。不管事实上能不能补偿，尤其在科学知识贫乏的情况下，诚则灵，心理方面或主观上总可以得到补偿，如有不少人，虽然处在水深火热之中，却总以为得到佛、菩萨的保佑，心安理得地过了一生。还有一种是淡泊观。这本来是中土原有的，就是道家老庄的不贵可欲，宁曳尾于途中，可是佛家给火上加了油，进一步说一切都如梦幻泡影，没有实性。万法皆空，总喊，也会生些效果，这就导致了一贯的尊重隐逸，至少是在少数人心里，要推重视利禄如敝屣。[①]

---

① 张中行著：《禅外说禅　佛教与中国文学》，中国社会科学出版社1995年版，第87页。

佛教对中国人日常生活观念的影响，当然不仅这些，实际上很可能在中国人每天的生活领域都渗透着佛教的思想和理念。但张中行指出的这三点确实是比较重要的、比较突出的，它们在一定程度上改变了，至少是影响了中国人的生活态度。

大批佛教典籍被翻译成汉文在中国流传，大大地促进了中国人对佛教及其思想的了解和接收，也推动了佛教文化在中国的广泛传播，对中国文学也产生了极大的影响。佛典翻译本身就具有很高的文学成就，是中国文学史上一笔丰富的文学遗产，同时对中国文学的创作和发展，包括对音韵学、诗歌、小说以及骈文等，在文体、文风以及题材、内容方面，都有很大影响。而唐诗中的佛教题材也非常丰富，佛教成为唐代文学的重要精神源泉之一。

佛教东传，大规模的佛典翻译，广泛的佛事活动，以及中外僧人的说法布道等，都使得大量的佛教典故和佛学思想、概念和语汇深入到中国的话语系统中，极大地丰富了汉语词汇，促进了汉语系统的丰富、变化和发展。佛教传播和译经过程中创造的诸多新名词，丰富了汉语的表现力，方便了人们的思想交流，在我国文化生活和社会生活中发挥了积极作用，表现出反映现实生活的无限生命力。许多佛教词汇已成为人们生活中常用的基本词汇。佛典的翻译还扩充了构词方法，创造了大量双音词和多音词，在汉语词的结构由单音词向双音和多音的转化中起了重要作用。佛典的翻译还向汉语词汇输入了大量的音译词，其中不少已经完全融入汉语成为普通词。佛典的翻译和佛教的流传，对汉语词汇的影响是巨大的。在今天的日常生活中，我们很可能在不知不觉之中就在使用当年佛教创造或影响的词汇，来表达我们今天的社会生活和思想概念。

佛教本身除了信仰系统之外，还是一个巨大的文化群、文化丛，是一个包含着丰富内容、多种形式的文化集合体。这个文化群、文化丛或者说文化集合体，主要包含两个方面：一是佛教本身所要呈现、所要表达的艺术形式，如造型艺术、音乐艺术、文学艺术等，这些艺术形式本身就是传播佛教的手段或方式；另一方面是与佛教一起传播进来的印度文化和西域文化，如印度的天文历法、医药科学等。这样的区分并不具有严格的意义。它们本身是一体的，都是在佛教大系统下的小系统或支系。这些随着佛教传入而紧随而来的各种文化要素、文化内容，影响到中华文化各个方面的发展，进而扩大了中国人的知识系统，改变或重塑了中国人的认知方式，也大大开阔了中国人的世界视野。佛教给中国文化带来的影响是宝贵的、新奇的，在许许多多方面都提供了极为丰富和辉煌灿烂的内容。

佛教在中国的传播，对中国人的日常生活也有着极其深刻的影响。美国学者柯嘉豪（John Kieschnick）写道："当佛教在公元1世纪刚开始影响中国文化之时，它便带来了一大批新的概念、教义和信仰。随着佛教思想的扎根和传播，诸如天堂、地域的详细构想，新的神祇，轮回观念以及'业'的理论，最终都进入了中国人的日常生活。佛教还带来了新的行为类型，如坐禅、供佛、开光与忏法仪式，乃至合掌这样的新手势。……此外，经由引入新的圣物、符号、建筑、法器，以及其他各种大大小小的物品，乃至看待这些物品并与其互动的新方式，佛教还改变了中国人的物质世界。"[①]美国学者芮乐伟·韩森也指出，佛教"对中国人日常生活的深远影响要远甚于一个朝代的更替所带来的变化"。中国的俗家百姓所受印度佛教的影响，"表现在流行时尚、音乐以及艺术等诸多方面"[②]。

佛教除了通过各宗派的教义宣传对群众发生作用外，还直接进行和群众生活联系密切的各种传教活动。如岁时节日在寺院里举行的俗讲，以通俗的言词或结合着故事等来作宣传；又有化俗法师游行村落，向民众说教；有时也由寺院发起组织社邑，定期斋会诵经，而使社僧为大众说法。有些寺院平素培植花木，遇到节日开放以供群众游览，或约集庙会，这些都间接有传教之效。隋唐时，佛教在下层民众中的影响日渐扩大，民众中相当大的一部分人虔诚地信佛，佛教信仰不仅是他们信仰世界的一个重要组成部分，也成了他们

---

① ［美］柯嘉豪著：《佛教对中国物质文化的影响》，赵悠等译，中西书局2015年版，第1页。
② ［美］韩森著：《开放的帝国：1600年前的中国历史》，梁侃、邹劲风译，江苏人民出版社2009年版，《序言》第2—3、10页。

日常生活中不可分割的内容。民众对佛教的信仰间接地通过其日常生活表现出来，说明佛教在实践上的"中国化"已经很深入了。

城市下层民众对佛教的信仰，使佛经更具有实用化的性质。民众对经卷的信奉，并不是去探讨其经文的内涵，更关心的是它的实际作用。"经"是佛徒的基本修行手段，佛徒通过诵经可以领悟佛法的真谛，进而修成"正果"。下层民众对佛经的尊奉，从魏晋时就很普遍了，所奉之经主要是《法华经》《金刚经》《观音经》。他们通过诵经和写经来解灾求福。隋唐之前民众大量诵写之经主要是《法华经》和《观音经》，唐以后民众的诵经写经主要以《金刚经》为主。

《金刚经》是佛教禅宗崇奉的经典。唐中期以后，禅宗以其简便易行成为受下层民众欢迎的佛家学说，《金刚经》具有空前的社会影响力。此外，在医疗、驯兽、驱邪、除恶等方面，有关《金刚经》神异力量的记载不胜枚举，是当时人们祈求消灾避祸思想的直接反映。

在唐代，很多佛僧借方术推进了佛教的传播，承担着复杂的"社会角色"，"或矜持医道，轻作寒暑；或机巧异端，以济生业；或占相孤虚，妄论吉凶"（《弘明集》卷六）。而民众也将此视为解决现实生活中实际问题所依赖的手段。

在民众的日常生活中，随处可看到佛教的影子。比如丧葬习俗深受佛教的影响，汉族传统的葬式是土葬，而受佛教的影响，在民众中兴起了火葬。唐宪宗元和七年（812），有一妇人边氏留下遗愿，希望死后"权于府君墓侧，别置一坟，他时须为焚身，灰烬分于水陆"。

在饮食文化方面，印度佛教戒律规定僧尼不准吃荤，不是指禁食肉食，而是指禁食葱、蒜等气味浓烈的刺激性较强的食物。南朝佛教信徒梁武帝萧衍根据佛教禁戒杀生和《大般涅盘经》等的教义，提倡茹素，并在汉族僧尼中普遍实行。这种素食制度推动了蔬菜、水果和食用菌的栽培和加工，包括豆制品、面筋制品业和制糖业的发展，并形成了净素烹饪流派。由于坐禅养神的需要，寺院饮茶成风。种茶、制茶、品茶、饮茶是山寺僧人的重要生活内容。名山、名茶、名刹几乎是三位一体。寺院的饮茶风气，极大地促进了民间饮茶习俗的普及。

自佛教传入中国之后，洗浴习俗更为普遍。洗浴是佛事前必须做的，因而寺院一般建有"温室"（浴室）。东汉安世高就译有《温室洗浴众僧经》，后来译入的佛经中也有这方面的记载。《洛阳伽蓝记》卷四记载，北魏时隐士赵逸领宝光寺僧人掘得晋代浴室遗址，建于东汉的陕西扶风法门寺也建有浴室，而且对外开放。《法门寺浴室院暴雨冲注唯浴室镬器独不漂没灵异记》碑文载："寺之东南隅有浴室院……淄侣云集，凡圣混同，日浴于数。"在佛教的影响下，首先是信佛的帝王为了虔诚事佛，修建浴室。有的浴室非常豪华。《邺中记》说："石虎金华殿后有虎皇后浴室三间，徘徊及宇，栌櫨隐起，彤采刻镂，雕文餐丽"，其浴室"上作石室，引外沟水注入室中，临池上有石床"。

此外，在民间信仰、节日习俗、娱乐习俗以及生育习俗等方面，佛教都渗入其间，发挥着巨大的影响力，把佛教信仰的内容与中国传统民间习俗结合起来，进而成为中国民俗文化的重要组成部分。

佛教对中国民俗文化的影响，还突出表现在对中国民间信仰的渗透和改造上，把佛教信仰与民间信仰结合起来，使佛教的崇拜对象进入中华传统文化的万神殿中。

自人类文化产生以来，民间信仰已普遍出现于各个地区、各个民族。因此，从时间和空间上讲，民间信仰是最早产生的、历史最悠久的，信仰范围也是最广的。中国民间信仰主要指俗神信仰，也就是非宗教信仰。这种信仰在中国具有悠久的历史，而且比佛教信仰和本土的道教信仰更具有民间特色。中国民间俗神信仰的一个典型特征，就是把传统信仰的神灵、各种宗教的神灵以及历史上的某些伟人、传奇人物等，进行反复筛选、组合，构成一个复杂的、没有系统和规律可循的神灵信仰体系。不问各路神灵的出身和来历，只要灵验就会有人去崇拜，就会香火旺盛。这鲜明地反映了中国民间信仰的多元性和功利性。

民间信仰为佛教在中国的传播提供了土壤。民间信仰表现的是民众对神灵鬼怪世界的理解、希望和祈求。这种对神灵的深厚感情，是宗教产生与发展的重要思想源头，也是宗教传播和发展的基地。佛教传入中国后，也吸纳了不少与佛教教义相契合的民间信仰的内容来充实自己，使佛教本土化，让中国民众更容易接受佛教，使佛教更深入人心，更容易传播弘扬。可以说，民间信仰加速了佛教的本土化进程。在被广大民众接受的过程中，佛教的民风、民俗、传统习惯便以其强大的凝聚力对佛教的某些方面加以利用，甚至是完全改造，佛教的叩首、跪拜、行持坐卧大都来自中国民间文化。因此，可以说，中国民间信仰在佛教的"中国化"、本土化进程中发挥着不容忽视的作用。

佛教吸收的民间信仰内容很多，如"十殿阎王"就是从民间信仰中吸纳进来的。"十殿阎王"中除第五阎罗王和第十转轮王广见于佛教经论外，其他八王皆系民间信仰的内容，而且此处的转轮王与佛教所说的转轮王完全不同，只是借用了佛教的名词而已。"十殿阎王"历来也多塑画在属于民间信仰的城隍庙中，起到警示世人莫作恶事的作用。

随着佛教在中国不断发展壮大，为中国民众所普遍接受，中国的民间信仰也吸收了不少佛教的内容，满足了民间老百姓的崇拜需求。佛教丰富了民间信仰的内容，佛教人物逐步走向民间，使民间的供奉也发生了变化，在一定程度上甚至取代了原有的信仰对象，佛祖、弥勒、观世音菩萨逐渐"走入"普通家庭。

第七章

唐宋变革与文明创新

中华文明的连续性不仅表现在持续几千年不曾中断过，还表现在始终处于发展和演变的过程中。中华文明生生不息，首先就在于其保持着强大的创新力和创造力。儒家思想、科技发明、制度建设等，都经历了不断创新和发展的过程。因为传承，文化创新和发展才有了强大的动力；因为创新，中华文明才获得了蓬勃生机。

一、文明发展的连续性与阶段性

中华文明的连续性说明它的源远流长、一以贯之，几千年来持续发展而不曾中断。但是，这并不是说，中华文明几千年间没有变化，是一成不变的。在几千年的历史跨度中，中华文明始终处在发展和演变的过程中。朝代的更迭，生产的发展，科学的进步，民族之间的交融，以及其间与外域文化的交流，都不断开拓着人们的生活空间和视界，也不断激发着人们的文化创造和创新。人们没有固守传统，而是根据时代的变化、生活环境的变化，不断进行着新的探索和创新。中华文明具有强大的创新能力。因为传承，文化创新和发展才有了强大的动力；因为创新，中华文明才获得了顽强的生命力。中华文明生生不息，首先在于其保持着强大的创新力和创造力。

所以，在中华文明连续性发展的历史上，又可以分为几个不同的历史阶段，分别表现出其阶段性的特征。比如原生型文明时代奠定了中华文明发展的基础，经过春秋战国时代的文化突破，发展出秦汉统一性文明，是中华文明的一大跃迁、一大发展；从秦汉文明，经过魏晋南北朝时代的文化动荡冲击，到隋唐时代，达到中华文明发展的一大高峰，展现出宏大气势和宏伟气象，成为具有世界性影响的文明体系；从唐代到宋代，又有"唐宋变革"，中华文明进入一个成熟之境、一个黄金时代。这几个阶段都是承前启后的，都是在前一阶段基础上发展起来的，同时体现了不同时代社会生活和文化发展进步的要求，也体现了中华民族的丰富智慧和蓬勃的创新能力。中华文明是与时俱进的文明。中华文明具有突出的创新性。"周虽旧邦，其命维新"，"苟日新，日日新，又日新"。在几千年的历史长河中，中华民族产生了影响人类文明进程的伟大思想、伟大科技成果、伟大文艺作品，涵养了守正不守旧、尊古不复古的进取精神以及不惧新挑战、勇于接受新事物的无畏品格。中华民族是具有伟大创造精神的民族，中华文明是具有创新进取特性的文明。

宋代是中华文明发展史上一个很重要的阶段。宋代文化在诸多方面都达到了成熟之境，体现了中华文明的博大精深，也展现出无限风雅的文化魅力。

宋代文明的成熟与发展，首要的原因是它继承了盛唐文明丰厚的遗产。盛唐时期的文明发展，已经达到一个前所未有的高度，充分展现出中华文明的宏大气势和宏伟气象。宋代文明是唐代文明的全面传承。宋代文明站在盛唐文明高峰之上，具有不同的阶段性意义。唐宋时期是中国历史上的一个大变动时期，这一时期发生了巨大变革。

德国汉学家库恩（Dieter Kuhn）在《宋代文化史》一书中指出，中国在11世纪至13世纪发生了根本的社会变化。首先，文官政治取代了唐朝以地方藩镇为代表的军人政治，受过儒家教育的文人担任政府高级行政官员，孟子以王道治国的思想第一次得以付诸实施。其次，宋朝在农业文明、城市文明和物质文明（如手工业）方面都取得了巨大成就。随着农业技术的新发展，城市商业和手工业得到迅猛发展，出现了以商人为代表的新富人阶层，促进了饮食文化、茶文化、建筑及居住文化的发展。[①]

从南宋初期开始，中国学者就对这种变动给予充分关注。郑樵《通志》卷二十五《氏族略》称："自隋唐而上，官有簿状，家有谱系，官之选举必由于簿状，家之婚姻必由于谱系。""自五季以来，取士不问家世，婚姻不问阀阅。"南宋末年文天祥在《跋吴氏族谱》中亦曾感慨："自魏晋以来至唐最尚门阀，故以谱牒为重，近世此事寝废，予每为之浩叹。""族谱昉于欧阳，继之者不一而足，而求其凿凿精实，百无二三。原其所以，盖由中世士大夫以官为家，捐亲戚，弃坟墓，往往而是，虽坡公不免焉。此昌黎公所以有不去其乡之说也。"文天祥这里所讲的"中世"指的就是唐中叶时社会发生了巨变。明朝人陈邦瞻从中国历史发展的大势来看唐宋之际的大变动，而且把中国历史分为三个阶段。他在《宋史纪事本末·序》中说："然而未暇考其世已，宇宙风气，其变之大者有三：鸿荒一变而为唐、虞，以至于周，七国为极；再变而为汉，以至于唐，五季为极；宋其三变，而吾未睹其极也。变未极，则治不得不

---

① 参见樊树志著：《国史十六讲》，中华书局2006年版，第133页。

相为因。"

现代学者也从不同角度考察到唐宋之际显著的社会变化。陈寅恪先生在《论韩愈》一文中指出:"唐代之史可分前后两期,前期结束南北朝相承之旧局面,后期开启赵宋以降之新局面,关于政治社会经济者如此,关于文化学术者亦莫不如此。退之者,唐代文化学术史上承先启后转旧为新关捩点之人物也。"[①]钱穆先生说:"论中国古今社会之变,最要在宋代。宋以前,大体可称为古代中国。宋以后,乃为后代中国。秦前,乃封建贵族社会。东汉以下,士族门第兴起。魏晋南北朝迄于隋唐,皆属门第社会,可称为是古代变相的贵族社会。宋以下,始是纯粹的平民社会。除却蒙古满州异族入主,为特权阶级外。其升入政治上层者,皆由白衣秀才平地拔起,更无古代封建贵族及门第传统之遗存。故就宋代言之,政治经济,社会人生,较之前代,莫不有变。"[②]

历史学家傅乐成在《唐型文化与宋型文化》中论述了唐代与宋代学术文化的不同:"大体说来,唐代文化以接受外来文化为主,其文化精神及动态是复杂而进取的","唐代文化,上承魏晋南北朝。魏晋南北朝时代的文化对唐代文化直接发生影响的重要因素,不外三端:即老庄思想、佛教和胡人习俗。其中后两种因素自外族传入,而且是经历数百年的流播而形成的。唐代对这三种文化因素的承袭,也以后两种为主。在唐代的大部分时间中,它们是文化的主流,造成唐代文化的异彩特色。至于中国传统文化的儒学,从魏晋开始,即受这三种文化因素的压制,日渐衰微,在唐代的情形,仍是如此。直到唐代后期,儒学始开启复兴的机运","在当时并没有多大作用。到宋,各派思想主流如佛、道、儒诸家,已趋融合,渐成一统之局,遂有民族本位文化的理学的产生,其文化精神及动态亦转趋单纯与收敛。南宋时,道统的思想既立,民族本位文化益形强固,其排拒外来文化的成见,也日益加深。宋代对外交通,甚为发达,但其各项学术,都不脱中国本位文化的范围;对外来文化的吸收,几

---

① 陈寅恪:《论韩愈》,《历史研究》1954年第2期。
② 钱穆著:《理学与艺术》,载《宋史研究集》第七辑,台湾书局1974年版,第2页。

达停滞状态。这是中国本位文化建立后的最显著的现象，也是宋型文化与唐型文化最大的不同点"。①

唐宋之间的文化变革，是中华文明发展史上一次重要的和影响巨大的跃迁，一次大的文明进步。经过此变革，中华文明进入一个新的发展阶段，为科学技术的高度发展和文化的普遍繁荣创造了必要的条件。关于宋代文化在中国文明史上的重要意义，有许多专家已经做了很详细的论述。总之，正如法国学者安田朴（René Etiemble）所指出的："宋王朝于960年重新统一了中华帝国的疆域，在三个世纪期间促进了人类文化的最光辉灿烂时代之一的诞生。"②

从中华文明史的角度来看，宋代是中华文明发展的一个高度成熟的阶段。如果说秦汉时代的文明高峰还带有初创时期的勃勃生机和粗犷风格，盛唐时代的文化盛世带有无与伦比的恢宏气度和雄壮风范，那么，宋代的文明，则处处表现出精致和完备典雅的成熟之境。"成熟之境"是说以往的发明和文化创造在这一时代趋于定型，制度、礼仪、风俗等趋于完备，各种文化形态更趋于严密化、精致化。正是这种在文明的各个层面、各个领域中普遍表现出来的成熟境界，使这一时期形成中华文明史上一个相对独立的发展阶段。宋朝辉煌的文化成就和富庶程度是当时世界上任何其他地方的政权都难以匹敌的。

宋代文明对其后代的影响，要远胜于汉唐文明。甚至可以认为，宋代文明是中华文明史上承上启下的新起点。就今天的影响而论，人们现今所感知、所了解、所接受的中华文明，实质上是经过宋代定型之后的文明形态。秦汉一统，盛唐气象，可以视为遥远的过去，可以视为我们祖先的辉煌，但宋代文明离我们并不遥远。例如今天日常生活中的许多习俗，实际上大都是在那个时代成为定制的。再如今天所理解的儒学，实际上并不是孔子那个时代的儒学，而

---

① 傅乐成：《唐型文化与汉型文化》，载中国通史教学研讨会编《中国通史论文选》，台北华世出版社1979年版，第350页。

② ［法］安田朴著：《中国文化西传欧洲史》，耿昇译，商务印书馆2013年版，第35页。

是宋代理学家们不断变革并将之体系化的新儒学。历史学家邓广铭说:"宋代的文化,在中国封建社会历史时期之内,截至明清之际的西学东渐的时期为止,可以说,已经达到了登峰造极的高度。"①美国学者罗兹·墨菲罗兹·墨菲(Rhoads Murphey,1919—2012)称宋朝是中国的"黄金时代",他在《亚洲史》中这样评价宋朝:

> 在很多方面,宋朝是中国历史上最令人激动的时代。……它统辖着一个前所未见的发展、创新和文化繁盛期……
>
> 从很多方面来看,宋朝算得上一个政治清平、繁荣和创造的黄金时代。……宋确实是一个充满自信和创造力的时代。②

英国科学史家李约瑟(Joseph Terence Montgomery Needham,1900—1995)曾经指出:"每当人们研究中国文献中科学史或技术史的任何特定问题时,总会发现宋代是主要关键所在。"③李约瑟的这个论断,不仅适合于中国科学史和技术史,而且在一定程度上适合于中国学术思想史和宗教史,适合于整个中华文化史。

宋代是中国古代文明发展的鼎盛时期。宋继唐后,承传开拓,形成了璀璨恢宏、独具风神的时代文明。"璀璨的宋文化乃我中古文化的黄金时代,无论是经济、生产、衣、食、住、行、风俗、民情,还是政治、道德、学术、文艺、科技、典籍、宗教等众多方面,都有其独特的成就。如果说唐朝标志着一个时代的结束,宋代则主要标志着一个新时代的开端,影响深远。"④陈寅恪

---

① 邓广铭:《宋代文化的高度发展与宋王朝的文化政策》,《历史研究》1990年第1期。

② [美]罗兹·墨菲著:《亚洲史》,黄磷译,海南出版社、三环出版社2004年版,第198—199、201页。

③ [英]李约瑟著:《中国科学技术史》第1卷《导论》,袁翰青等译,科学出版社、上海古籍出版社1990年版,第139页。

④ 杨渭生等著:《两宋文化史》,浙江大学出版社2008年版,第1页。

先生曾经对宋代文化作过这样的评价:"华夏民族之文化,历数千载之演进,造极于赵宋之世。"①宋代的物质文明和精神文明所达到的高度,在中国古代社会历史时期内,可以说是空前的,在世界历史的范围内,这一时期的中华文明仍居于世界领先地位。

二、儒学思想的创新发展

儒学思想奠定了中华民族的精神基础,但在两千多年的历史中,儒学也处于一个不断创新和发展的过程。汉武帝独尊的"儒术",已经不是孔子的原始儒学,而是董仲舒的"新儒学"。汉代有古文经学与今文经学之争,实际上是对如何解释儒学的讨论。到宋代,又有了理学。一代一代的儒家学者都对儒家思想的发展创新作出了自己的贡献。正是因为不断地讨论、争辩,突破旧的思维模式,实现思想观念上的创新,才使得儒家思想生生不息,保持着强大的生命力。

汉武帝"独尊儒术"文化政策的推行,使儒学成为汉代文化思潮的主流,对儒家经典"六经"的研究也成为一门专门的学问——经学。经学指历代专门训解和阐发儒家经典文义与理论之学。两汉经学的本质是汉代统治者有意识提倡、发扬儒学的经典化、教条化和范物化。作为由统治者"法定"的典籍,"六经"被赋予神圣不可改变的性质,被奉为指导一切的常法。因此,"六经"不仅是官方颁布的教科书,更主要的是已经成为官方意识形态的体现,即由皇帝钦定的国家与社会的指导思想,成为控制社会、维系统治的重要工具和行为规范。这种国家经典的确立,对于汉代及其以后的学术思想文化意义重大。

"独尊儒术"虽然结束了"百家殊方"的局面,但并未结束学术思想的争鸣。在汉代,儒学内部的学术争鸣始终十分活跃,并且形成了不同流派,笼统地说,可分为今文经学和古文经学。不过,今文经学和古文经学在推崇孔子、

---

① 陈寅恪著:《金明馆丛稿二编》,生活·读书·新知三联书店2015年版,第277页。

推崇"五经"上没有什么区别，在信奉大一统论、天人感应论、纲常名教上也没有什么区别。

汉武帝"独尊儒术"，重点就是推崇"五经"。魏晋南北朝时期玄学兴起后，削弱了"五经"作为儒家思想的核心作用。至隋唐开始，经学出现了新的局面。儒家经文是儒家全部政治、哲学、道德思想的集中体现。唐贞观年间，颁布《五经正义》，标志着儒家经典的统一和正统地位的确立。撰定《五经正义》对教育和选士也有着重要影响，由此，教育思想、教育内容又趋于统一。科举取士以儒经为准，就有了准确、标准的要求。这些统一经学的重大措施，使得南北朝时期形成的经学分南学、北学的局面终归于统一。这是唐朝在经学方面的重要贡献。

到宋代，出现了儒学发展的新形式——理学。理学又被称为"新儒学"。北宋初，学术界仍沿用唐代钦定的《五经正义》。庆历（1041—1048）以后，风气渐变，疑经、改经、删经成为学界时尚。宋代一些儒生、学者一方面"舍传求经"，直接面向儒家经典；另一方面，疑经、改经之风盛行，不再专注于经典文本和语句的字面意思，而是根据自己的思想观点去取舍儒经和解说经书，着重发挥经文"义理"。他们认为，经典本身的作用只不过是"载道之具"，而其中所包含的成贤成圣、修齐治平的道理才是更根本的，将章句训诂改造成阐发义理，促使儒学从章句注疏之学向义理之学转变。

这种自由解经的方法，充满了革新精神，影响了一代学风。这种思想潮流，在一定程度上打破了儒家经典和注疏的权威地位，是对传统经学的某种否定和批判，也是当时学术界的一次思想解放。

义理之学的主要形式是理学。宋代学术思想非常活跃，各种学派纷纷设帐讲学，著书立说，各抒己见。其著述之丰、人才之盛、学派之多，远远超过先秦"百家争鸣"时期的诸子之学。仅就理学而论，宋代就有四个主要学派，一般称为"濂、洛、关、闽"四派。"濂"指原居濂溪的周敦颐，"洛"指洛阳的程颢、程颐两兄弟，"关"指陕西的张载，"闽"指南宋时讲学于福建的朱熹。

周敦颐是理学的开山祖师和理学思想体系的奠基人，他构造了一个纳自然、社会、人生为统一体系的宇宙生成模式，并且从宇宙本体论的高度对人性和道德伦理作了论述。这是以往儒学所不及的。他所使用的范畴，如无极、太极、阴阳、五行、动静、性命、善恶、主静、礼乐、诚、无欲、几、中、和、顺化等，也都为后来的理学家反复引用和发挥，有的则构成理学范畴体系的重要内容。

程颢、程颐两兄弟师从周敦颐读书，便开启了他们探究道学（即理学）的生涯。二程"洛学"，上承周敦颐"濂学"，中融于张载"关学"，下启于朱熹"闽学"，具有一以贯之的特征。二程"洛学"的主要特色，在于把"天理"作为宇宙本体和理学体系的最高范畴，这在宋代理学中具有开创性的意义。他们认为"天理"是宇宙万物的本原，是最高实体。"天理"既超越万物之上而永恒存在，却又产生和支配着万物。并且，"天理"还是社会伦理道德规范和社会等级制度的总和，把后者看作"天理"的重要内容，是"天理"在人间社会的具体表现形态。因此，忠君、孝亲、爱兄、尊祖等都是"天理"所赋予人的本性。二程认为，人性是与"天理"等同的，是"天理"在人身上的体现。因而，道德修养的核心就是"存天理，灭人欲"，克制自己的"私欲"，通过自觉恪守礼仪而达到对"天理"的体认，达到"仁"的最高道德境界。

张载所创的"关学"也是理学开创阶段的一个重要学派。张载哲学思想的核心是"气本论"学说。他把以"气"为本体的世界看作一个充满生气的、有机的宇宙整体，宇宙处在永恒的变化之中。张载还进一步从"气本论"出发，探讨了人性和道德问题，提出"天地之性"与"气质之性"的区分，人要善于反省，不断变化气质，体现"天地之性"，就会自然合乎道德标准而成为"君子"。气质不好也可以通过学习和提高道德修养来改变。张载的"关学"气象博大，旨在"为天地立心，为生民立命，为往圣继绝学，为万世开太平"。"关学"提倡"学贵致用"，反对空谈，主张学术要与政治、经济、军事等社会现实问题联系起来，力图使学术服务于现实。

张载的"关学"和二程的"洛学"在北宋时皆为显学，各有传人，一时颇具声势。及至南宋，朱熹在继承发展二程"洛学"的基础上，又博采周敦颐"濂学"、张载"关学"等理学学派的部分思想，集北宋理学之大成，并吸取了佛、道的某些思想元素，建立了"闽学"学派以及丰富而完整的"朱子学"思想体系。

朱熹是中国思想史上卓有建树者之一，在经学、史学、文学、考释古籍以及自然科学等方面，均有成就，后人称朱熹为中国古代伟大的学问家和思想家之一。朱熹理学思想体系的核心是"天理论"，认为"理"或"天理"是宇宙之本体、天地万物的根源。"理"或"天理"还是社会道德规范的源泉，一切道德和礼仪的准则都是"理"或"天理"的体现。他认为，作为道德规范与准则的"理"，是先于各种社会道德关系而存在的，"未有君臣，已先有君臣之理；未有父子，已先有父子之理"。朱熹对"天理"绝对性和实在性的论证，正是为"三纲""五常"的道德规范和准则寻求形而上的根源。朱熹的"格物穷理"说，在于把握"天理""要在明善"，从而将"仁义礼智信"的"五常之德"赋予"天理"的哲学高度，以提高自身道德的自觉性。他主张"格物穷理"，而要讲究先后缓急之序，首先应明人伦、讲圣言、求世故，进行道德践履与体验。

朱熹总结了北宋以来理学的成就，为理学集大成者，其理学体系更为严密、丰富。朱熹思想学说不仅是理学的成熟形态，也是中国儒学发展的一个新阶段。"理学是对传统儒学进行变革而形成的一种新的儒学形态。"[1]理学思想体系的确立，"第一，使儒学一改玄学、佛学时代长达数百年的萎靡不振的局面，为儒学在新的历史条件下的复兴开辟了一片新的天地；第二，摆脱了以往儒学的那种质朴平淡的政论形态，使传统儒学'直白浅近'的道德训诫，被赋予了一种透彻了悟的哲理意蕴，一个将儒家的入世和释、道的静泊空寂的旨趣融合为一体的人生哲学合乎时代需要地创立了出来。这样，宋代理学自

---

① 王育济等著：《中国文化发展史》（宋元卷），山东教育出版社2013年版，第178页。

身完成了由'知天而知人',即从宇宙观到社会观到人生观的整体建构,儒学也完成了它在中国古代历史上一次最大的蜕变,从而对中华民族的思维结构、价值心态、精神观念等等,都产生了至大至深至远的影响"①。

朱熹理学思想在当时和后世都产生了很大影响。南宋理宗宝庆三年(1228)下诏赐朱熹为太师,追封信国公,并认为朱熹注四书"发挥圣贤蕴奥,有补治道",提倡习读朱熹著作。从此,以朱熹为代表的理学成为正统思想,在学术思想领域中确立了统治地位。

宋代理学体系的形成,标志着中国古代学术思想领域发生了一次新的变革,儒学进入新的历史阶段,演化为哲学化、抽象化的新儒学,形成了一个内容包罗万象、形式严密完整的理论体系,是继先秦百家、两汉经学、魏晋玄学、隋唐佛学之后,11—12世纪中国古代思想史上崛起的又一座高峰。

宋儒吸收了汉经学、唐佛学的精髓,扬弃了经学专事注疏的僵化和佛学追求虚幻的消极成分,把佛学养神修行、涅槃寂静、祈求来世的出世,引入儒学"齐家治国平天下"的入世,又把儒学简单的伦理纲常上升到"存天理,灭人欲"的理论高度,完成了以儒学为主干,包容佛、老及诸子的理论创造。由于这一思潮将孔孟之道重铸成博大精深的学说,又使其贴近现实、易于实践,因而其自宋起被历代立为正统思想,统领学术,规范人伦,指导社会,在当时和以后产生了广泛而深远的影响,被视为影响中华文明700年的正宗道统之学。

理学是以儒学思想为主,汇通、熔铸了释、道思想精华而形成的一个纳自然、社会、人生为一体的博大的思想文化体系。宋代新儒学作为中国古代思想史上最后一座高峰,其学术成就高于宋以前的汉、唐两代,也远为宋之后的元、明两代所不及。宋代儒学堪称儒家传统思想的一次大总结,是宋元时期思想文化的主流,在学术史上具有划时代的意义。

---

① 王育济等:《中国文化发展史》(宋元卷),山东教育出版社2013年版,第131页。

三、科技文明的创新发展

技术文明是中华文明的重要组成部分，是体现中华民族智慧和创新精神的重要方面。中国古代的科学与人们的生产生活密切相关，是在生产生活的实践中产生的科学，而不是像西方那样追求的是形而上的抽象科学。中国科学不是玄学，不是和人们的生活无关，而是充满了对生活的关怀，充满了人道主义精神，充满了人间烟火的气息。所以，当古希腊哲学家们思索世界是"水"还是"火"的时候，孔子却关注着人间的"礼"和"仁"；当牛顿坐在树底下思考苹果为什么掉下来的时候，李时珍却在漫山遍野寻找治病的本草。

早在新石器时代，随着农业和畜牧业的发展，由制造生产工具发展起来的手工业劳动，在种类和规模上都出现了新局面，出现了制陶、制玉、编织、骨牙器和装饰品的生产，推动了制陶、纺织、冶铜技术的发明，引起了人类历史上第一次技术革命。春秋战国时期，开始出现冶铁和铁器制作技术，在中华文明历史上发挥了非常重要的作用。

中国古代的科学技术文化，突出地体现在天文学、算学、医药学和农学这几个方面，被称为中国古代"四大传统科学"。这四大科学，都与中国人的日常生活密切相关，或者说，它们就是在中国人的生活实践中总结和产生的，体现着中国人的生活经验和生活智慧，也密切服务于人们的生产生活。

汉代是我国古代科学技术体系的形成时期，我国古代传统的天文学、算学、农学、医药学这四大学科，在这时均已形成自己独特的体系。这一时期，诞生了医学家张仲景、华佗，天文家张衡，出现了数学巨著《周髀算经》《九章算术》《方程》《勾股》等。

唐宋是中国科学技术大发展的时代，特别是在宋代，科学技术得到创新性的大发展。李约瑟在《中国科学技术史》中说，宋代是中国科学史和技术史的"主要关键所在"，这种情况"不管在应用科学方面或在纯粹科学方面都是如此"。中国农学、天文学、算学以及建筑技术，采矿、冶金、制瓷、纺织技术，造船与航海技术等，都有相当大的进步，达到高度发展的阶段。沈括的《梦溪笔谈》在科技史上享有崇高地位。李约瑟指出，发展到宋朝，中国科学技术已呈现巅峰状态，在许多方面实际上已经超过了18世纪中叶工业革命前英国或欧洲的水平。

农业生产方面，唐代的水利工程建设、农具的改良和农田管理政策的实施，为宋代农业生产的大发展奠定了基础。宋代农业生产和技术的发展，特别是在南方，达到了一个新的水平。与此同时，农学也有了很大进步。宋代农学家陈旉所著《农书》，是现存最早论述南方水稻区域农业技术和经营的农书。它是隋唐以来长江下游地区农业生产技术经验的总结。元代王祯又著《农书》22卷，综合了黄河流域旱田耕作和江南水田耕作两方面的生产实践，包括"农桑通诀""百谷谱""农器图谱"三大部分，在整体性和系统性方面比元代陈旉的《农书》有很大进步。特别是"农器图谱"这一部分，附图306幅，展示了我国古代农业生产器具方面的卓越成就，后代农书和类书所记述的农具大部分都以此为范本。

数学方面，以筹算为主要计算工具的传统数学在宋代达到登峰造极的程度，在许多方面都取得了极其辉煌的成就。这些成就远远超过了同时代的欧洲，其中高次方程的数值解法比西方早800年，多元高次方程组解法和一次同余式的解法比西方早500余年，高次有限差分法比西方早400余年。宋代数学，不仅是中国数学史上而且是世界数学史上光辉的一页。

天文学的发展也达到高峰。宋代的天象观测、星图绘制和天文仪器制作水平都有所提高。北宋中期，宰相苏颂创制了世界上第一台天文钟——水运仪象台。他撰写的《新仪象法要》一书，分别介绍了浑仪、浑象、水运仪象台的设计。这部书代表了当时天文学领域的新成就，也反映了宋代机械制造的最高水平。元代著名天文学家郭守敬在研究前代历法的基础上，吸取了各历的精华，运用宋代以来数学发展的新成就，编制了中国古代最优秀的历法——授时历，把古代历法体系推向高峰。

宋代中国医药学也进入一个全面发展的新阶段，在医学教育、理论、临症各科的诊断治疗,以及本草、局方等方面都有不同程度的发展,是当时世界上最发达和最完备的医学体系。

代表中国古代科学技术杰出成就的四大发明,除造纸术出现于汉代,其他三项发明都出现于宋代。四大发明是中国人的伟大技术发明、伟大文化创造,它们建万古功业于中华古国,播永久芳馨于人类文苑,其光芒直贯史册。四大发明不仅对中华优秀文化的传承和发展,而且对整个人类文明的进步,都产生了巨大的、直接的或间接的影响。

造纸术的发明,是人类书写纪事材料的一次伟大革命,使人类在此之前使用过的各种书写纪事材料都退出了历史舞台。纸具备了适合书写的一切优点,比如原材料广泛、价格低廉、轻便、宜于长期保存、书写容易、阅读方便等等。纸的普及,使更多的人有条件使用纸来写字。这样,读书和写作的人就多了。同时,也就改变了人们的书写方式,改变了人们的阅读方式。"纸写本是传播人类文明的圣火",书写材料是文化传播和文明传承的重要载体,这个载体由于变得方便和平民化,因此使文化的普及和在普及基础上的大发展成为可能。印刷术的发明,更促进了造纸业的迅速发展,出现了造纸工业普及、造纸技术提高、纸的应用广泛的欣欣向荣局面,开创并形成了造纸业的兴盛时期。

雕版印刷术和活字印刷术的发明,使人类科学文化知识的传播传承获得了一种崭新的形式,即印刷读物的形式。印刷术的发明,大大提高了书籍的复制速度,有力推动了科学文化知识的广泛传播和普及,对人类生产生活各个领域的发展和进步都产生了重大影响。因此,印刷术被誉为"文明之母",印刷术的发明被看作"人类文明史上的一个里程碑"。美籍华裔学者钱存训指出:"印制现代书籍所使用的原料和工艺技术,在白纸上印上黑字,中国人对其起源及发展作出了最大的贡献。"[①]

印刷术的发明,从根本上改变了图书的流通方式和人们的阅读方式,使

---

① [美]钱存训著:《中国纸和印刷文化史》,广西师范大学出版社2004年版,第7页。

阅读不再是少数人的特权，而变成了一种可以由大众共享的文化形态。对于文明的发展史来说，这是一个具有重大意义的变化。印刷术从根本上改变了图书生产的条件及图书的物质形态，它使得书价降低和书变得相对平凡化。在纸和印刷术发明之前，中国使用的书写材料是竹简和锦帛，欧洲人使用的是羊皮纸，价格都十分昂贵，即使在纸发明以后，书籍的复制也主要是靠人工手抄，不仅费时费工、费用高昂，还会出现不可避免的讹误。这使得文化的传播和普及难以大范围地开展。所以中国发明的造纸术和印刷术对于文化的传播具有非常深远的意义。印刷术的推广和使用，彻底改变了书籍的存在形态，同时出现了一个书籍大发展的时期，因而也就出现了一个文化大繁荣、大进步的时期，比如中国的唐宋时代、朝鲜半岛的高丽时代以及欧洲的文艺复兴时代。

火药和火器制造技术，是中国古代科学技术发展的一项重要成果，李约瑟甚至把火药和火器的发明说成是"中古时期中国社会最伟大的成就之一"。火药的实际应用，最初的和主要的目的是在军事方面。火药技术的应用，推动了火药武器的创制和应用，并引起了兵器史上的重大变革。它大大提高了军队的战斗力和作战的质量，进而改变了作战方式和战场上的面貌。而火器的应用和发展，又促进了火药技术的进一步提高和完善。火药和火器制造技术发明之后，陆续传播到海外各国，对各国的文明和历史发展，乃至对世界历史的演变和发展，都产生了重大影响。即使在现代社会生活中，它也仍然发挥着十分重要的作用。现代战争中的常规武器，建筑工程中开山辟路的爆炸物，把各种飞行器乃至人类送上太空的运载火箭，都是以中国古代发明的火药和火器技术原理为基础的。火药和火器制造技术的发明，是中华民族智慧的结晶，是中国人对世界文明的伟大贡献之一。

指南针发明的最重要意义在于它在航海事业上的应用。在指南针发明之前，中国古代航海主要是凭地文定位技术和天文定向技术来导航的。具有相当高水平的地文和天文航海术，使海船得以在晴空下越洋远航。但是，在漫长的航行中，不可能总是晴空万里、视野清晰。因此，随着航海事业的发展，亟待有一种全天候的恒向导航仪器。正是指南针的应用，使人们获得了全天候航行的能力，人类才第一次得到了在茫茫大海上航行的自由。从此，陆续开辟了许多新航线，缩短了航程，加速了航运，促进了各国之间的文化交流与贸易往来。指南针一经发明，很快就被应用于航海事业。在这个方面，中国也是领世界之先的。宋元时代，中国商船远洋航行空前活跃，与指南针的发明和罗盘的应用有很大关系。

四大发明的产生和发展，其意义已远远超出其自身的技术领域，而对文化的传承、人类征服世界能力的提高、世界历史的演变，都具有特别重要的作用。在13—14世纪的时候，中国的四大发明，几乎同时传入欧洲，它们对欧洲的技术、文化、航海、战争都发挥了重要影响，并且共同激发了具有重大历史意义的文艺复兴运动，改变了欧洲文明的历史进程。

四、制度文明的创新发展

西周对中华文明的贡献，其中最重要的是完备了各项社会制度建设，此种制度成为以后数千年中国古代社会制度建设的基础和出发点。

西周在商文化的基础上建立起以宗法血缘制为纽带、以"礼乐"为核心的新的文化体系。这种新文化具体表现为西周将礼乐从原始巫术中分离出来，推广及人事领域，并在此基础上使之成为具有政治意义的典章制度。

在早期国家的起源和形成阶段，礼的作用十分重要，其本质在于，它是氏族、部落内部和相互间的关系准则。礼起源于原始先民的仪式活动，早在新石器时代中晚期，礼乐制度已初现端倪。古代文献里有"伏羲以来，五礼始彰；尧舜之时，五礼咸备"的说法。夏商时代都有一定的礼乐制度。这种礼制应是原始社会末期以来形成的礼制的继续与发展，也是西周礼乐制度的重要来源之一。周礼是夏礼、殷礼的继承和发展，最为全面和典型。但周公制礼作乐，并非仅仅改造殷人的祭祀典礼和置换典礼所用的乐歌，而是涉及社会制度的各个方面。

周代的礼制是周代制度文化、行为文化和观念文化的集中体现，内容相当广泛，从道德标准到统治原则，从家族关系到政权形式，几乎无所不包，而其宗旨就是"别贵贱，序尊卑"。礼使社会上每个人在贵贱、长幼、贫富等方面都有合适的等级地位。

周礼是等级社会的政治准则、道德规范和各项制度的总称。礼是周人为政的精髓，是周天子治天下的精义大法。

周公"制礼作乐"，核心是西周社会的政治制度建设。周公继承并损益前代制度，制定了一套完整的典章制度。西周的社会制度继承了商代的传统，并使之完善和系统化，成为西周文化最具特色的部分。"商周时期最重要的社会制度当属宗法制度和封建制度。张光直曾以它们为'古代中国社会的关键制度'之一。此外，土地制度作为政治权力分配的反映和国家经济统治的基础；法律制度作为国家公共强力的表现，则可从另外的角度反映出商周时期早期国家的特征及其制度特点。"[1]

西周时期社会制度的核心是宗法制度。宗法制度是由原始社会末期氏族组织演变而来的、以血缘关系为基础的族制系统，是一种巩固统治秩序的政治制度。西周时期"宗法制度得到了充分的发展和完善。这一时期的宗法制度以大、小宗统属关系为中心，以大宗或小宗对不同范围内亲属族人的统辖和管理为内容，组织结构已经相当严密"[2]。钱穆先生说，封建制度的创始是"西周时代最重要的事件"[3]。分封制是周王朝为加强对整个国家的控制而采取的一项重要措施。分封主要是指周王把一定范围的土地和人民分别授予自己的子弟、亲戚、功臣等，让他们代表周王去统治一方人民，以拱卫周王室，也就是文献中所说的"并建亲戚，以蕃屏周"（《左传·僖公二十四年》）。

西周的法律制度在总结、继承夏、商两代有关制度的基础上又有了新的发展，法律思想和内容更加丰富、全面，也更加系统化和制度化。西周法律较

①　廖名春主编：《中国文化发展史》（先秦卷），山东教育出版社2013年版，第69—70页。
②　廖名春主编：《中国文化发展史》（先秦卷），山东教育出版社2013年版，第72页。
③　钱穆著：《中国文化史导论》（修订本），商务印书馆1994年版，第29页。

商代的进步突出表现在其已具有较明确的立法、执法原则和指导思想。周人继承了殷商的"天命""天罚"思想，并且鲜明地强调"明德慎罚"，并以此作为制定和执行法律的指导思想。"明德慎罚"并非排斥刑罚，而是要求德教与刑罚相结合，先德教后刑罚，以刑罚镇压达到以德治国的目的。西周法律涉及政治、军事及社会生活的各个方面，形成了一套远较夏、商时期更为严密的法律体系，对后世法律的发展产生了深远的影响。

春秋战国时期，各大国都进行了图强的改革运动，以适应新的形势。这些改革运动，促使各种社会政治力量进行着大分化、大改组，成为各国的重大政治事件。它既使一国富强，又推动了社会制度的发展。比如，对赋税制度的改革，促进了封建地主经济的发展；用人制度上的改革，促进了封建官僚制度的形成；成文法的公布，促进了"明法审令"的封建法律制度的确立；郡县制的设置，奠定了封建中央集权的政治结构。

最初的改革是管仲在齐桓公时代的改革。经过管仲的改革，齐国经济发展，军队强大，社会安定，成为崛起于东方的大国。春秋时期，除了管仲在齐国的改革外，其他诸侯国也顺应形势的要求，做了一些经济上和政治上的改革。到战国前期，各国纷纷改革图强，以完善封建统治政权，达到富国强兵的目的，出现了中国历史上一次大的改革高潮。著名的有李悝在魏文侯时的变法，公仲连在赵国的改革，吴起在楚国的变法，申不害在韩国的改革，齐威王任用邹忌的改革以及商鞅在秦国的两次变法，等等。这些改革，在各国都取得了一定的成效。在变法较为彻底的一些国家，成效十分显著，像魏国，在李悝变法后，成为战国前期最强大的一个国家。商鞅在秦国的变法，是战国时期各国进行的社会改革中最彻底的一次。商鞅"吸取了李悝、吴起等法家在魏、楚等国实行变法的经验，结合秦国的具体情况，对法家政策作了进一步发展，后来居上，变法取得了较大的成效"[1]。商鞅在秦国的两次变法，奠定了秦国统一中国的基础。

---

[1]　杨宽著：《战国史》，上海人民出版社2003年版，第211页。

战国时期的变法改革，对中国社会文化的变革意义十分重大。春秋战国时代的"文化突破"，首先是在社会制度上的突破。各诸侯国的一系列改革，特别是前后一百多年的变法运动，剥夺了贵族的特权，实现了土地所有制的变更，废除了世卿、世禄制度，彻底破坏了西周的宗法制度和分封制度，建立了以法制为核心的国家治理方式。各国建立起君主集权的政治体制，确立了官僚的职官制，将相分职的文武分权制，人事管理方面的实物俸禄制、考核制、监察制，政权建置上的郡县制等各项政治制度。这些制度的确立，为实现在新的经济基础上的社会文化发展奠定了制度性的基础。待到秦王朝建立，把这一系列政治制度加以充实和完善，而成为秦代的政治社会制度。中国两千多年的封建社会政治制度，又是承秦政而来。因此，战国时期的各项变法改革，实际影响了我国两千多年的历史。在我国两千多年的封建社会中，一些基本的经济、政治、社会制度，都是在战国时期开始形成的。

秦始皇统一后，对中国古代社会制度进行了重大变革，创建了封建王朝的各项制度，建立起了一套适应封建统一国家需要的中央政府机构，即三公九卿制度。三公九卿制度为封建专制主义中央集权国家制度的雏形，对以后历代封建王朝的国家制度产生了重要影响。在地方政权组织上，废除分封诸侯制度，全面推行郡县制度。汉承秦制，进一步将秦代的制度加以完善，并普及。此后两千多年，各朝代虽然在国家政权和地方政府制度上多有损益，但基本上都沿袭秦汉时代的制度，即"百代都行秦律法"。

汉武帝对政治和社会制度做了进一步的改革。在政治方面，首先颁行"推恩令"与"附益法"，使诸侯王多分封子弟为侯，使王国封地被分割，进一步削弱了诸侯势力；其次，建立中朝削弱相权，巩固皇权的神圣地位；再次，设置十三部刺史，加强对地方的控制。在经济方面，整顿财政，颁布"算缗""告缗"令，征收商人资产税，打击富商大贾；采取桑弘羊的建议，将冶铁、煮盐收归官营，禁止郡国铸钱；设置平准官、均输官，由官府经营运输和贸易，增强国家的经济实力；兴修水利，移民西北屯田，实行"代田法"，促进农业生产的发展。

隋唐时代是中国封建制度走向发展、繁荣的时期，因而中国封建王朝的典章制度在这一时期更趋完备。隋唐的政治制度集汉魏以来政治制度发展变化之大成，又在政治上、经济上实行了一系列的改革，从国家机构到典章制度均有所创新。隋文帝废除不合时宜的北周六官制，基本上确立了三省六部制，以加强中央集权。隋文帝建立的这一整套规模庞大、组织完备的官僚机构，表明封建制度已发展到成熟阶段，自隋定制，一直沿袭到清朝。其次，隋文帝下令制定对后世法律影响深远的《开皇律》。再次，隋文帝采取了许多经济措施以巩固其统治、减轻农民的负担，使农民有更多时间从事农业生产。最后，整顿府兵制，加强中央对军队的控制权。隋文帝所创隋制为唐朝以后各朝所遵循，在历史上作出了巨大的贡献。

唐朝建立后，采取了一系列巩固封建专制统治的政治措施，完备了职官制度和法律体系。在职官制度方面，唐朝沿袭了隋朝的三省（尚书、中书、门下）六部（吏、户、礼、兵、刑、工）制，三省分掌议政、决政和执行之权，六部分管各项行政事宜，另设有御史台掌管纠察弹劾事宜。至唐代，中国封建专制的政治体制已经十分完备，以后历代王朝基本沿袭唐制，没有大的变化，朝鲜半岛、日本等地也模仿唐制建立中央政权机构。

与此相应，唐朝时中国的法律文明也在这时进入鼎盛时期。唐初政治家总结了前此兴亡盛衰的历史经验教训，经过多次修改增删，制定了著名的唐律，后又对律文进行了逐条的注释疏解，修撰了《唐律疏议》，这是我国封建社会最成熟的一部法典，也是中国现存最早、最完整的一部法典。唐律集秦汉以来法律发展之大成，概括了古代国家的政治、经济、军事、司法、外交、文化及婚姻家庭、债权债务、礼仪风俗等社会关系，庞博而充实，全面而完备，几乎包含了当时社会生活的全部内容。汉代引《春秋》经义断狱，到魏晋时代逐渐把儒家的礼引入法律。经过隋朝到唐初，儒家的礼成为国家立法的重要思想原则。用法强制推行儒家伦理学说，又以儒家伦理学说来保证法制的施行，是唐代法律的重要特征。法与礼的紧密结合，广泛加强了唐代法律对社会生活的影响。

中国法系的形成，始于周代，至唐代则汇合了历代法律的菁华，内容完备，是中国古代法律制度臻于成熟的标志。以后诸朝基本都沿用唐律，研究者也都以唐律作为中国法系的代表。中国法系是世界五大法系之一，其余四个是印度法系、罗马法系、伊斯兰教法系和英美法系，其他四大法系虽然各有其独特的价值，但都不如中国法系实施时间长久、影响深远。

唐朝在制度建设上的一项重要成就，是完备了科举考试制度。我国汉代便有文官考试制度，至隋代始行科举之制，适当地对社会各阶层中的才智之士开放，但尚未形成一种完备的制度。唐继隋旧，进一步将其完备化。科举制的实施和完备化，较广泛地向社会各阶层打开了入仕的途径，使大批寒门庶族由科举考试而入仕途，参与政权，使封建政权具有一种开放性和流动性，扩大了政权的统治基础，对中华文明的发展有重大意义和深远影响。

五、禅宗：佛教文化新气象

佛教在汉代传入中国以后，经过魏晋南北朝的大发展和唐代的"中国化"，已经成为中华传统文化的重要组成部分。作为一种社会文化力量，佛教在宋代的规模和影响仍然很大。宋朝对佛教采取支持保护的政策，促进了佛教的传播和发展。朝廷设立译经院，恢复了从唐代元和年间以后久已中断的译经事业。宋太宗还亲自作《新译三藏圣教序》。后来译经院附带培养翻译人才，改名为传法院，后又为管理流通大藏经版而附设印经院。到北宋后期，全国僧尼比宋初增加了很多，寺院也相应增加，有近4万所。宋朝南迁之后，佛教仍保持一定的盛况。

在宋代的各派佛教中，如华严宗、天台宗、律宗、净土宗等，虽各有传承和影响，但唯有禅宗一家独盛，禅与佛几乎成了同义词。

禅宗是唐代佛教八大派之一。"禅"本是梵文音译词"禅那"的缩略语，又译为"驮衍那""持阿那"，意译作"静虑""思惟修习""弃恶""功德丛林"。"禅"专指将心专注于某一对象，极寂静以详密思惟之定慧均等之状态。中国佛教一般是将"禅""定"并称。在早期,禅定只是一种修行方法,也就是"坐禅"之法。禅宗是在这些禅法的基础上形成的独具风貌的佛教宗派。

禅宗是一个完全在中国的土地上生长起来的、最为典型的"中国化"佛教。它融合儒、道、玄学等思想,使其既不同于印度佛教,也与中国其他佛教宗派有着明显的区别。

石峻、方立天指出:

> 从我国古代思想发展史的角度来看,中国禅宗的创立是一次特殊的思想解放,产生了深远而复杂的思想影响。禅宗能在佛教宗派势力空前强盛、宗派思想严密控制的情况下,在宗教的限度内独立思索,大胆怀疑,勇于创新,尊重个人,相信自己,这对于广大佛教僧侣和受佛教思想影响的人们来说,实在是起到了精神解放作用,以致还启迪后来的某些进步的政治家和思想家,推动他们怀疑传统,反对权威,抨击封建专制制度,这都不完全是偶然的。[1]

禅宗奉北魏时来华的印度僧菩提达摩为初祖。但禅宗作为佛教中的独立宗派,应成立于初唐的道信和弘忍之时。五祖弘忍的弟子神秀在北方传法,主张渐悟,称"北宗";弘忍的另一弟子慧能到曹溪传禅,主张"顿教",称"南宗"。唐朝中期以后,"南宗"在朝廷的支持下取得禅宗的正统地位,影响日益扩大,而"北宗"逐渐衰微。慧能之后,他的弟子神会、怀让、行思等大力弘传禅宗。怀让的禅系后来形成临济宗、沩仰宗,行思的禅系形成曹洞宗、云门宗、法眼宗。临济宗到宋代又分出黄龙、杨岐二派,与五宗合称"五家七宗"。禅宗在中唐以后开始盛行,到宋代时已深入社会各个阶层,影响十分广泛。

入宋以来,禅宗继续发展,并形成了一些新的风格和特点。其中最突出的特点是大量编制灯录和语录。语录前代已有,但数量不多,灯录则是宋禅

---

① 石峻、方立天:《论隋唐佛教宗派的思想特点》,《中国哲学史研究》1982年第4期。

的独创。灯录是一种记言体的禅宗史传，书中所记都是禅宗的"公案""机锋""禅语"。宋代最早的灯录是《景德传灯录》30卷，由北宋景德年间（1004—1007）法眼宗僧人道原撰，是有史以来第一部官修禅书，入录《大藏经》流传。全书记禅宗世系源流，禅宗史上许多师承皆赖本书记载得以流传。

南宋时期，佛教极其兴盛，尤其是禅宗，与其他各宗相比，占了压倒性的优势地位，几乎成了南宋中国佛教的代名词。宋室南渡后，宋朝的政治、文化中心也随之南移，禅宗寺院多集中在江南一带。在宋朝政府的大力扶持下，江南的寺院得到了前所未有的发展。据南宋末年吴自牧所著《梦粱录》记载，南宋时期仅杭州一地的寺院就达480余所，因此杭州有"东南佛国"之称。当时江南地方的很多寺院在继吴越王钱镠皈依禅宗之后，多改为禅寺。经北宋而至南宋，江南禅寺特别兴盛。

宋代禅宗高度发展，由于文人的参与，宋代禅宗逐渐走上了倡导"教外别传""不立文字"的初期禅宗的反面，灯录、语录、禅画盛行，成为"大立文字"的禅宗。僧侣出现了世俗化倾向，文人出身的僧侣也明显增加。《宋朝事实类苑》说"近世释子多工诗"。许多禅僧不但文学修养高，也是书画名家，可谓多才多艺。无准师范及其弟子多是这样多才多艺的才俊之士，由于他们的活动，以径山为代表的宋朝其他文化，如儒学、诗文、书法、绘画等，也被传入日本，并得到了发展。

禅宗文化不仅重铸了中华民族的人生哲学，陶冶了中国知识分子的审美观念，而且极大地丰富了知识阶层的理性思维，在哲学史、文化史上具有特殊的意义，是中华传统文化的重要组成部分。白居易、陶渊明等文学家的诗歌与文化创作，包括宋代以后的水墨山水画和宋明理学等都对其有所吸收和借鉴，从而形成中华传统文化中富有人文精神的特色。

禅宗提倡即心即佛，将佛教深玄的理论体现在日常生活之中，不重说教、只重证悟，从而形成个性鲜明的思想体系。禅宗思想与中国士大夫的心态、情趣、价值取向、思维方式高度契合，因此受到士大夫阶层的普遍欢迎，成为他们精神生活中的一个避风港。禅宗思想体系所呈现的独特理性思辨和精神风貌深刻地影响着中国的文学和艺术创作。早在中晚唐时期，在士人中便盛行着悦禅之风。当时的文人领袖，如柳宗元、刘禹锡、李泌、裴胄等，均与禅僧过往甚密，"或师或友"。禅师们"以诗礼接儒俗""以文章接才子，以禅理悦高人"的高雅以及禅林的清静闲适，更对士人们有莫大的吸引力。悦禅之风到宋代更为盛行，"好佛""参禅"成为一种时尚，"参禅""斗机锋"为士人们所热衷，故以禅入诗、以诗写禅之风更盛于宋代。王安石、苏轼、黄庭坚、陆游、杨万里等人，皆与名僧有交往，写诗多掺杂佛理，甚至直接取材于禅宗语录。如苏轼著名的《题西林壁》：

> 横看成岭侧成峰，远近高低各不同。
>
> 不识庐山真面目，只缘身在此山中。

从庐山观山悟出世间万物的不同，仅仅是由于人的主观观察角度不同，万法因缘皆由心生的禅机。再如王安石变法失败后在《怀钟山》诗中说：

> 投老归来供奉斑，尘埃无复见钟山！
>
> 何须更待黄粱熟，始觉人间是梦间。

诗中表达了人生如梦、万法皆空的悲观心态。

王安石晚年罢相后，在江宁度过了十年退休生活。在这期间，与僧人交游、谈禅是其日常生活的一项重要内容。陆游《老学庵笔记》卷三说："元丰间，王荆公居半山，好观佛书。每以故金漆版书藏经名，遣人就蒋山寺取之。"佛学对王安石的影响表现在他的文学创作中。赵与峕《宾退录》卷五载："王荆公一日访蒋山元禅师，谓元曰：'坐禅实不亏人。余数年欲作《胡笳十八拍》不成，夜间坐禅间已就。'元大笑。"王安石的许多诗歌僧气十足，如模拟唐代诗僧寒山、拾得的诗作《拟寒山拾得二十首》，是近乎猜哑谜般的佛教歌诀。

一生排佛的欧阳修也与佛教颇有渊源。欧阳修与名僧契嵩、祖印禅师居讷交往都比较密切，僧人慧觉、鉴聿、秘演、惟俨等也都曾得到过他的称赞。欧阳修晚年致仕，在颍州过着悠然闲适的生活，与佛徒之乐于山林隐居并无二致。南宋末年僧人志磐撰《佛祖统记》引僧祖秀所作《欧阳修传》说：

> 欧阳永叔自致仕居颍上，日与沙门游，因自号六一居士，名其文曰《居士集》。息心危坐，屏却酒肴。临终数日，令往近寺借《华严经》，读至八卷，倏然而逝。

在欧阳修的文学作品中，不乏"往事无踪，聚散匆匆"（《采桑子》）、"人生聚散如弦管"（《玉楼春》）的人生感慨。金圣叹曾指出欧阳修作品中的佛学意境，他在《唱经堂批欧阳永叔词十二首》说："余尝言写景是填词家一半本事，然却必须写得又清真又灵幻乃妙，只是六一词，'帘影无风，花影频移动'九个字，看他何等清真，却何等灵幻！盖人徒知帘影无风是静，花影频移是动，而殊不知花影移动只是无情，正为极静；而'帘影无风'四字，却从女儿芳心中仔细看出，乃是极动也。呜呼，善填词者，必深于佛事者也。只一帘花影，皆细细分别不差，谁言慧业文人，不生天上哉！"

宋代理学家都不同程度地受到禅宗佛学的影响。袁枚说宋儒"目击佛老涛张幽渺，而圣人之精旨微言，反有所闷而未宣；于是入虎穴，探虎子，闯二氏之室，仪神仪貌而心性之学出焉"。

朱熹曾参学于"看话禅"的创始人径山宗杲及其徒谦开善等高僧。他自述："少年亦曾学禅""出入于释老者十余年"。《宋元学案》卷四十八载："熹旧日无所不学，禅道文章……事事要学。"武夷山是佛教活动的中心地区。朱熹经常出入武夷山及其附近的永乐禅寺、瑞泉庵、云际寺、景禅僧舍等。今武夷山慧苑寺还遗存有朱熹墨迹木刻"静我神""静神养气"等。朱熹多与僧人交往，如肯庵圆悟禅师居武夷山十多年，"尝爱儒学于晦庵朱文公"。又如道谦禅师住武夷山附近的密庵寺，朱熹数次前往，现《朱文公文体》中有至密庵寺游记一篇和游诗六首。道谦也有给朱熹的回信，鼓励朱熹学禅。

"明心见性"的禅宗得到极大发展。由于战乱和文人好佛，形成所谓居士禅，如文彦博、苏轼、黄山谷、米芾等都是其中的杰出人物。

有宋一代，士大夫、文人习佛成风，佛教从诸多方面影响着宋代的学术思想和文学创作，即便是花间樽前侑酒佐欢的曲子词，也与佛禅有着不解的因缘，时时透露出佛禅气息。禅宗义理已成为文人士大夫学养的一个重要组成部分，他们或奉佛参禅，或与名僧交往，或作禅诗，或谈机锋，佛教已渗入文人生活的各个领域，成了他们自得其乐的精神食粮和公共交往不可或缺的文化时尚。

另一方面，禅林中研习理学之风颇为盛行，很多禅僧大多兼习禅儒，如契嵩、大慧宗杲及其法脉的虎丘禅系痴绝道冲、无准师范等人都是博学多识的理学硕学，有很深的儒学修养，他们都主张佛儒并重，因此在传播禅宗的时候，也往往不忘传播当时流行的理学。

第八章

中华文明的博大气象

中华文明创造了丰富的文化形态，形成了博大精深的文明体系，曾经在物质文化、精神文化、制度文化、艺术文化诸领域中居于世界领先地位。中华文明是世界文明的主要源流之一，是世界文明发展的重要推动力量。中华文明的先进性不仅仅是某个领域、某个方面居于世界之先，而且是整体性地领先于世界。

一、中华文明的丰富性

在漫长的发展史上，中华文明创造了丰富的文化样态，形成了博大精深的文明体系，成为世界文明的一个高峰。

中华民族的发展，与世界上许多其他民族一样，曾经历了漫长的原始时代，上古初民们在顽强的生存斗争中，创造了绚丽壮观的原始文化，特别是丰富多彩的神话世界，并逐渐凝结成最初的文化共同体。初民的文化创造中蕴含了中华民族历史文化的源泉，成为中国人智慧的起点。

中国的原始初民们创造的神话世界是相当丰富多彩、斑斓辉煌的。这些神话体现了在与恶劣的自然环境进行抗争的过程中锤炼出来的自强不息的生命意志。中国上古神话的这种文化内涵，在以后的历史进程中深深地积淀在民族精神的底层，转变为一种自律性的集体潜意识。

坚毅勇敢、自强不息，是中华民族的基本品格，也是中华文化的基本精神。正是凭借这种民族文化精神，中华民族进行了悠久的文化创造活动，这种精神也是中华文化发展的内在动力。

在极为艰苦的条件下，中国先民迎来初升的中华文明曙光，农业、畜牧业逐渐发展起来并取代采集、狩猎经济的地位，成为首要的生产门类。原始的物质文化和精神文化领域都有了重大进步，并进而在距今5000年开始，迈入文明时代的门槛。殷商西周时期，通过创制文字、建立宗法制度和礼乐制度，先民们独自完成了文化发生时期的中华文明创造。后经春秋战国时期的文化变迁，至秦汉大帝国的建立而奠定了中华文明的基本格局。在几千年的历史发展和演进过程中，中华民族以其勤劳和智慧，不断地创造和发展，使中华文明的历史高峰迭起，长期居于世界领先地位。中华文明以其历史悠久，更主要的是以其丰富性，在世界文明史上获得了持久的魅力和风采。

中华民族的智慧成果，突出表现为先进的农业生产技术和一系列重大的科技发明。中国的科学技术长期居于世界先进水平，并对世界文化的发展产生了重大影响。英国著名科技史学家李约瑟在其皇皇巨著《中国科学技术史》中曾列举了中国科学技术向西方传播的项目，并指出中国的这些发明在时间上的领先地位。

中国是世界上农耕文化发展最早的国家之一，在商周时代即以农耕为主，甚至在原始氏族部落时期，锄耕农业便已成为主要的和基本的经济部门。到秦汉时期，中国的农业生产已达到当时世界的先进水平，农业科学技术体系已经初具规模，后来又在这个基础上不断地改进和完善。当欧洲人还在使用木犁的时候，汉代的中国人已经推广使用了铁犁。欧洲人在18世纪才发明条播机，中国却早在汉代便有了这种农具。另外，在农作物栽培方法、选种育种技术以及病虫害防治技术等方面，我国古代已达到很高的术平。

著名农学家石声汉指出：

> 在有历史记载的近几千年中，我国农业，经过了无数次大大小小的天灾人祸的考验，始终没有出现过由于技术指导上的错误而引起的重大失败。这件事实，雄辩地证明了这一科学技术知识体系的优越性。可以自豪地说，农业科学技术知识这一个优良传统，是我们的祖先为人类创造的宝贵遗产之一。[①]

我国是世界上首先饲养家蚕、织制丝绸的国家。早在四五千年以前，我们的祖先就在河北、河南一带养蚕缫丝。春秋至秦汉时期，丝绸生产已遍布全国。中国丝绸长期是向外出口的大宗货物。质地精良、色彩艳丽的各种丝织品源源不断地输往世界各地，深受各国人民的喜爱。后来，中国的养蚕缫丝技术及织造技术也传到国外，对各国的经济发展和服饰文化的变化产生了深远的影响。在世界上，与丝绸齐名的是中国的瓷器和制瓷技术。随着原料和烧造技术的不断改进和完善，中国瓷器经历了从青瓷到白瓷再到彩瓷这样几个阶段，益

[①]　石声汉著：《中国农学遗产要略》，农业出版社1981年版，第1页。

臻精巧，如千峰翠色美不胜收，具有极高的审美价值。中国瓷器远销世界各地，享有极高的声誉，受到广泛的欢迎。中国是世界上最早种茶、制茶和饮茶的国家。相传早在4000多年前，我国就用茶叶治病。秦汉以后，饮茶之风逐渐盛行。唐代的陆羽系统编著了世界上第一部关于茶的专著《茶经》，详细阐述了茶的历史、种植、加工、生产工具和饮茶风俗等，他被后人尊为"茶神"。5世纪时，茶叶输出到东亚其他国家，16—17世纪时传到西欧，茶叶成为与咖啡、可可并称的世界三大饮料之一。

丝绸、瓷器和茶叶，成百上千年来源源不断地输往世界各国，并称为中国的"三大贸易"，是近代世界贸易体系中的主要输出产品，并且在很长一个时期内主导了全球的国际贸易，丰富了各国人民的日常生活，成为最具代表性的中国文化符号。

中国古代科学技术中最让世界瞩目的是造纸术、印刷术、火药和火器技术、指南针。四大发明的意义已远远超出其自身的技术领域，对文化的传承，对人类征服世界能力的提高，对世界历史的演变，都具有特别重要的作用和巨大的影响。四大发明是中华民族奉献给世界的伟大技术成果，改变了整个人类的历史进程，反映和代表了辉煌灿烂的中国古代文明。

中国古代科学技术在许多领域都走在了世界前列。天文学、地学、数学、生物学、化学、医药学、冶金技术、建筑技术等，都取得了一系列令世人瞩目的重大成果，为人类文明作出了杰出贡献。在天文学方面，中国古代天文学以对多种天象的最早观测记录著称于世，其连续性、完备性、准确性亦为世所罕见；中国有世界一流的历法，有在设计和制造水平上遥遥领先于西方的天文仪器；在天体测量方面，也有许多最先进的成果。在数学方面，中国最早发明了十进位制计数法，在此基础上形成了一整套简捷的运算方法，并因此而在圆周率、天元术等许多方面取得遥遥领先的成果；中国还最早提出了负数的概念和正负数的加减运算法则。在地学方面，中国地图学早于古希腊，地图绘制的精确程度也大大超过了古希腊；中国古代关于地貌学的研究，如明代徐霞客关于石灰岩貌的考察记录在世界地学史上是空前的；中国是世界上最早发现石油的国家之一；中国的地震观测历史悠久，记录丰富，张衡的地动仪领先于西方1700年。中国有在世界上独树一帜的中医学，在农学和中药学的基础上取得了生物学方面一系列具有世界意义的重大成果，如此等等，不胜枚举。

中国古代辉煌的科技成果和重大发明，使中华文明在物质文化层面上极为丰富多彩，充分体现了中国人的聪明才智，是中华民族世世代代集体智慧的结晶。

中国古代不仅创造了发达的科技文化和物质文化，而且在哲学、艺术、政治等许多领域都取得了辉煌的成就，并且在很长一个历史时期内都处于世界的先进水平。在文学艺术领域，中国传统艺术极为丰富多彩，各种艺术形式几乎应有尽有，而且都有很高的成就。中国有神奇瑰丽的上古神话，堪与古希腊、古罗马神话媲美；秦始皇陵兵马俑蔚为壮观，反映了极高的雕塑艺术水平；中国的音乐、书法、绘画艺术更是独树一帜，美不胜收，反映了中国人丰富的情感世界和中华文化的人文传统；中国的诗歌、散文、小说和戏剧，在很早的时候就达到极高的艺术水平，成为世界性的宝贵文学艺术遗产；中国的园林艺术更是早入佳境，令人叹为观止。在学术领域，中国有发达的史学和治史传统，卷帙浩繁的"二十四史"集几十代人的集体智慧，完整地记录了中华民族的历史足迹，是世界公认的历史奇观。以孔子儒学为主要代表的中国哲学，包含了极高的人生智慧，闪烁着人类文明的理性之光。

美国学者钱存训指出：

中国文化中有一种广泛的文字传统，在世界文明史中，中国文字记录的多产、连续和普遍性最为突出。中国典籍数量的庞大、时间的久远、传播的广泛和记录的详细，在十五世纪结束以前，都可以说是举世无双的。自远古以来，中国文献大量流传，史籍的创作从未间断，而百万字的著作所在多有。……不仅在中国境内流传，亦为中国以外其他民族所共同使用和分享。①

在典章制度方面，中国的科举制度、分权制度、监察谏议制度等，都是中国古代在制度文化方面的重要创造，体现了中华文化的政治智慧，并在维护中国封建社会运行机制方面发挥着有效的作用。

总之，在几千年的历史过程中，中华民族以其伟大的智慧，进行了雄伟壮观的巨大文化创造。中国曾经在物质文化、精神文化、制度文化、艺术文化诸领域中居于世界领先地位，使中华文明成为世界文明的主要源流之一。中华文明哺育了世世代代的中国人，也给整个人类文明的进步与繁荣作出了贡献。

二、中华文明的历史高峰与大总结

中国古代文明，自商周初定形制以降，经历了几千年的发展，中间有秦汉大一统的黄金时代，盛唐文明的世界性辉煌气象，以及宋元时代的博大与成熟，到明代，则进入一个定型的时代。

明朝是当时世界上版图最为辽阔、最为强盛的大帝国之一。明朝建立后，洪武至天顺的近百年间，经济在经历了一段时期的恢复与发展之后，开始出现繁荣的局面，社会也较为安定。明初的农业、手工业都得到较快的恢复和发展。明中期以后，农业生产水平迅速提高，手工业、商业进一步发展。至明中叶以后，民营手工业日益兴旺，涌现出诸多手工业、商业中心的市镇，在江南一些经济较为发达的地区形成了市镇网络，并呈现出很高的商业化特色。南京、北京、苏州、镇江、常州等都是当时重要的工商业城市。

许倬云先生说："明代的中国，各方面的发展都已到达极致。"②明代经济的空前繁荣，使中国在世界舞台上保持着东方大国的地位和气势。东起鸭绿江

---

① ［美］钱存训：《印刷术在中国传统文化中的作用》，《文献》1991年第2期，第156页。
② ［美］许倬云著：《历史大脉络》，广西师范大学出版社2009年版，第97页。

畔丹东虎山口、西迄嘉峪关的明代万里长城，雄关坚壁，烽墩迭起，至今被视为中华文明的象征。郑和七下西洋，率领世界上最庞大的舰队航行于蓝天碧波之间，以高超的科技水平和航海技术载入世界航海史册。至今犹存的宏伟壮丽、金碧辉煌的北京故宫建筑群和庄严奇瑰的天坛、明陵等，都显示了当时世界上建筑的最高成就。

明代的科学技术也有很大发展。在医学方面，医家辈出，著作宏富。明永乐年间编纂的《普济方》168卷，是重要的医学和药物学总结性著作。明代李时珍穷毕生之力，编《本草纲目》52卷，所载药物1892种，附方11096条，被誉为"东方医学巨典"，是对16世纪以前中国药物学的全面总结，提出了与近代进化论观点基本吻合的、当时世界上最为先进的药物和动植物分类法。《本草纲目》以大量篇幅介绍了历代药物学说，使分散于各书中的药学理论系统化和完整化。《本草纲目》继承我国本草研究的传统，又独辟蹊径，把本草学推至一个新的高峰，是我国药物学的空前巨著。《本草纲目》的贡献不局限于药物学，它在医学、植物学、动物学、天文学、物候学、气象学、物理学等方面都有成就。在农业和手工业生产技术方面，明代后期宋应星编著的《天工开物》，是世界上第一部关于农业和手工业生产的综合性著作，是中国古代一部综合性的科学技术著作，凡举当时农业和手工业技术，都有详细记载和说明，被称作"中国17世纪工艺百科全书"。明末徐光启所著《农政全书》，是古代农业科学的集大成著作。《农政全书》按内容大致上可分为农政措施和农业技术两部分。前者是全书的纲，后者是实现纲领的技术措施。所以，人们在书中可以看到开垦、水利、荒政等一些不同寻常的内容，并且占了将近一半的篇幅，这是其他大型农书中所鲜见的。

另外，还有包含着地理学、地质地貌学和矿物学丰富知识的《徐霞客游记》。此外，还有农学如《救荒本草》、治河如《河防一览》、建筑如《园冶》、军事如《武备志》等，都总结了此前历代的研究成果，而且多有创造和发展。

在文化方面，明太祖亲自筹划，设立文华堂以招揽人才；明成祖召集

3000人编纂大型类书《永乐大典》。类书是古代文献资料的汇编,它辑录各门类或某一门类的资料,按照一定的方法进行编排,是便于寻检、征引的一种工具书。类书类似于百科全书,有人称其为古代的百科全书。宋代是我国类书史上的黄金时期,当时的大型类书有李昉等人编纂的《太平御览》1000卷、《太平广记》500卷,王钦若、杨亿等编的《册府元龟》1000卷。明代官修《永乐大典》是我国历史上最大的类书之一,共22937卷,目录60卷,分装成11095册,达37000万字,广收了上自先秦、下至明初的经史子集百家之言以及天文地理、阴阳医卜、僧道技艺等8000余种典籍,其"上自古初,迄于当世,旁搜博采,汇聚群书,著为奥典",数量是前代《艺文类聚》《太平御览》《册府元龟》等书总量的五六倍。《永乐大典》保存了14世纪以前中国的历史地理、文学艺术、哲学宗教和其他百科文献,与法国狄德罗编纂的百科全书和英国的《大英百科全书》相比,都要早300多年,堪称世界文化遗产的珍品。

明代确定了理学在思想文化领域的独尊地位。自宋元以来,学术文化占统治地位的是程朱理学。明太祖继承了传统的统治经验,大力提倡儒学,极力尊崇孔子,规定诸生必须学习儒家经典,反对、禁止诸生学习《战国策》及阴阳家的著述。永乐年间,在皇帝的御临下,以程朱思想为标准,胡广等人汇辑经传、集注,编出《五经大全》《四书大全》《性理大全》。三部"大全"共计260卷,其中,《五经大全》154卷,《四书大全》36卷,《性理大全》70卷。三部"大全"摈弃了古注疏及其他各家学说,独尊程朱学说。纂修完毕后,明成祖亲自作序,并命礼部刊赐天下。三部"大全"的出现,标志着程朱理学思想统治及独尊地位的确立。

明代的文化发展呈现一种博大而完备的气象。在以后,清代前期的文化都是按照明代确定的路径进一步发展的。

清入关后,采取了一系列巩固统一的政策,在边疆地区有效地加强了统治,并且多次成功地挫败边疆叛乱,抵御外族入侵,使中国成为一个疆域辽阔、民族众多、强大统一的封建国家。多民族国家的统一和疆土的扩大,为文化的发展提供了坚实的基础。康乾时代出现了前所未有的"盛世",古代文明的发展达到了最后的高峰。

清代前期的经济在前代发展的基础上实现持续繁荣。清政府采取鼓励垦荒、减轻赋役等经济措施，农业、手工业和商业的发展以及社会财富的积累都大大超过了前代。清代的人口也迅速增加。清初时总人口1亿多，18世纪中叶达到2亿，19世纪中叶则达到4亿。在文化的各个领域，从学术思想、教育体制、文学艺术等方面，在继承前代发展的基础上，清代都取得了辉煌的成果，创造了前所未有的成就。

清代的文化高峰，突出表现在当时对古代文明的系统化总结上。实际上，当时的人们对古典文化的高度成熟已有一定的感受和体认。例如清代学者纪昀说道："自校理秘书，纵观古今著作，知作者固已大备，后之人竭尽其心思才力，不出古人之范围。"纪昀在主持几次乡试和会试时，将回溯经学史、史学史、文学史，评判各派学术宗旨与研究方法，讨论各类体裁的得失，作为策问内容，亦显示了总结古典文化的意向。

这种大总结的趋势还表现在文学和学术领域。康熙年间，为了发掘和整理民族文化遗产，阐发诸子百家精髓，在康熙帝的倡导下编纂了许多鸿篇巨制。编纂的范围远远超出"四书""五经"的范围。其中，最先编成的是《全唐诗》，共900卷，共得诗48000余首，收录诗人2200余人。后又编《全唐文》1000卷，收录唐五代十国时期的文章18484篇，作者3042人。后又编《唐文拾遗》72卷和《续拾遗》16卷，以补《全唐文》之不足。与之媲美的还有《全上古三代秦汉三国六朝文》，共得3497家，747卷。比较著名的还有古代最完整的字典《康熙字典》《骈字类编》《分类字锦》《佩文韵府》等，都堪称文字学的巨著。《渊鉴类函》在唐类函的基础上博采诸书而增之，是一部大型类书。除《全唐诗》外，《历代赋汇》《四朝诗》《御制唐诗》《历代诗余》《全金诗》等都整理了唐、宋、元、明的诗篇。

此外，清朝人还超出了历代文人的视野，整理和编纂了涉及社会生活、美术艺术等的巨著。徐乾学等撰《古文渊鉴》，收录上起《左传》、下迄两宋时期的有关风化的记载。孙岳颁等纂《佩文斋书画谱》，是谈论书法、画技兼收历代帝王书画及画家传略的美术专著。王清奕的《曲谱》则是专门记载各种戏曲艺术流派及南北曲谱风格的艺术专著。

更能体现这样大规模总结气势的，则是《古今图书集成》《四库全书》等空前的大百科全书的编辑和整理工作，形成了明清时代盛大的图书事业。《古今图书集成》是中国现存规模最大、搜集最博的大型类书。全书共1万卷，目录40卷，分历缘、方舆、明伦、博物、理学、经济6编，内容繁富，区分详晰。全书总约1.6亿字，分订5020册，装520函。《古今图书集成》与《永乐大典》《四库全书》一起，是我国历代王朝规模最大的三部书，在古代文化史上占有重要的地位。《古今图书集成》内容庞博，被后人称为"康熙百科全书"。清人张廷玉在《澄怀园语》卷三中称："自有书契以来，以一书贯串古今，包罗万有，未有如我朝《古今图书集成》者。"

《四库全书》是历史上最大的一部官修丛书，是明清文化发展史上的一件盛事。《四库全书》可以称为中华文明最丰富、最完备的集大成之作，以国家图书馆所藏原文津阁本统计，共收书3503种、79337卷、36000册，分为经、史、子、集四部，故名《四库全书》。

编修《四库全书》，是乾隆皇帝亲自主持的一次空前规模的文化整理活动，这一活动把清代的学术研究及文化事业推向繁荣的顶峰。该书纂修过程中，将从《永乐大典》中搜辑佚书和大规模征求民间遗书两项活动同时进行，这就使《四库全书》和《四库全书总目》两书的收书范围和质量都远远地超过了历代。各地藏书家累世珍藏的宋刻、元钞善本书和失传几百年而文献价值极高的珍本秘籍都因此化私为公、化零为整。《四库全书》在纂修中对各书进行了分门别类的系统整理，从而使大批珍贵的古典文献赖此得以保存和流传。

《四库全书》是成于众人之手的一部巨著，它对清以前的历代典籍进行了系统整理和全面总结，对我国古典文献的保存与流传起到了积极的作用。《四库全书》收录的书达3000多种，《四库全书总目》介绍的书达1万多种，基本上将明代以前，特别是元代以前的主要著作作了收录和介绍，为后人研究古代政治、经济、科技、文化保存了可贵的资料。

三、中华文明的世界价值

长期以来，中华文明居于世界文化总体格局的领先地位。从公元前后至19世纪中叶的将近两千年间，中国的经济总量在世界经济总量中一直占有重要地位，在经济上和科学技术上一直是推动世界发展的最重要力量。中华文明的先进性不仅仅是某个领域、某个方面居于世界之先，而且是整体性地领先于世界。当欧洲还处于中世纪时，中国已经出现世界性的文化大都市长安，宋代的开封、杭州也是有百万人口的大城市。中国人创造的器物文化，如丝绸、瓷器、四大发明以及其他科学技术、文学艺术、典章制度等，一旦传播到海外，便受到高度的重视和热烈的欢迎。其原因，不仅是新鲜，更是先进，给那里人们的生产生活提供了许多方便，并且对那里文化的发展起到了借鉴、刺激、激励和开发的作用。换句话说，能够大规模传播到海外并且产生重要影响的是先进的文化形态，而不是简单的文化符号或异国情调式的调剂和消遣。

在漫长的历史时期，中华文化在世界各地广泛而持久地传播，并对世界文化的发展产生了重大影响。

中华文化向海外传播，是非常广泛的。一是指传播的内容广泛，中华民族的伟大文化创造，如物质产品、科学技术、典章制度、文学艺术、宗教风俗、学术思想等，都曾在海外传播、流传和产生影响；二是指传播的范围广泛，近则泽被四邻，如朝鲜半岛、日本和越南世受华风濡染而成为中华文化圈的成员，远则经中亚、西亚而传至欧洲，或越大洋而传至非洲和美洲，在那些遥远的地方引起一阵阵文化风潮。我们在世界很多地方都可以看到中华文化传播的踪迹，也可以看到中华文化影响的历史身影。

历史上中华文化向海外的传播，内容非常广泛，影响十分深远，意义特别重大。中华文化以自己的光辉辐射四方，通过种种直接的和间接的途径，广泛传播于世界各地，使中华民族的文化创造变为全人类的共同财富，促进了世界各民族文化的进步和繁荣。

中华文化在世界各地的广泛传播，不仅对其他民族文化的发展有一定的影响和作用，对世界文明作出了重大贡献，而且使自己获得了世界性的文化意义，使中华文明成为一种世界性的文化形态。中华文化向海外传播的历史，也就是中华民族走向世界的历史。中华文化努力向海外传播，便是在不断地走向世界，获得自己的普遍性和世界性。中华文化走向世界，世界接纳了中华文化，因而中华文化也就成为全人类的共同财富。它不仅参与世界文化总体格局的构造，参与世界文化的对话，而且使自己获得了一种世界意识、世界观念和世界性的文化价值。中华文化在历史上大规模地传播于世界各地，不仅对于接受其影响的国家和民族有积极的意义，而且对于中华文明自身的发展和文化价值，也是很有意义的，其作用也是不可低估的。因此，中华文化在海外传播的历史，也是中华文明历史的一部分。从这个角度来认识中华文明自身发展的历史，来认识中华文明本身，就更全面、更丰富，也更深刻。

中华文化在海外传播，对于世界文明的发展具有重大的意义。中华民族的文化创造，既是自身文明的丰富和发展，也是对世界文明的贡献。中华文明不是偏于东亚一隅的地域性文明，没有游离于世界文明发展的大势之外，而是世界文明总体格局的有机组成部分，也是重要组成部分。由于中华文明的参与，世界文明格局才显得如此丰富多彩、辉煌壮观、气象万千，世界文明的总体对话才显得如此生动活泼、生机盎然、妙趣横生。在世界文明发展的一些重要历史时期，中华文明的传播和介入，成为世界文明发展和变革的推进力量。特别是在欧洲文艺复兴和近代文明的发展进程中，中华文明都发挥了重要推动作用。

认识中华文明的世界价值，也就是从全球史观的角度认识和比较中华文明。用全球史的观点去重新认识历史，就是在不同时代的世界体系、全球化体系中重新认识中华文明与其他文明的交流与互动。各民族、各文明间的对话、交流、互动，是全球化体系得以形成的条件，也是全球化体系的基本内容。如果以这样的历史观来看待中华文明的发展历史，我们就能够获得新的认识、新的知识和新的理解。

按照全球史的观点来认识中华文明的发展史，我们将获得一种新的视野和眼光。这就是，不但是在中国的范围内、在中华文化自身发展的历史中看待中华文明，而且是从全球文化的范围来看中华文明，即中华文化与其他民族文化之间日益增长的交流。这也就是"将中国历史纳入世界历史之中"①，也就是将中华文明的"过去"全球化，赋予其世界文化的价值和意义。

梁启超当年在谈到中国历史的研究时曾说过，根据中国历史的发展，可以将中国历史划分为"中国的中国""亚洲的中国"以及"世界的中国"三个阶段。"中国的中国"的研究阶段是指中国的先秦史，从黄帝时代直至秦统一，这是"中国民族自发达自竞争自团结之时代"。"亚洲之中国"的研究阶段是中世史，时间是从秦统一后至清代乾隆末年，是中华民族与亚洲各民族相互交流并不断融合的时代。"世界之中国"的研究阶段是近世史，时间是自乾隆末年至梁启超论述之时，是中华民族与亚洲各民族开始与西方各民族交流并产生激烈竞争的时代。由此开始，中国成为世界的一部分。

许倬云先生说，梁启超的"分期年代，有可以讨论的余地，但我们不能不钦服他的广阔视野"②。中国和世界的关系是一直存在的，尽管中国的地缘有一定的封闭性，但中国文化从一开始就不是一种封闭的文化。中国和世界的关系，并不是从乾隆年间才开始的。

梁启超为了说明这一点，曾提出过两个当时令人匪夷所思的问题：

（1）刘项之争与中亚细亚及印度诸国之兴亡有关系，而影响及于希腊人之东陆领土。

（2）汉攘匈奴与西罗马之灭亡，及欧洲现代诸国家之建设有关。③

①　［美］许倬云著：《中国文化与世界文化》，贵州人民出版社1991年版，第8页。
②　［美］许倬云著：《献曝集——许倬云自选集》，上海人民出版社2013年版，第3页。
③　梁启超著：《中国历史研究法》，江西教育出版社2018年版，第82、83页。

梁启超试图通过对这两个在常人看来完全是风马牛不相及的历史事实的分析来说明中国史从来不是在一个封闭的圈子里展开的，世界各国的历史是相互关联的。因此，他的真正目的在于说明：要将中国史放在世界史中加以考察。梁启超从世界史的角度重新看待中华文化的地位和贡献。他指出，中国史主要应"说明中国民族所产文化以何为基本，其与世界他部分文化相互之影响何如"，应"说明中国民族在人类全体上之位置及其特性，与其将来对于人类所应负之责任"。①虽然当时中国积弱积贫，但他认为："中国文明力未必不可以左右世界，即中国史在世界史中，当占一强有力之位置也。"②

将中国史纳入世界史的范围来考察，就赋予了我们新的视野。这就是一个全球的历史眼光，即世界眼光，把中国史、中国文化史作为世界史、世界文化史的一部分。既然是"一部分"，就要注意"全部"的面貌，注意其与其他部分的联系，注意其与其他部分的比较，也更要注意考察中华文化在世界文化这个"全部"中的地位、作用和影响。苏秉琦先生提出"世界的中国考古学"，主张"一方面把区系观点扩大为'世界的'观点，从世界的角度认识中国，一方面在用区系观点看中国的同时，也用区系观点看世界"③。李济先生也说："中国历史是人类全部历史最光荣的一面，只有把它放在全体人类历史的背景上看，它的光辉才更显得鲜明。"④

许倬云先生认为，美国历史学家麦克尼尔（William Hardy McNeill，1917—2016）"关于世界史的讨论比较不一样。他比较能将中国历史纳入其他的历史圈中"⑤。麦克尼尔在他的整体历史研究中注意到中国及其他地区的历史。在发表《西方的兴起》之后，麦克尼尔加深了对中国史在世界史中地位的

---

① 梁启超著：《中国历史研究法》，江西教育出版社2018年版，第6页。
② 梁启超著：《中国史叙论》，《饮冰室合集》专集之六，第2页。
③ 苏秉琦著：《中国文明起源新探》，生活·读书·新知三联书店1999年版，第170—171页。
④ 李济著：《中国文明的开始》，江苏教育出版社2005年版，第109页。
⑤ ［美］许倬云著：《中国文化与世界文化》，贵州人民出版社，1991年版，第8—9页。

认识。他认为，犹太人、中国人与希腊人自古就有对"世界性"的历史视野进行持续叙事的传统，"希罗多德纵览他所知道的整个世界，作为其论述波斯战争的背景。中国学术性史学传统的奠基者司马迁，较之希罗多德更进一步，对他所见所闻的一切进行了远为系统化得多的考察"。在讨论中国史与世界史的关系时，麦克尼尔认为："忘记中国的过去，或憎恶中国的过去，就如同本世纪初传统中国显著衰微时有些人所做的那样，我认为与盲目固守陈腐的信仰看来是同样可悲的。儒学就像英国的辉格派（Whig）传统及许多其他褪色的信仰一样，需要以我们现代的环境与我的应用的最好逻辑标准予以重新考虑和重新评价。简单地拒绝与盲目的信仰同样是没有答案的。"①

---

① 引自郭方：《评麦克尼尔的〈西方的兴起〉》，《史学理论研究》2000年第2期。

第九章

中华文明的历史性变革

近代以来，西方文明对中华文明造成了强大的冲击和挑战，中华文明面对的任务是对自己的彻底反省和重建，将建立在农业文明基础上的文化系统改造成为与工业文明、现代化相适应的新的文明形态，以实现中华文明的历史性变革，即由传统向现代的转换。保持中华文明的传统，同时接受和容纳新文明，通过对西方工业文明成果的吸收和自身的转型调整，实现在现代条件下的文明转型与重建。

一、工业文明冲击下的传统重建

前面我们讨论了中华文明的开放性和包容性，特别提到了历史上中华文明多次受到异质文化的冲击。面对这些冲击，中华文明以其强大的生命力应对挑战，顽强地保存了自己的文化传统，同时又以其包容性，吸收异质文化的积极因素，使之成为中华文明的组成部分，进一步丰富了中华文明，使中华文明在新的基础上得到壮大和发展。对于佛教文化的东传，将来自印度的佛教文化"中国化"，是一个很成功的例子；草原游牧文化的南下，接受游牧文化的因素和刺激，也是一个很成功的例子。佛教文化、游牧文化，都成为以农耕文明为主体的中华文明的重要补充，成为中华文明的组成部分。

从这些历史事件中可以得出的结论是：

（1）面对强大外来文化的冲击，仍然保持中华文明的传统，并使之生生不息，这是中华文明强大生命力的重要表现。

（2）把外来文化吸收到中华文明的系统中来，使之成为中华文明的一部分，因而使得中华文化博大精深、辉煌灿烂，这也是中华文明强大生命力的重要表现。

（3）在与外来文化的接触、碰撞中，实现中华文明的"重整反应"，通过对自身的反省和更新，在新的基础上实现更大的发展，这更是中华文明强大生命力的重要表现。

总之，外来文化的冲击和挑战，对于中华文明本身来说，都是发展的机会，都是使中华文明在新的激励、新的刺激下获得新发展的动力。

到19世纪中期以后，中华文明又一次遇到了强大的冲击和挑战。与之前的情况不同的是，这次冲击来自西方新发展起来的工业文明，因此更强大、更有力，对中华文明的影响也更强烈。在这次冲击中，中华文明不仅吸收了工业文明的先进成果，而且在许多方面颠覆了中华文明的传统，中华文明面对的任务是对自己的彻底反省和重建，将建立在农业文明基础上的文化系统改造成为与工业文明、与现代化相适应的新的文明形态。总之，就是要实现中华文明的历史性变革，由传统向现代转变。

接受新文明、容纳新文明，同时保持中华文明的传统血脉，延续中华文明的生命，这个过程是艰难曲折的，也是波澜壮阔的。

1840年鸦片战争以后，即通常所说的近代中国阶段，或晚清70年这一时段，西方文化在中国的传播，内容特别丰富，涉及的领域非常广泛，几乎涵盖人们生产生活的各个方面，从思想文化到科学技术，从文学艺术到日常生活，从政治到经济，从军事到外交，从上层社会到下层民众，几乎无不涉及。自有中外文化交流的历史以来，没有哪一个时代像这一时期的文化交流的内容这么丰富、这么广阔、这么深入和这么激动人心。这个时期离我们并不遥远，以1911年的下限算起，也就一百多年的时间；如果追溯到开端的1840年，也还不到二百年。也是由于这一时期离我们比较近，这一时期文化变迁的成果至今还在我们的社会生活中产生很大的影响。可以说，在我们今天社会生活的方方面面，都带有19世纪文化变迁的痕迹。我们在研究、论述近代文化传承的时候，常常带着今天的情感和关怀，常常与我们今天的情况相比较、相映照。因为，今天的传统文化传承就是近代文化传承的继续和深化。今天传统文化所面对的所有问题，在近代都有其开端和萌芽。

近代以来或者说晚清时期的中西文化交流，其性质是东方农业文明和西方工业文明的相遇和交流。这就和以前历史上的中外文化交流不一样了。

在历史上，主要的交流地区在欧亚大陆，大体上都处在农业文明阶段，而且中华文明是农业文明发展相当成熟和繁荣的文明。汉唐以后，中华文明一直处于世界领先地位，是世界文明的高峰。这样，中国与其他文明的交流，就是一种比较平等的交流和对话，这期间虽然也有战争和征服，也有朝贡制度的国际秩序，但总体上来说，大家都处在农业文明的历史发展阶段，文化的引进和交流不会触动、颠覆民族文化的核心价值，彼此之间好理解、好接受。而且在那个时代，中国处于高位文化水平，气象宏大，更能以开放的胸怀兼容一切先进的、优秀的文明成果。

到19世纪，西方享有的是18世纪工业文明的成果。正如许多历史学家论述过的，工业文明彻底改变了人与自然的关系，具有改变世界的巨大力量。到19世纪中期，中西文明正式相遇的时候，工业文明已经转变成直接的技术和物质成果，转变为"坚船利炮"、火车和铁甲舰、大机器生产和多种多样的工业产品。这时候的中华文明还处在农业文明阶段，还不知道突如其来的"坚船利炮"是怎么回事。这样，两种文化的交流就出现了巨大的时代落差，就不再是平等的交流与对话。正如我们已经看到的，在强大的西方工业文明面前，东方的农业文明是不堪一击的。而且，工业文明的强大力量和优越性所具有的吸引力和诱惑，涉及民族的危亡，涉及民族文化的核心价值，涉及国家的根本利益，也涉及人们的日常生活，又迫使人们不得不去面对、去正视。所以，在当时的条件下，许多人都认识到向西方学习先进的科学技术是实现民族自强、挽救民族危亡的唯一出路。于是有了"师夷长技"，有了"采西学""制洋器"，有了洋务运动等。总之，近代的中西文化交流带有"被迫"的性质，是为工业文明所"迫"。

蒋廷黻先生在《中国近代史》一书的开头就说："中华民族到了十九世纪就到了一个特殊时期。在此以前，华族虽已与外族久已有了关系，但是那些外族都是文化较低的民族。纵使他们入主中原，他们不过利用华族一时的内乱而把政权暂时夺过去。到了十九世纪，这个局势就大不同了……来和我们打麻烦的不是我们东方世界里的小弟们，是那个素不相识而且文化根本互异的西方世界。""到了十九世纪，我民族何以遇着空前的难关呢？第一是因为我们的科学不及人。人与人的竞争，民族与民族的竞争，最足以决胜负的，莫过于知识的高低。科学的知识与非科学的知识比赛，好像汽车与洋车的比赛。在嘉庆、道光年间，西洋的科学基础已经打好了，而我们的祖先还在那里作八股文，讲阴阳五行。第二，西洋已于十八世纪中年起始用机械生财打仗，而我们的工业、农业、运输、军事，仍保存唐、宋以来的模样。第三，西洋在中古的政治局面很像中国的春秋时代，文艺复兴以后的局面很像我们的战国时代。在列强争雄的生活中，西洋人养成了热烈的爱国心，深刻的民族观念。我们则死守着家族观念和家乡观念。所以在十九世纪初年，西洋的国家虽小，然团结有如铁石之固；我们的国家虽大，然如一盘散沙，毫无力量。总而言之，到了十九世纪，西方的世界已经具备了所谓近代文化，而东方的世界则仍滞留于中古，我们是落伍了！""近百年的中华民族根本只有一个问题，那就是：中国人能近代化吗？能赶上西洋人吗？能利用科学和机械吗？能废除我们家族和家乡观念而组织一个近代的民族国家吗？能的话，我们民族的前途是光明的；不能的话，我们这个民族是没有前途的。"[1]

蒋廷黻所论以上几个问题，当时的人们已经有所认识了。当然，这样的认识是不断深化的。最早在鸦片战争前后，林则徐、魏源等人已经注意到西方人"坚船利炮"的厉害，注意到靠我们的冷兵器是打不过西方人的先进武器的。因此，他们主张"师夷长技以制夷"。他们所说的西方人的"长技"还只是指军事武器方面。但是，这只是极少数人的认识，绝大多数中国人仍然沉睡在传统天朝帝国的迷梦之中。

《南京条约》签订之后，人们认为这只是偶然的失败，《南京条约》是一个"万年条约"，所以都高枕无忧了。后世的人们都为这之后20年的蹉跎而扼腕叹息，认为是耽误的20年。如果从鸦片战争之后就奋起直追，恐怕历史就是另外一个样子了。但是，这都是后见之明。当时的鸦片战争还只局限在沿海地方，中国历史上也不是没有打败仗的先例，而且《南京条约》后的五口通商，也是局限在沿海，没有对中国内地的政治、经济、生活造成很大的影响。真正使中国人从迷梦中惊醒的是20年之后的第二次鸦片战争。人们认识的深化需要外部的刺激，第二次鸦片战争就是一次强烈的刺激。人们的认识都是建立在现实生活基础上的，第二次鸦片战争的后果就是摆在中国人面前的一个严峻的现实。人们抱怨早先怎么没认识到，怎么没有重视林则徐、魏源的意见，原因是绝大多数人没有受到过这样的刺激，没有面对过这样的现实。

正是从这个时候开始，亦即19世纪60年代以后，轰轰烈烈的洋务运动开

---

[1]　蒋廷黻著：《中国近代史》，岳麓书社2010年版，第1、2—3页。

始了。有人说，当时的"洋务"构不成一个"运动"。其实不然，洋务运动确实是对中国社会产生了重大影响的"运动"。因为主张洋务的不仅有上层的中央政府，有地方大员，还有许多知识分子在研究、论证和鼓吹，洋务运动的成果更是渗透到社会生活的许多方面。"洋务"，其实质就是学习西方先进的科学技术，大力发展近代机器大工业。这也是一个逐步深入的过程，最开始办"洋务"，主要是发展现代的军事工业，主要是火器火炮和造船，然后逐步发展民用工业，包括纺织工业、采矿工业、冶炼工业，再包括修铁路、架电线电报、发展航运等。无论哪一个行业，都是引进西方的机器生产，引进西方的先进生产技术，甚至包括"制造机器的机器"。这样，经过几十年的发展，初步建立起中国最早的近代工业体系和基础。西方工业革命的成果是在19世纪下半叶才开始转变为现实的生产力的。这就是说，这一时期中国引进的是世界上最先进的科学技术成果。正是在这一时期，实现了西方向东方的第一次技术转移。过去的历史学家们认为，甲午战争意味着洋务运动的失败。这种说法其实是很偏颇的。甲午战争的失败固然有多种因素，但是洋务运动对中国社会的改造是显而易见的，并且即使是在甲午之后，洋务运动所办的那些"洋务"仍然在继续，并且有了更大的发展。一些洋务派思想家和官员进一步主张政治上的改革，为戊戌维新变法提供了有力的支持，甚至参加了维新变法运动。在李鸿章之后，张之洞、袁世凯等人仍然在继续"洋务派"的事业。

洋务运动以发展大机器工业为主要内容，但是，它所涉及的领域不仅局限在经济建设方面。正是在这一时期，西方文化有了更广泛的传播。江南制造局翻译馆和同文馆等机构，大量地翻译西书，系统地引进西方文化；各种西式学堂陆续创办，开始按照西学的教育体制培养人才；同时，国家开始派遣留学生。在这一时期，也有一些知识分子，如郭嵩焘、郑观应等人，批评洋务运动不能仅局限在物质文化的层面，还应该进一步学习西方的政治制度、思想文化等等。他们的意见是正确的。但是，他们和李鸿章不一样。李鸿章在实际的操作层面负有很大的责任，有些问题不是没有认识到，而是没有实现的客观的和主观的条件。每个人只能在他所处的条件之内做事。不"做事"的人不知道"做事"的人的难处。不"做事"的人可以思想激进，也可以思想保守，他们都可以从不同的方面来对正在"做事"的洋务派提出建议、意见和批评。但是，在当时的历史条件下，洋务派已经尽最大的努力来完成他们的事业。甲午战争之后，变革政治体制的要求已经成为普遍的共识。这说明"采西学"已经深入政治文化的层面，于是有了戊戌变法，再过几年，又有了新政改革。

总之，晚清时期的西学东渐，实际上经历了三个阶段。先是鸦片战争之后，有先觉者如林则徐、魏源等首先开眼看世界，但这还只是少数人的认识。第二阶段是从第二次鸦片战争之后开始的，洋务运动掀起了学习和引进西方科学技术的热潮。而到甲午战争之后，出现了进一步全面地学习西方、日本，学习先进的科学技术、思想文化的大趋势。总之，晚清时期的西学东渐，波涛汹涌，外呼内应，势如破竹，形成了一个蔚为壮观的文化交流的大景观。

我们说，近代以来，人们对于西学的认识是不断深化的。这包括两个方面的深化：一是对学习西学的必要性的深化，认识到面对西方文化的强大冲击，不学习不行，不学习就会有民族危亡的危险；二是对学习内容的深化，认识到西方文化不仅仅是坚船利炮，不仅仅是大机器生产技术，还包括先进的政治制度，先进的文化和哲学思想。因此我们看到，到了甲午战争之后，"物竞天择"的进化论思想竟然成了人们普遍的思想基础。

近代的"师夷长技""采西学""向西方寻求真理"，是一个影响广泛的思想文化运动，是一次巨大的知识启蒙运动和思想解放运动。从林则徐、魏源开始，包括李善兰、徐寿、王韬、郭嵩焘、郑观应、严复、康有为、梁启超等，还有来自西方的传教士傅兰雅、林乐知等人，我们都可以将他们看作早期的启蒙思想家。他们在不同时期，破除对传统文化的迷信，大力提倡和积极引进西方文化，为近代的西学东渐提供了广泛的和扎实的思想基础。所以，在这场规模宏大、影响广泛的思想启蒙运动中，知识分子发挥的作用是巨大的，他们起到了先觉者、先驱者的作用。

更重要的是，这些历史的先驱者、先觉者，这些走在时代前列的启蒙思想家，他们的呼吁和鼓吹得到了上层的呼应和支持，使引进西学进入具体的实践层面。在19世纪60年代开始的洋务运动中，恭亲王奕䜣是中央层面的组织者和支持者。许多历史学家已经指出，奕䜣20多年间一直处于中央领导层的核心地位，他所领导的总理衙门实际上就是洋务运动的最高指挥机关。即使是作为最高统治者的慈禧太后，在许多时候也是支持"采西学"、办洋务的。在高度集权的封建专制体制下，如果没有最高统治者的首肯，持续几十年的洋务运动能轰轰烈烈地搞起来，那是不可想象的。在洋务运动第一线的曾国藩、李鸿章以及后期的张之洞、袁世凯等人，也都是手握大权的重臣。因此，对于晚清引进西方文化，国家的力量发挥了决定性的作用。传教士们在中国办报纸杂志，办教会学校和教会医院，都成为传播西学的重要渠道。没有国家的允许也是不可能的。江南制造局翻译馆翻译西书，是以国家力量组织的一项文化事业。实际上，洋务运动中提出的"中学为体，西学为用"口号，已经成为国家的意识形态，这就把学习西方文化、引进西方文化合法化、国家化，成为一种按照国家意志来进行的事业。

那么，既有广泛的思想基础，又有上层的提倡和支持，晚清引进西学就深入了社会文化的各个层面，因而也就产生了不同于以往的外来文化的强大影响。尽管后来一些历史学家对于晚清的历史评价不高，多注意晚清政府的腐败、无知和愚昧，但一百多年之后我们再看，那个时期的中西文化交流实际上是相当丰富的，也是很有成效的。而在这其中，国家的意志、国家的力量起到了非常关键的作用。也就是说，晚清政府的最高统治者和整个领导阶层，至少在19世纪60年代以后，不是像有的学者所说的那样是极其顽固的、极其保守的和不可理喻的。他们也曾试图在他们的认知水平和利害权衡的范围内，学习和引进西方的先进文化，尽管他们这样做的根本目的在于维护和巩固封建集权的专制制度。在历史上，通过国家意志来引进外国文化，往往都会有相当明显的成就。从南北朝至唐宋，佛教文化的传播一直得到历代朝廷的大力支持，佛教经典的翻译都是在国家的组织下，投入巨大的物力和人力，当作国家的一项文化事业来做的。明末和清代早期，西方来的传教士被皇帝请来负责钦天监，使得引进西方的天文历算之学获得了很大的成功。

因此，晚清的中西文化交流、西学东渐，向西方学习，引进西方文化，在一定意义上来说，是成功的，是有成就的。虽然这些成就还是有限的，取得这些成就也很艰难，并且付出了巨大的代价，但对于这一时期中西文化交流的结果，还是应该给予正面的肯定性评价的。看一种文化移植是否成功，主要有两个层面的问题：

第一个是物质文化的层面。西方的大机器生产已经部分地改变了中国传统的生产方式，近代工业文明的成果已经在中国初步扎下根来。与此同时，大机器生产的物质产品，无论是进口的还是本国生产的，已经进入人们的日常生活。生产方式、生活方式的改变是根本性的改变。接受了这些改变，就意味着在社会基础的层面上接受了西方文明。同时，在这些基础之上，还会有相应的思想观念上的变化。比如，使用了电灯，就会改变人们对于白昼和黑夜的观念；电报、电话的使用，火车的使用，就会改变人们的空间和时间观念；西医的引进，不仅改变了医疗传统，还改变了人们对于自身身体和生命的认识。

第二个是知识的层面。前面说到的那些鼓吹积极引进西学的先觉者、先驱者，他们之所以走在时代的前面，首先是他们具有了比同时代人更多的知识优势。他们大部分具有与西方文明打交道的经历，甚至还有些人亲自到国外看过不一样的世界。所谓"开眼看世界"，首先就是看到了新知识，获得了新知识。知识水平决定了认识的水平和思想的水平。但是，只有少数人具有西方文化知识还是远远不够的，还必须把这些知识普及成大众的知识。所以，在这一时期，大量西方的书籍被翻译出版，包括自然科学、社会科学、文学艺术等各个方面的内容。特别是有许多成系统的科学普及读物，为向大众普及西方科学知识发挥了重要作用。许多报纸杂志也把科学普及作为重要内容。更重要的是新式学堂的建立，包括外国传教士创办的教会学校和官办的各类学堂，它们按照西方的学科体系安排教育内容，并且使用新式的各类学科的教科书，这就为建立新的知识传输系统奠定了基础，也为以近代西方科学知识系统取代中国传统的知识系统、为中国近代新学科的建立奠定了基础。最突出体现知识系统转变的就是清末的学制改革。根据这个改革方案，从基础教育到高等教育，都是按照西方新的知识系统进行的，持续上千年的以科举制为中心的传统教育体制被打破了、被废弃了。当一种新的文化知识、科学知识进入教育体系，进入各类各级教科书，这种文化移植就可以说是成功了。这种教育体制下培养的人才，就是具有了现代科学知识装备的新式人才了。

清末已经具有了一定的大机器工业生产的基础，已经有了日常生活领域的大变化，更有了初步建立起来的新式教育体系和教育制度，那么，是否就可以认为对西方文化的移植是成功的呢？更放开一点看，到了晚清的最后十年，持续几十年的引进西学的事业已经是很广泛了，从经济到社会，从生产到生活，从学术到教育，从军事到政治，学科建设、文学艺术，无不渗透着西方文化的影响。过去的学术界对晚清的新政改革评价不高，但平心而论，正是在那个时候，已经奠定了中国在20世纪进一步发展的基础。20世纪中华文化的发展变革，就是在那个时候起步的。

传统和荣耀，是光荣，也是包袱。过去辉煌的历史记忆，在近代西方文化的冲击下可能会变成心理痛苦的源泉。近代以来向西方文化学习的过程，因为有强大的保守主义的阻力，因而举步维艰，也有内心的痛苦。"师夷长技""采西学"的主张，办"洋务"的实践，"自强"口号的提出，其实在心理上都是很痛苦的。这种痛苦来自传统辉煌的陨落，缘于别人比我们先进、比我们发达这种对比所造成的心理落差。这种痛苦来自要改变自己的许多东西，要"变法"，要"维新"，而要被改变的东西，有的已经持续了上千年，比如科举制是许多人安身立命的根本。更大的痛苦来自这样一个事实：西方的"洋人""夷人"带着洋枪洋炮来到中国，把中国打败了，迫使中国割地赔款，签订不平等条约。中国的近代史首先是中国人民与西方列强的殖民主义侵略进行斗争的历史。但是，要与之抗衡，要挽救民族的危亡，就要向这些"洋人""夷人"学习，就要学习他们的坚船利炮，学习他们先进的科学技术和工业文明。

但是，痛苦归痛苦，现实的命运就是这样。民族"自强"是头等的使命。我们看到，在这个时期的中西文化交流，既有西方人来主动传播他们的文化，更有中国人主动去学习和吸取西方文化。官员出国考察,派遣留学生,翻译西书,聘请洋员和洋教习,表现出前所未有的、空前高涨的学习热情。去学习,去向我们的敌人学习,去向打败我们的人学习。即使是城下之盟,割地赔款,忍受失败者的屈辱,仍然要挺起腰板,大大方方地表示要向他们学习先进的东西。中国人有吸收世界上一切优秀文化成果的胸怀,有学习一切先进成果的能力,也有用这些先进的、优秀的成果丰富和发展自己的能力,有与时俱进改变自己的能力。总之,在失败面前,在落后面前,中国人仍然保持着对中华文化的自信,这也正表现出中国本身所拥有的文化力量和精神力量。

说到底,近代的西学东渐,就是在西方文化大规模传播和冲击的情况下,如何实现两种文化融合的问题,如何将外来的"西学"变成中华文化之中的"新学",成为中华文化的组成部分,而中华民族传统文明在这样的新文化体系中,也仍然具有其地位和价值。近代以来的中外文化交流,和以往不同的是,以前的外来文化都是对中国本土文化的丰富和补充,近代以来西方文化的传入则对中国本土文化造成了巨大的冲击,带来了颠覆性的影响。这样,在吸收外来文化的同时,中国人还要对本土文化进行现代化的改造。

所以,近代以来中西文化的交流,对于中国本土文化来说,也就是一个文化重建的问题。在这个文化重建的过程中,西学和中学、新学和旧学,外来文化和本土文化,都有其地位和作用,也就会在文化重建的过程中实现高水平的融合。中华文化因此也就获得了世界性的意义,成为一种世界文化。

文化重建的过程是漫长的。晚清之后,20世纪中华文化的发展仍然继续着这一过程。

二、新知识空间的建构与拓展

晚清时期的西学东渐,是一次大规模的、全面的、系统的西方文化的传播,涉及科学知识、近代技术、哲学社会科学思想、文学艺术以及政治法律制度等,范围十分广泛。翻译出版西学书籍、各类报纸杂志,广泛传播西学新知；教会学校和官办的新式学堂向不同阶层传授比较正规的西学知识；外国商品、外资企业以及洋务运动中创办的新式工业，使得人们在日常生活中使用新的公共语汇。另外，通过在华活动的外国侨民、洋雇员和专家的传授与介绍，通过走出国门的使节、留学生等回国后的报告和记述，通过其他许许多多的渠道，日渐形成了一个不断增扩的关于西学新知的语汇群和知识系统。这一新知识系统以西学、西方知识为核心，是一个不同于中国传统文化知识的新的知识体系、一个新的知识空间。在晚清，所谓"新知识"，就是指与西学、西方文化以及与此相关而产生的新的知识。

这样，在晚清，就存在两个并存的知识系统、知识空间。一个是传统的中华文化知识系统。所谓走"正途"的科举士子基本上还在这个知识空间中。另一个是新式的西学知识系统。中国传统的力量是十分强大的，外来的西学要走进中国的知识空间，并且占有一席之地，经过了十分艰难的努力。但是，正是经过这样的努力，西学的空间逐步扩大，内容逐渐丰富，并且到清末的时候，已经与传统学问即"中学"或"旧学"相提并论了。

以西学为中心、以西方文化为主要来源的新知识系统，是新知识空间的主干。中国传统知识世界的主体，是饱读儒书、以读书—应试—做官为志业的士人阶层，并以获取了功名、进入仕途的上层士大夫为核心。而在晚清，最先学习、掌握并使用西语西学的，则是最早与洋人打交道的买办、商人以及在西人事业中做文事及其周围的下层民间文人，他们首先由生计活动所需而接受西语西学，成为最早掌握并运用西语、西学的社会群体。接受西学的文人多为原属士人边缘群体的下层民间文人。如早期在墨海书馆受聘助译西书的王韬、李善兰、管嗣复等，以及往来于墨海书馆的为数众多的文人，就大多属此类。①直至19世纪80年代以后西学渐盛，仍然是这种状况。如19世纪90年代初《申报》的一文中所言："通商以来五十年于兹，市井佻达之徒多能习其文

---

① 参见李长莉著：《晚清上海社会的变迁——生活与伦理的近代化》，天津人民出版社2002年版，第158—168页。

字、操其语言。""市井佻达之徒"即指以往处于社会下层、自谋生计而被士人所鄙的商贾及下层文人之类。

新知识体系的建构是以文字为主要载体的。晚清出版了相当多的翻译西书，包括后来翻译的日译西学著作。同时，还出版了许多报纸杂志，有西方传教士主办的，也有本国文人主办的。这些西书报刊使西学新知可以跨时空地、大范围地广为传播，成为西学新知的主要传播媒介。特别是即时印制发行的报刊，以其即时性、真实性、浅显性、实用性、大容量、大众化、流传广、公共性等特点，使其所承载的西学新知，在前所未有的广大范围、以前所未有的迅捷速度、用相当直白通俗的文字形式而传播和扩散，形成大众性的普及，从而形成新知识的广阔传播空间。报刊这种近代大众化的传播媒介成为支撑新知识空间的传播网络。早先由传教士创办的报刊，如《万国公报》等，在传播西学知识方面做了大量工作。1872年4月创办的《申报》，由华人文士主笔，每天都有一篇论说，大多报道新鲜事物、宣传西学新知、议论中外时政，还有其他时事新闻、读者来稿、商业广告等栏目，这些多是充满新事物、新语汇的内容，被人们视为了解时事新知的窗口，而且文字力求直白，即"文则质而不俚，事则简而能详，上而学士大夫，下及农工商贾，皆能通晓"。《申报》创刊后受到人们的欢迎，很快流行开来，销售数量也迅速增加。还出现了更为直观的图画报，如1877年申报馆创刊的《瀛寰画报》，内容为各国时事、风俗、山川地理等。1880年，又有美国传教士办的《画图新报》。1884年，申报馆又创《点石斋画报》，内容多为新闻时事、各国奇事等。这些画报以形象直观的图画来传播新知新事，大大扩大了传播面，使西学新知通过这些渠道更广泛地得到传播。

随着对外交往的扩大，西学知识成为人们在日常生活及商务活动中通用的活的知识工具，是最利于谋生的时尚技能。比如，能够运用西语新知从事对外贸易的买办、通事、商人，他们是发财最快、最富有的人群，而在洋行、商号、西人事业中司账房笔务也是文人学士薪水最优的职业。如《申报》的一文中所说："凡在通商口岸或以经商为事，或以工艺糊口，皆须与西国商人往来晋接，苟非娴习西国语言文字，则遇事动多扞格，势不能攸往咸宜。于是家有子弟者，欲其有所成就，除令出就外傅肄习中国书籍外，必使之兼习西国语言文字，俾他日可藉此以自立。上海为通商大埠，客籍之寄寓者最多，有志西学者亦较多于他处。"与西人相关的新职业、就业机会的增多，对西语西学人才需求的增多，使西学成为最实用的知识工具、就业工具，遂促使更多的人学习西学。如美国传教士林乐知（Young John Allen，1836—1907）创办中西书院时就以此为理由："今之最切于世用者，莫如西学。……学成致用，可以膺使节之选者在其人，可以任翻译之职者在其人，内而总理衙门，外而通商节署，及乎海口大关、机器各局、西国医馆、西商洋行，随在可以位置一席，不其美欤。"①

新的知识体系、知识空间是由新的名词概念来表现的，或者说，晚清大量涌现的新名词、新概念是新知识空间的外在形式。而正是通过这样的形式，新的知识体系才得以建立起来。

晚清时期翻译的西书和各种报纸杂志，创造了大量的新名词、新概念。清末翻译日译西书的过程中，曾经大量借用日本人创造的新名词。这些新名词、新概念大量融入汉语系统，成为人们了解和掌握西学知识的工具。

这些大量的新名词、新概念，遍及政治、经济、军事、文化各个方面，到民国初期，更是基本奠定了现代中国自然和社会科学术语体系的基础。通过这些词汇、概念，许多中国人不仅了解了他们闻所未闻的现代物质文明成果，了解了一定的现代科学知识，而且认同了"民主""自由"等现代价值。换言之，通过这些新名词、新概念的创造和传播，中国人已将西方现代文明的部分成果真正转化为中国文化的一部分。由于清末及民国初年大量创译的新名词、新概念的出现，中国人已大体获致了延续到今天的"现代思想平台"。从此以后，就语言层面而言，我们基本上可以与西方的现代性文明进

---

① 转引自李长莉著：《晚清上海的新知识空间》，《学术月刊》2006年第10期。

行直接对话了。①

与新的知识空间形成相适应的，是涌现了新的知识分子群体。新知识分子指的是"接受了西方资本主义科学文化知识、具有近代化政治思想意识的知识分子"②。有学者把这个新的知识群体称为"清末的一代"。美国汉学家费正清在《剑桥中华民国史》中说到清末新知识群体形成的情况时指出：

> ……作为一个阶层的知识分子精英，已经历了若干重要结构上的变化：一方面出现了各种新式报刊和新联系方式的社团；另一方面，建立了各种类型的学会和政治性党派。传统的科举制度已经废止，而代之以现代的学校制度，遂导致对传统文职仕途的中断，知识分子工作的迅速职业化与专门化。文化中心（中国历史上已经发展到相当水平的城市），也受到世界工业化城市生活的影响。在这些变化中所形成的知识分子，正在发展成为新的凝聚力量；这种凝聚力量，有与中国社会其他部分重新分离的危险。读书受教育已不再是为了做官；知识分子越来越处于政治权力的主流之外，也愈来愈按照外国模式接受教育，不惜抛弃传统的"之乎者也"文化模式与语言，以营造与民众相沟通的桥梁。③

这些新式知识分子，既是社会思想启蒙的产物，也是推动思想启蒙进一步发展的主力军。新知识分子群体的形成，对中国社会后来发生的变化发挥着至关重要的作用。

新知识分子群体之所以被称为"清末的一代"，是因为他们主要活跃在戊

---

① 黄兴涛：《清末民初新名词新概念的"现代性"问题——兼论"思想现代性"与现代"社会"概念的中国认同》，《天津社会科学》2005年第4期。

② 侯宜杰著：《二十世纪初中国政治改革风潮——清末立宪运动史》，中国人民大学出版社2009年版，第86页。

③ ［美］费正清编：《剑桥中华民国史（1912—1949）》上卷，杨品泉等译，中国社会科学出版社1994年版，第315—316页。

戊维新运动及以后的新政时期。所以，"清末的一代"指的就是戊戌变法到辛亥革命期间的新知识群体。也有人说，洋务运动时期出现的是最后一代士大夫，康有为一代可以被看作从传统知识分子向现代知识分子过渡的一代。但是，无论怎样界定，有一点是肯定的，就是在晚清新的知识空间的背景下，一个不同于用传统旧学武装的士大夫的，以新学为主要知识背景的新知识群体已经形成了。

在洋务运动对外开放的实践中，一些参与洋务运动的封建士大夫通过接触西方资本主义文明，开阔了视野，逐渐对西方近代社会制度及文化的优势有所认识，对中国封建制度的缺陷有所批判，产生了新思想，由封建官员发展为具有早期维新思想的新型知识分子。

另一方面，洋务运动中兴办的新式学堂向国外派遣留学生，也培养出一批新知识分子。新学堂所培养出来的不再是满口诗云子曰、专习八股制艺的儒生，而是通晓外语和各类自然科学知识，并具有专业理论与技能的新式应用型人才。他们已经初具近代化的知识结构，是第一代新知识分子。而留学生在海外亲身感受到资本主义文明，其文化知识结构和思想意识结构都发生了巨大的变化，成为我国近代新知识分子的重要来源。

另外，在民间还出现了一批以掌握和运用西学新知为特征的新知识群体。这些新知识群体的生存方式已经不是像传统士人那样读书做官、辅君治民，而是在洋行、商号、洋人实业、报馆、印书馆、新学塾等与西人有关的社会新事业中存身任职，大多是社会自由职业，而且都是应用型职业，即靠西学技能吃饭，他们成了以新文化事业和新知识职业为生的新型知识群体。

古代士大夫多以出仕为目的，有着强烈的入世意识、治平情结，有道则仕，无道则隐，即使以布衣终老也不放弃对政治的关怀与投入。科举入仕一直到清末仍被视为正途。新知识分子与传统知识分子大不相同，他们的知识背景不再是以四书五经、以儒学为中心，也不再以由士而仕为唯一正途。由于知识背景的差异，知识群体分化成旧式文人、过渡性知识人与新型知识分子。新型知识分子在文化上有激进主义、保守主义与自由主义的分野，在政治上有立宪派知识分子与革命派知识分子的区分，他们投身于教育、传媒、科研、出版、医疗、洋行、金融等现代行业，成为教师、编辑、科技人员、记者、小说家、医生、职员等各种专门人才，以知识、技术等文化资本谋生，扮演着各种社会角色。一些知识精英还关注专业与职业以外的"公共领域"，甚至成为职业政论家、社会活动家。传统知识分子的社会功能是为社会提供规范。而新型知识分子被近代分工化、专业化所决定，他们各自为社会承担着不同的职业功能。他们不再显示出传统知识阶层的高度同质性。表现在意识形态上，是儒家大一统意识形态的瓦解，新型知识分子在学习西学中开始寻求新的价值观念。

晚清的新型知识分子们都主张打破专制社会对学术的禁锢与干预，强调学术与政治的分离，希望形成有利于实现学术独立、学术自由的社会环境，促进独立于政界的学界、知识界的形成。为促进学术的独立发展，他们致力于创设专门从事知识生产和流通、培养学术人才、为学者提供平台的专业化机构，从而使学术专业化得到体制化的固化与确认。受西方学术思潮影响，清末知识分子对学术分科日渐重视，着手建立分科细密的学科体系、知识体系与课程体系。学科分类为现代学术的发展创造了重要条件。

他们具有民族使命感和历史责任感，选择不同的方式推动着传统专制社会向现代民主社会的转型，并努力探寻知识分子在现代条件下干预公共事务、担当公共角色的途径，包括探索在体制外以民间社会、舆论关切等干预政治参与社会的新形式。新的知识群体转向大众化的公共话语空间，并承担起启发民众、唤醒国民的启蒙精英角色。他们创办报刊、影响舆论、引导社会、批评政府，他们宣传西方自由、民主、平等、博爱的思想，他们成为晚清社会变革的重要推动力量。

三、从"西学"到"新学"

西学不可阻挡地进入中国，并建立起独立于传统中学之外的知识系统和知识空间，对传统中学形成前所未有的冲击。但是，"西学"这个称谓还带有浓厚的"外来"色彩，虽然它已经进入中国的知识空间，但还没有获得独立存在的价值和地位，它必须与"中学"相接引，为中国知识阶层所接受，才能在中国人的知识空间中获得主流的、支配的地位。这就要有一个与传统"中学""旧学"的交涉和融合的问题。对于新来的"西学"来说，"中学""旧学"是一个巨大的存在，如何面对这个巨大的存在，是西学东渐过程中一个很重要的问题。

所以，晚清的思想家们把"中西"的问题转换为"新旧"的问题，把中外文化的冲突转变为本土文化内部"新旧"的矛盾，并提出了相应的解决办法。这里面包含着将外来文化、外来的知识体系本土化、民族化的努力。"西学"是外来的学问，"新学"则是中国学问之新，就是中国人自己的学问。

"西学亦即新学，中学亦即旧学"，最早是由西方传教士作出的一种价值判断，当然也是早期中西文化冲突中立足于西学对中国文化的一种审视。西学是新的，中学是旧的，在西学东渐之初好像这样说没有什么大问题。"后来大概因为新学很容易变成西学，所以人们习称新学为西学。相对于西学而言，中国的旧学就习称中学。"① 费正清、刘广京编的《剑桥中国晚清史（1800—1911年）》下卷中也是这样论述"西学"与"新学"的：

> "西学"一词暗示这种新的文化意识，它只是慢慢地得到传播和受到尊重。西学的思想派生出许多其他概念。"西学"和"新学"的含义是一样的，不过"新学"一词在1894年以后才流行起来。西学包括外国人和中国人从欧美输入的各种不同的知识。因为它不同于中国古老的传统学识，它便被称为"新学"，以示区别。从中学和西学、旧学和新学的这种对比出发，便自然而然地出现了一种从文化上进行辨别和选择的态度，

---

① 黎澍：《中西文化问题》，《历史研究》1989年第3期。

这包括阐述西学的内容，分析它的特性和衡量它的价值。①

　　但是，随着西学的引入和逐步向中学的渗透，传统中学本身在不断被改造和更新的过程中，自身发生了不同于"旧学"的质变，即"新学"。早期传教士对西学即"新学"的认识，就很难涵盖这一历史性学术文化的变迁。对此，梁启超认为，"洋学"（西学）不能等于"新学"：其一，教授西学的学堂，如同文馆、广方言馆、水师学堂等，"至今数十年，未尝有非常之才出乎其间以效用于天下，天下所共闻也"。之所以如此，因西学教习不通中学，"其能言中国舆地、史志、教宗、性理者，殆几绝矣"。其二，"新学"人才应是"通中西古今"者，而绝非仅通"西学"而已。"自古未有不通他国之学，而能通本国之学者；亦未有不通本国之学，而能通他国之学者。"尤其对于政学，"必于中国前古之积弊，知其所以然，近今之情势，知其所终极"，因而，"故非深于中学者不能治其业"。梁启超认为，中国学术文化的更新不能走单纯崇尚"西学"的道路："彼夫西人之著书为我借箸者，与今世所谓洋务中人，介于达官市侩之间，而日日攘臂言新法者，其于西政非不少有所知也，而于吾中国之情势政俗，未尝通习，则其言也，必窒碍不可行。非不可行也，行之而不知其本，不以其道也。……近今之大局，未始不坏于此也。"②

　　西学是引动中学趋变的重要动因，但它不可能替代中学成为近代中国社会文化的主体。作用于近代中国社会历史，并且成为几代中国进步士人追求的"新学"，不可能是与中学无涉的"西学"本身的简单移植，它只能是在传统中学根系上的新生或者是在其主干上的"嫁接"。康有为致力于汇通中西，立足于西学，又超越具体的西学，创建了"不中不西即中即西"的新学体系。所以，所谓"新学"，是中国本土知识分子以传统文化体系为知识背景，积极学

---

　　①　［美］费正清、刘广京编：《剑桥中国晚清史（1800—1911年）》下卷，中国社会科学院历史研究所编译室译，中国社会科学出版社1985年版，第167页。

　　②　梁启超著：《饮冰室文集点校》第1卷，云南教育出版社2001年版，第58—59页。

习和引入西学知识，并且对所谓"中学""旧学"进行改造而创造的中国的新学问、新知识系统、新知识空间。

当时人们称之为"新学"的内容大致包括以下方面：

（1）有关主张学习西方、介绍世界知识、提倡社会文化变革的书籍。"自海禁大开，西风东渐，新学书籍日益蕃滋。其间如《校邠庐抗议》《盛世危言》诸书，皆因愤时感事，积不能平，而不觉言之过激，此所以学究家之訾议也。"谭嗣同的《仁学》、梁启超的《饮冰室全集》，也都被认为是"救时图存"的"新学"。王森然的《近代二十家评传》提到梁氏著作时也说："其著《饮冰室全集》，言新学者，家有其书。"①

（2）专指当时切于社会实用的算学、经济一类的"实学"。戊戌变法时期，谭嗣同在湖南浏阳将旧式南台书院改为"算学馆"，并呈请学政江标批准，此为湖南新学推行的开端。"实学"不仅指算学，还包括了当时一切关于"时务策论"的方面。因此，"新学"也特指不同于科举八股内容的时务策论等新的内容。就此而言，"新学"就是"实学"。

（3）就制度层面而言，"新学"也具体化为"新学堂"之学。"中国学堂初设，新旧相争，外输知识，内固根本，实在斯时。"所以，学堂制度的创立，被看作近代新学的标志性成果。"新学"一词勃起于甲午战争以后，风行于光绪宣统之际，而近代各级各类新式学堂大规模的建立，也正在此时。蔡镇藩上《请审官定职以成新政折》和朝廷颁发的《速成简易学生准考优拔》等文件都明确把学堂出身者称为"新学"之途，把"学堂科举"并存的现状称为"新旧并行"②。新学堂在课程内容设置上包容了西学的内容，但就学堂整体而言，只能是属于"中学"，而不能定性为西学。这不仅因为其"中体西用"的宗旨是任何真正的西学体制所未有的，而且学制本身也是中国化的。

（4）近代"新学"一词还用以指称不同于传统学术文化的一种"向新"的

---

① 中国史学会主编：《戊戌变法》第4册，上海人民出版社1957年版，第49页。
② 中国史学会主编：《戊戌变法》第2册，上海人民出版社1957年版，第384页。

趋向。"新学"流风所及，表现在"新诗界"，则是"用新名词，新典故"。正如梁启超《饮冰室诗话》中所说："当时所谓'新诗'者，颇喜捃撮新名词，以自表异。丙申乙酉间，吾党数子，皆好作此体。"史学遂有梁启超之"新史学"，舆地学便有西北地志学，考古学则有金石、甲骨之学。"后至同、光，流风未坠，皆以研究西北舆地为最趋时之学"，"其体例颇合近代著史之法"。新的时代蔚成新的学术风尚，"新学"则是对其学术文化新趋向的最为简洁的概括。一如王国维所言：道咸以降之学即"沿此新取向走下去"，自然是"治一切诸学"，故诸子学、佛学也都随之而兴。这种学术文化上趋新的风尚，显然是在西学的推动下形成的时代性潮流，却不能称之为西学。因为它不但具有杂糅中西的特征，而且其主流是典型的中国传统学术文化的内容，"故治西学者，无不兼治诸子之学"[1]。

因此，正是在不断引入西学的过程中，中国近代的"新学"才在不同于传统"旧学"的意义上形成与发展起来。然而，"新学"的形成和发展也是重新认识和改造"旧学"的历史过程，而不是简单地抛弃"旧学"；同时，也不是以西学取代中学。在此基础上形成的"新学"，是中学与西学相互取舍兼容的一种学术文化类型，而非排除"中学"的西学类型。近代"新学"是传统中学的转型，是"旧学"适应新时代的一个学术文化新生物。诚如王国维所言："国初之学大，乾嘉之学精，道咸以降之学新。"[2]

在甲午之后，西学传播大盛其道。舆论界也开始以"新学"之名替代"西学"，"西学"与"新学"二词并行不悖。林乐知将其编撰刊印的介绍西学之书命名为《新学汇编》，李提摩太（Timothy Richard，1845—1919）则有《七国新学备要》，均是以"新学"指代"西学"。张之洞在《劝学篇》中指称西学亦用"新学"一词。20世纪初，人们普遍用"新学"之名替代

---

① 转引自王先明：《关于近代中国"新学"的民族定位》，《河北学刊》2001年第3期。

② 转引自王先明：《关于近代中国"新学"的民族定位》，《河北学刊》2001年第3期。

"西学"："居今日而欲尚西学，莫如先变其名曰新学。"[①]"新学"这一名称已广为流行。

四、文化保守主义的意义

文化交流并不是一帆风顺的，不是没有阻碍、没有困难、没有曲折的，而是充满着对抗、冲突和矛盾。较大规模的、影响较大的传播，往往在接受一方引起文化振荡，有时甚至是较为激烈的文化振荡。实际上，一种文化传播、"进入"另一种文化，是一种撞击的过程，也是矛盾产生和解决的过程。汤用彤先生认为，外来思想的输入往往要经历三个阶段：一是"因为看见表面的相同而调和"；二是"因为看见不同而冲突"；三是"因再发现真实的相合而调和"。[②]汤用彤这里所讲的，大概就是文化传播过程中可能遇到的矛盾和冲突。

任何一种文化都有其保守的一面，对外来文化总有某种抗拒性。因此，美国人类学家马文·哈里斯说："抵制传播跟接受传播一样普遍。"[③]当外来文化传播于中国，与中国文化相接触之后，必然会发生矛盾和冲突，引起中国本土文化的抗拒、排斥和抵制。即使是在外来文化以强大的力量传播，中国人普遍对外来文化的传播持热烈欢迎态度的情况下也是如此。许倬云先生分析其原因时指出："外来文化进入另一文化，就等于一种病原体或是一种生物体进入另一生物体之内，必定会产生抗拒或排斥的现象。这种现象，往往成为一种动力。这动力可以是正面的，也可以是负面的。大致上差异愈大，抵拒性就愈

---

① 范思祖著：《华人宜习西学仍不能废中学论》，《皇朝经世文新编续集》卷十二。

② 汤一介：《昌明国粹，融化新知》，载张岱年、汤一介等著《文化的冲突与融合——张申府、梁漱溟、汤用彤百年诞辰纪念文集》，北京大学出版社1996年版，第104页。

③ ［美］马文·哈里斯著：《文化人类学》，李培茱、高地译，东方出版社1988年版，第13页。

强，但所造成的适应，也往往最具有创造性。"①美国科学哲学家库恩（Thomas Kuhn）在讨论科学革命的结构时，"指出两种不同的科学文化相接触时，若内容差距甚大，意识性甚大，所造成的新挑战，比两个文化内容相近所造成的刺激远为大。以我国近代史为例，义和团就是文化抗拒中一个负性的例子，但它后来的发展，都有一个由负性抗拒产生反省，再经反省而纠正自己文化内容的成果。这是文化抗拒中常有的现象，因此，我们值得指出，文化抗拒是一种动力，是能推送历史的力量"②。

虽然我们可以认为晚清移植西方文化至少是部分取得了成功，虽然我们认为晚清引进西学具有广泛的社会基础，并且受到知识精英阶层的大力鼓吹和上层统治集团的积极支持，甚至成为一种国家意志和国家事业，虽然我们认为当时积极引进西学是一种历史发展的必然趋势，并且是挽救国家危亡、民族生存的正确选择，但是，这并不是说，它是一帆风顺的，是没有遇到什么困难和阻力的。实际上，阻力是相当大的。这种引进西方文化的阻力主要是来自传统的力量。传统是一种巨大的保守力量。开放性和保守性是民族文化内部的两种张力，保守力量致力于巩固和维护民族文化的核心价值和民族性，开放力量则力主促进民族文化的进步和发展。在历史上，对外文化交流始终在两种力量的制衡中发展。中国文明历来有"夷夏之防"的观念，那么，外来文化大规模引进，就会对中华文明造成一定的冲击，对中华文明的优越性造成冲击。特别是近代以来西方文化的大规模传播，对中华文明的冲击和影响是相当大的，特别是对传统文化的核心价值具有一定的颠覆性。因为中华文明的核心价值，是以农业文明以及在农业文明基础上建立的血缘社会、宗法社会为基础的，工业文明首先就要颠覆这个基础。实际上，对于外来文化冲击可能造成的影响，保守主义者往往比那些积极主张引进外国文化的人更敏感，反应更强烈。因为传统文化的核心价值是那些知识分子的安身立命所在，所以他们反对外来文化的

---

① ［美］许倬云著：《中国文化与世界文化》，贵州人民出版社1991年版，第137页。
② ［美］许倬云著：《中国文化与世界文化》，贵州人民出版社1991年版，第137页。

态度是很坚决的、很强烈的。他们一般站在"道德正确"和"政治正确"的角度，以传统文化卫道士的面目出现，这就使得他们的反对很有力量。在洋务运动期间，洋务派每走一步，都会受到保守力量的攻击和抵制，在建立同文馆、派遣留学生、修铁路、建工厂等方面，保守派都会站出来说出一大堆反对的理由。这就给洋务运动造成很大的掣肘，使洋务运动的倡导者们步履维艰，也使得最高决策层左右为难、摇摆不定。保守主义的阻挠和抵制，是中国近代化困难重重的主要原因。

保守主义不仅有深厚的文化基础，也有广泛的群众基础。19世纪，中国的经济主要还是以农业为基础，最广大的民众还是农民或者是依附于农民的阶层，城市里的官员、商人、士大夫等都与农村和农民有着千丝万缕的血缘联系。工业文明进来了，就在一定程度上破坏了传统农业社会自给自足的经济形态，破坏了农业的生产方式。另外，西方文化的价值观念、社会伦理、生活方式等都对传统社会的文化风俗造成很大冲击。因此，在广大农村社会就形成了对外来文化的巨大的抵制力量。所以，晚清多次出现不同程度的反洋教、反洋人的教案，最后出现了义和团这样大规模的排外浪潮。在许多教案中，都有一些地方的士绅参与或操纵，这正显示出了下层民众的排外思潮与上层精英社会保守主义的默契与合流。

保守主义是社会进步的阻碍力量。但是，作为文化上的保守主义，有两个方面的问题需要提出。第一个问题是，保守主义对于激进的反传统主义、激进的西化派，是一种制衡的力量。我们经常引证恩格斯的一个观点，说历史是多种力量合力的结果。多种力量形成了一种相互制衡的关系，使哪一种力量都不会走得太远，都被限制在历史实践所能容纳的范围内。如果没有文化保守主义的抵制、抗拒和制衡，那么，引进近代西方文化，引进大工业文明，就可能更快一些，但也可能走得更远，超出当时社会发展水平所能容纳的程度，因而引起更大的社会和文化震荡。比如，日本在明治维新时期主张全盘西化，但在其后期又出现过儒学振兴运动，主张恢复和保存传统文化，对当时滚滚而来的西化浪潮起到了一定的遏制作用，避免了社会的文化分裂。日本的例子是先全盘西化，然后校正，中国则是在一开始就有文化保守主义在遏制、在制衡，所以就没有像日本那样走得很远。

第二个问题是，文化保守主义的本质，是在强大的外来文化（在近代是指强大的西方工业文明）的冲击下，试图守护、保存本土文化、民族文化，尤其是保存传统文化核心价值的努力。前面说过，保守主义者对西方文化造成的冲击和对传统文化的颠覆性危险十分敏感，也十分警惕。他们的态度是明朗的、真诚的、坚决的，就是要做传统文化的守护者、卫道士，即便西方文化的冲击是强有力的、巨大的。因此，即使到了这一时期的后一阶段，西学取代中学、"新学"取代"旧学"已经成为时代潮流，文化保守主义者们仍然在做保存传统文化的努力，比如创办存古学堂，比如用西学的方法整理、研究"旧学"，即所谓"整理国故""保存国粹"等，都是要传承传统文化的文脉，在西学滚滚而来的浪潮中存续传统文明的价值。

从以上两点来说，我们以往对文化保守主义的正面意义估计不足，评价也不高。除了它们在历史上所起到的一定积极作用外，仅它们对待文化传统的真诚和态度，就值得我们抱以真诚的敬意。

文化保守主义不仅是一种思想，还是一种深厚的文化心理。那个时代的绝大多数知识分子对传统文化的敬意和忠诚都是一样的。除文化保守主义者外，那些主张向西方学习、积极引进西学的启蒙思想家也没有全盘否定中华传统文化。他们积极引进西学，目的不是否定传统文化，而是丰富和发展传统文化，进一步维护传统文化以及其支撑的封建专制制度。比如他们先后主张"西学中源""中体西用"，除了文化策略上的考虑，还表示要把中学与西学作为两种并行的文化，把西学的"用"作为中学的补充和丰富，巩固中学的"体"。"中体西用"正是他们根本的文化观。对他们来说，中学的"体"，中华传统文化的核心价值，也和保守主义者一样，是他们安身立命之所在。即使到了康有为等更激进的思想家那里，已经超出了"体用"的框架，仍然在鼓吹西学的同时，努力在传统文化中寻找思想资源。

五、中体西用：折中主义的文化策略

洋务运动的本质在"洋务"，就是学习西方先进的科学技术，制造先进的机器，发展近代工业，以达到富国强兵的目的。换句话说，采西学，制洋器，以"洋务"实现"自强"，是当时应对"大变局"、挽救民族危机的主要思路。

为了更合理地"采西学"，洋务思想家们提出了"中学为体，西学为用"的口号，并将其作为解决引进西学与坚持本土文化矛盾的一个思路。在中国而讲求洋务，本身就包含一个必须解决的前提性问题，即所讲求的"洋务"是否适用于中国。只有证实在"洋务"名义下所介绍的在西方行之有效的一套，如技艺、学理、经验、制度等，施之于中国能够同样有效，能够解决国家、民族面临的重大困难，西方的这些文明成果方能为中国人所接受。

冯桂芬的《校邠庐抗议》对于"中学为体，西学为用"论式的形成起了承先启后的作用。他为论证"采西学"的必要性，以"法后王"为依据，主张借鉴和中国"同时并域"的西方诸国"自治富强"的成功经验，认为如果能够"以中国伦常名教为原本，辅以诸国富强之术"，必将收到"更善之善"的效果。后来人们把这个论断概括为中学是本、是体、是道，而西学是末、是用、是器。冯桂芬的"本辅"说是"中体西用"思想的最早表述形式。它在中学和西学兼蓄并容的文化结构中，以突出中学的主导地位为条件，确认西学的辅助作用价值。

换句话说，这个"中体西用"论式的问世，是在信誓旦旦地确保"伦常名教"所代表的既有政治秩序和道义信念不变的前提下，主张破除成规习见，采用西方近代文化成果以为富强之术。形式上的重点是在强调中学之为"体"，事实上的重点却在强调西学之需"用"。洋务思想家们提出"中体西用"，借用"主辅""体用""本末"这些概念，这些人们用惯的字眼、术语，表示中学和西学哪个重要、哪个次要，哪个是主干、哪个是枝节，哪个起主导作用、哪个起从属作用，哪个是最高准则、哪个是应用方法，即按照主次轻重的模式评估中学与西学。在这一理论中，他们把中学和西学的关系称为"体"与"用"的关系，或称为"道"与"器"的关系、"本"与"末"的关系、"主"与"辅"的关系，进而肯定两者的相对价值，即中学具有精神价值，西学具有物质价值；更进而肯定两者的功用，即中学用来"治心身"，西学用来"应世事"。在这里，中学和西学的地位虽略有高低之分，如强调中学是"本""体"，而西学只是"末""用"，但两者又被强调是相补相救、不可偏废的。然而，洋务派主张"中体西用"，"实已是一革命性的态度"[1]。从理论上看，他们以这种思想模式将西学内容合法化，将指向现代的世俗价值目标引进传统框架内，肯定西学所指向的世俗价值，肯定其具有的传统伦理价值所不能替代的实际功用。这就等于承认中学还有不足，还有待于西学来补充，西学确有超越于中学的地方，从而动摇了"礼义至上"的传统伦理价值观绝对、唯一的权威地位。

许纪霖等主编的《中国现代化史》指出："这一思想模式的核心，就是把代表传统文化的'中学'和代表西洋文化的'西学'在价值和功用上加以区分。……他们将中学和西学置于既相对又统一的地位，如：中学是体，西学为用；中学是本，西学为末；中学为道，西学为器；中学是内学，西学是外学。进而肯定二者的相对价值，即中学具有精神价值，西学具有物质价值；更进而肯定二者各自的功用，即中学用来'治心身'，西学用来'应世事'。这是一种二元的价值体系。在这里，中学和西学的地位虽略有高下之分，如强调中学是'本'，是'体'，而西学只是'末'，是'用'，但同时这二者又被强调是相补相救，不可偏废的。在这种二元的思想模式里，中学所指向的伦理价值和西学所指向的世俗价值被统一为一个整体。应该说，'中体西用'是在既定的现实中洋务知识分子理论阐发的极致。"[2]丁伟志则指出："'中体西用'，

---

① 金耀基：《现代化与中国现代历史——提供一个理解中国百年来现代史的概念架构》，载罗荣渠、牛大勇编《中国现代化历程的探索》，北京大学出版社1992年版，第12页。

② 许纪霖、陈达凯主编：《中国现代化史》第1卷，学林出版社2006年版，第60页。

是洋务运动中兴起的一种旨在提倡西学的独特的文化观念形态。综观它在洋务运动的全程中所起的作用，'中体西用'论无疑是一种反对守旧排外、提倡文化革新的文化新论。它以'体用''本末'的关系，努力论证着中西文化可以相容、可以互补，努力论证着中国固有文化可以通过采纳西学而增益新知、焕发生机。因此可以说，'中体西用'论在洋务运动时期，对于传播西方近代文明，对于中国文化的近代化，起的是标新领异的积极作用。"①

提倡西学者，要借助"中体西用"的文化观来抬高中学的地位，并在形式上适当压低西学的作用，这是为减少由于重视西学所招致的重大阻力。李鸿章曾多次阐述过相同的观点，如1863年2月他在致曾国藩书、1864年春在致总理衙门书和1865年9月在《置办外国铁厂机器折》中，都反复强调了用外国长技来维护中国的"文物制度"的主张。李鸿章在上述奏折中写道："中国文物制度迥异外洋獉狉之俗，所以郅治保邦，固丕基于勿坏者，固有自在；必谓转危为安，转弱为强之道，全由于仿习机器，臣亦不存此方隅之见。"那么，为什么又要提倡向西方"仿习机器"呢？他的理由是："顾经国之略，有全体，有偏端，有本有末。如病方亟，不得不治标，非谓培补修养之方即在是也。如水大至，不得不缮防，非谓浚川浍、经田畴之策可不讲也。"

洋务派并不是中华传统文明的背叛者，而是坚定的卫道者。他们主张学习西方文化，并不是为了颠覆传统文化，而是为了发展中国文化。"变器"是为了"卫道"，以西学为"用"，正是为了保中学之"体"。张之洞在《劝学篇》中说："今欲强中国，存中学，则不得不讲西学。"其幕僚辜鸿铭概括他的洋务事业的终极目的是"保名教"，"文襄之效西法，非慕欧化也；文襄之图富强，志不在富强也。盖欲借富强以保中国，保中国即所以保名教"②。

随着对西学知识的加深，洋务派为强调西学之可用和当用而标榜的"中

---

① 丁伟志、陈崧著：《中体西用之间——晚清中西文化观述论》，中国社会科学出版社1995年版，第173页。

② 中国史学会主编：《戊戌变法》第4册，上海人民出版社1957年版，第279页。

体西用"论逐渐有所发展。当他们明白了西方富强之因是由于实行"重商富民"政策，并建立了相应的法度时，他们心目中的"中体西用"论式中的"西用"，无疑已迥然不同于当年所说的洋器、洋技之长。他们所要学习的内容，已经不再拘守于"不师其法，惟仿其器"的狭小范围。

他们表现出对中华文明强烈的责任感。薛福成指出："中国之病，固在不能更新，尤在不能守旧。"他谆谆告诫国人："宜考旧，勿厌旧；宜知新，勿骛新。"[①]张之洞告诫国人了解西学应在通晓中学的前提下进行，他希望中国出现"朝运汽机，夕驰铁路"的局面，更希望中国人能继续"行圣人之行"。体用派通过中体西用理论首次提出了中西两种文化如何结合的大原则，提出了与社会转型相适应的第一种文化模式，引进外来文化要加以选择，要以我为主。他在1898年7月3日公布的《总理衙门筹议京师大学堂章程》中说：

> 考东西各国，无论何等学校，断未有尽舍本国之学而能通他国之学者；亦未有绝不通本国之学而能通他国之学者。中国学人之大弊，治中学者绝口不提西学，治西学者亦绝口不言中学；此两学所以终不能合，徒互相诟病，若水火不相入也。夫中学体也，西学用也，二者相需，缺一不可，体用不备，安能成才。

"中体西用"这个口号逐渐为人们所接受，成为部分官方或非官方、主流派或非主流派文化人士尊奉的文化观念准则、规范，在中国文化界有着强烈影响，甚至可以认为是晚清的官方意识形态。对于晚清的文化发展来说，这是一个相当大的进步，因为有了这样的策略，就可以大张旗鼓地引进西学。"中体西用"虽以"中学为体"，但其着重点在提倡"西用"，确认西学辅助作用的价值，强调引进西学的必要性。随着洋务运动的发展，"中体西用"文化观论

---

① 〔清〕薛福成著，邓亦兵编选、校点：《庸庵随笔》，中共中央党校出版社1998年版，第18、19页。

式的内容也发生了变化，总的趋势是中学的内涵越来越小，西学的范围则日益扩大，层次日益深入。"在60至90年代洋务运动期间，'中体西用'的思想成为洋务人士的共同理论纲领"[1]，在当时寻求中国富强之路的探索中，发挥了重要作用。

1898年，张之洞发表《劝学篇》，将"中学为体，西学为用"改称为"旧学""新学"，并加以理论概括和系统阐发。《劝学篇》一方面批评顽固派的"守旧""不知通"，另一方面批评维新派的"菲薄名教""不知本"。他企图在顽固派和维新派的主张之间寻找第三条路——"旧学为本，新学为用，不使偏废"，这便是洋务派文化思想的集中概括。

张之洞对"旧学为体，新学为用"的含义做了全面的阐发。《劝学篇》共24篇，4万余字，"内篇务本，以正人心；外篇务通，以开风气"。"本"指的是有关世道人心的纲常名教不能动摇；"通"指的是工商、学校、报馆诸事可以变通举办。全书贯穿"中体西用"精神，主张在维护君主专制制度的前提下接受西方资本主义列强的技艺，并以这种新技艺"补"专制旧制之"阙"，"起"清廷统治之"疾"。张之洞倡导的"新旧兼学"中的"新学"亦包括"西政"，这比早期"中体西用"论者的"'西学'等于'西艺'"的观点更进了一步，扩及"学校、地理、度支、赋税、武备、律例、劝工、通商"诸项。张之洞的公式是："中学为内学，西学为外学；中学治身心，西学应世事。"

《劝学篇》对文化的不同层面持不同态度，引申出"变"与"不变"的二重观点。张之洞说："夫不可变者，伦纪也，非法制也；圣道也，非器械也；心术也，非工艺也。"这就是说，器可变而道不可变。为证明"器"的可变性，张之洞旁征博引经典，如《周易》的"穷则变""变通尽利""变通趋时""损益之道"，《尚书》的"器非求旧，惟新"，《礼经》的"五帝不沿乐，三五不袭礼，礼时为大"，《论语》的"温故知新"，等等。为论证"道"的不可变性，张之洞征引《礼记·大传》的"亲亲也，尊尊也，长长也，男女有别，

---

[1] 许纪霖、陈达凯主编：《中国现代化史》第1卷，学林出版社2006年版，第60页。

此其不可得与民变革者也"。他进而发挥道："五伦之道，百行之原，相传数千年更无异义。"

张之洞的"变易"与"不易"的二重思想，虽然与诸经都有关系，但其主要渊源体现在《周易》关于"变易"与"不易"的二重学说中。张之洞力图变更陈法，改弦更张，在技艺层面，甚至部分地在制度层面采用"西法"。然而，作为宗法—专制政体和纲常名教的卫道者，他又竭力维系旧的政治—伦理系统。

六、西学东渐与新文化运动

晚清几十年西学的引进过程以及其引起的中国文化变迁，为20世纪留下了重要的文明遗产。20世纪的中外文化交流，对外来文化的引进和接受，继续了晚清时期的内容，还是以西学东渐为主，以引进、接受和融合先进的西方文明为主。但是，与晚清相比，进入民国以后，特别是从新文化运动开始，西方文化在中国的传播，无论是在内容上，还是在规模以及深度上，都有相当大程度的进展，展现出一些新的特点。

进入民国以后，特别是到了新文化运动期间，西学传播的内容比晚清时期更为丰富。洋务运动时期传播的西学以自然科学为主，戊戌变法时期"政艺兼学"以"政学"亦即社会科学为主。自新文化运动时期开始，"几乎所有的西学门类，如政治、经济、军事、法律、哲学、宗教、心理学、地理学、史学、文学、美学、语言、文字、艺术、科技、医学、教育，以及各种各样的思潮、学说、观念都先后传入到了中国"[①]。比如，西方哲学虽然自戊戌变法时期起就已开始传入我国，但真正对西方哲学进行全面系统的介绍，则是在新文化运动及其之后。在文学方面，据不完全统计，仅1918年至1923年的5年间，先后就有30多个国家的170多位作家的文学作品被翻译介绍到中国。西方文

---

① 郑大华主编：《中国文化发展史》（民国卷），山东教育出版社2013年版，第288页。

艺复兴以来各种各样的文艺思潮，如现实主义、自然主义、浪漫主义、唯美主义、象征主义、印象主义等传入中国，各种文学体裁，如短篇小说、杂文、随笔等，也大量涌进中国。在自然科学方面，现代西方发展起来的各门科学及其前沿成果，也都被介绍到中国来。特别是在工业和农业方面的先进生产技术，不仅被大量地引进，并且很快进入生产实践中，直接在中国的工业和农业生产中发挥作用。

20世纪西学东渐一个最明显的特点是文化传播主体的变化。晚清时期，西学东渐的主体主要是来自西方各国的传教士。到清末，这种情况开始出现变化。早期出国的留学生陆续学成归国，中国人中掌握外国语言文字和科学知识的人日益增多，他们积极传播西学，并逐渐取代传教士成为西学东渐的重要力量。进入民国以后，随着大量留学生回国，他们完全成为西学东渐的主体。据保守估计，清末至民国，我国官费或自费到欧美、日本留学的学生至少在10万人以上，有学者甚至估计可能有30万人。[1]这些留学生绝大多数学成回国。留学生接受了系统的新式教育，又有长期在国外生活的经历，无论是对西方语言文字的掌握，还是对西方文化学术的了解，都更直接和全面。因此，他们"在引介西方哲学、社会科学及人文学说方面"，很快取代严复、梁启超、林纾等人，"扮演了'盗火者'的角色"[2]，成为传播西学的主体。在几乎所有的学科、所有的领域，归国留学生都扮演了西方文化传播者的角色。甚至可以说，现代中国的各个学科几乎都是由留学生们建立的，文学艺术的创新和发展也是由留学生们来实现的。以哲学为例，民国时期有影响的西方哲学流派，几乎都是留学生首先或主要介绍到中国来的。另有学者统计，1911—1949年间出版外国文学译著近4000种，"留学出身的译者占了其中的大部分"[3]。民国时期著名的思想家、文学家、教育家、科学家和社

---

① 李华兴主编：《民国教育史》，上海教育出版社1997年版，第750页。
② 李华兴主编：《民国教育史》，上海教育出版社1997年版，第755页。
③ 王奇生著：《中国留学生的历史轨迹：1872—1949》，湖北教育出版社1992年版，第322页。

会科学家，大多数都是留学生出身。

西学东渐的途径也更为广阔，更为多样化。进入民国，翻译西书仍是西学东渐的重要途径。但与晚清不同，民国时期译书的主体是归国留学生。他们既精通西方语言文字，又对西方文化学术有比较深入的了解，所以，他们彻底抛弃了"西译中述"的模式。作为某一学科领域的专家，他们翻译的内容更为丰富和准确。

不仅如此，很多对西学有相当了解和研究的思想家和学者撰写了适合中国读者的介绍西学的著作。如胡适、蒋梦麟、陶行知等人对杜威实验主义哲学的介绍，张君劢、瞿世英、李石岑等人对奥铿精神哲学、柏格森生命哲学和杜里舒生机主义哲学的介绍，张申府、张东荪等人对罗素数理逻辑和社会主义学说的介绍，李大钊、李达、艾思奇等人对马克思主义哲学的介绍，茅盾、郭沫若等对西方文艺思潮的介绍，等等。这些介绍对西学东渐发挥了非常重要的作用。

与此同时，在华的外国人仍然充当了传播西学的媒介。在这一时期，新教和天主教传教士为数众多，他们仍然对西学的传播发挥着重要作用。但是，传播西学的主要力量不再是传教士，而是来自各国各个领域的专家学者。五四时期，应邀来华讲学的西方学者有美国著名哲学家杜威、英国著名哲学家罗素、德国著名哲学家杜里舒、印度诗人泰戈尔等人。20世纪二三十年代到中国从事讲学或文化交流活动的西方学者还有伯希和、萧伯纳、维纳、阿达玛、爱因斯坦、魏特夫、斯文·赫定等人。20世纪前期，中国的大学和高等院校曾聘请了数以百计的外籍教授，其中有些在教会大学执教，也有相当数量的外籍教授在国立大学执教。他们之中，有语言学家、汉学家、文学家，更多的是地质学、物理学、地理学、人类学、社会学、生物学、化学、数学、医学和工程学的科学家。许多文学家和艺术家也曾到中国进行艺术交流活动，比如英国作家毛姆、美国作家海明威等都曾到中国访问，与中国作家交流。美国汉学家史景迁（Jonathan D. Spence，1936—2021）在他的《追寻现代中国》一书中说："那时的中国处于一个之前和至今都没有再出现的时代——一个全世界的知识分子都纷至沓来的时代。"

新文化运动以现代文明为取向，代表了中国社会思潮的主流。这种思路和方式的核心意义是通过主动吸收外来文化，顺应和接受现代化变迁的历史趋势，重建中国文明的精神和结构，实现民族文化新的振兴。这比晚清"中体西用"的思路提高了一个层次，进入一个新的阶段。

1915年9月，曾经参加过辛亥革命和二次革命，从日本留学归来的陈独秀，在上海创办了《青年》(第二卷改为《新青年》)杂志，同样留日归来的李大钊等人是主要撰稿人，并参与编辑工作。他们举起民主和科学的旗帜，倡言启蒙，预示了行将到来的大海潮音。《新青年》杂志的创办是五四新文化运动兴起的标志。

对于20世纪的中国，特别是20世纪的中国思想界，五四运动的意义怎样强调也不过分。现代中国那黄金般的五四时期，既相当于15世纪意大利的文艺复兴，也相当于18世纪法国的启蒙运动。那一时期在漫长的历史长河中只算得一瞬间，但就在那千载难逢的一瞬间，古今中外各种思潮如百川归海般奔腾咆哮，人们的思想文化像风驰电掣般突飞猛进。五四时期，人们热烈地拥抱"德先生"和"赛先生"，挟民主和科学思潮之伟力向以儒家纲常伦理为核心的中国封建意识形态进行了猛烈的冲击；人们还亢奋地经历了中西文化的大会战、大激荡、大交汇；部分更激进的人们更对封建主义文明和资本主义文明进行了双重否定而奔向"第三种文明"的曙光。[①]

陈独秀是新文化运动的精神领袖。1917年，陈独秀到北大后，《新青年》编辑部也随之迁到北京。稍后，胡适、刘半农、易白沙、鲁迅、钱玄同、李大钊、高一涵、吴虞、沈尹默等聚集于旗下，加入编辑部并成为主要撰稿人，组成了一个新文化运动的阵营，在茫茫黑夜中点燃了一支启蒙运动的火炬。《新青年》实际上成了新文化运动的思想领导中心。

[①] 冯崇义著：《罗素与中国——西方思想在中国的一次经历》，生活·读书·新知三联书店1994年版，第91页。

陈独秀和那个时代的思想家们提出了一条救国救民的新道路，即通过国民觉悟启蒙而走向民族复兴的道路。

启蒙思想家们总结辛亥革命的经验教训，并提出，辛亥革命之所以不能成功，共和制度之所以不能巩固，其主要的原因，在于国民的觉悟问题。而国民的不觉悟，是由于国民的愚昧落后；国民愚昧落后，则是由传统封建伦理道德影响所致。所以，"伦理的觉悟，为吾人最后觉悟之最后觉悟"①。要确立共和立宪政治，建立名副其实的共和国，以及现代法制和经济，必先根除对中国政治影响极其深重的儒家伦理，进行新文化、新思想、新道德的启蒙，改造国民性，促进国民最后之觉悟。"伦理问题不解决，则政治学术，皆枝叶问题"②。陈独秀明确说："欲图根本之救亡，所需乎国民性质行为之改善……"③

所以，从改造国民性、铸造"新青年"和"新社会"入手，开辟一条救国救民的新道路，就成为那个时代的启蒙思想家们的历史重任。他们自觉地担当起这个历史重任，高举起新文化运动的大旗，海啸山呼，演出了近代以来中国人救亡图存、寻求民族之梦道路上的颇为壮观的一幕。

近代以来，中国人在探索救亡图存、寻求民族之梦的道路上已经走过了很长的一段路程。首先是发现了西方的船坚炮利，因而提出"师夷之长技以制夷"的主张，代表了一个民族在外国列强炮口下的久睡初醒；接着是持续30年的洋务运动，出现了铁路、电报、兵工厂、北洋水师，西方工业革命的成果渐渐洒落在这片古老的土地上。然而，只有器物上的变革并不足以拯救民族于水火，甲午战争之败就是证明。于是，又学习西方的政治文化，进行政治体制和制度变革的主张，进行了戊戌变法、新政改革和辛亥革命，推翻了封建专制制度，建立了共和制度。但是，共和制度在民国初年的名存实亡，说明了只有

---

① 陈独秀著：《独秀文存·论文》上，首都经济贸易大学出版社2018年版，第32页。
② 陈独秀著：《独秀文存·论文》上，首都经济贸易大学出版社2018年版，第59页。
③ 陈独秀著：《独秀文存·论文》上，首都经济贸易大学出版社2018年版，第50页。

制度的变革仍然不能从根本上改变中国的现状。作为现代国家基础的"新国民",并没有伴随着民国而自然产生,因此,宣传新思想、培育新国民就成为当务之急。于是,近代中国人的努力就进入新的历史阶段,从器物层面、制度层面深入到心理文化的层面,开始了批判中国传统思想、改造中国人的国民性、重建民族文化的新文化运动,开始了促进国民觉悟的新思想启蒙运动。

新文化运动的主题,顾名思义,正是要全面更新中国的文化,就是要以现代文化来取代中国的传统文化。从中国近代文化史的角度说,当时新文化运动的新意表现为:文化更新的主旨不再停留于物质层面的坚船利炮、器物技艺,也不再停留于制度层次的政治体制、经济模式、法律体系和教育制度,而是精神层次的价值观念、文化心理,是要重塑国民性格。

宣传民主与科学是新文化运动的基本内容。"民主"指民主思想和民主政治,"科学"主要指近代自然科学法则和科学精神。"民主"与"科学"是新文化运动的两面旗帜。将民主与科学作为近代新文化运动的核心观念或基本价值加以追求和崇尚,这是新文化运动最伟大的历史功绩。为宣扬民主与科学,唤起国人"最后之觉悟",新文化运动采取了反传统的态度。五四新文化运动时期反对的主要是儒学,特别是它的核心礼教。在新文化派学者看来,儒学是中国传统文化的核心,是封建专制制度的理论基础,是"历代帝王专制之护符",正是儒学和孔子造成了今日中国的落后。因此,要推翻封建专制制度,谋求祖国的富强,实现平等自由,就必须反儒学、反孔教。郭湛波在《近五十年中国思想史》中指出:"这是工业资本社会思想与中国农业宗法封建社会思想的冲突,中国农业宗法封建社会思想的代表,就是孔子。因为中国自春秋战国以后,至鸦片战争(一八四〇年),二千余年的中国农业社会,没有变动,所以笼罩二千余年孔子学说思想也没有什么变动。自从工业资本社会思想来到中国,所以首先攻击这笼罩二千余年的孔子学说思想……"①

新文化运动反孔的意义,不在于批判孔子的一家学说,而是要对统治中

---

① 郭湛波著:《近五十年中国思想史》,山东人民出版社1997年版,第78页。

国几千年的封建思想、封建文化进行一次大扫荡，建设新的民族文化、民族思想。李大钊在概括新文化运动"打倒孔家店"的政治动因和文化含义时说："余之掊击孔子，非掊击孔子之本身，乃掊击孔子为历代君主所雕塑之偶像的权威也；非掊击孔子，乃掊击专制政治之灵魂也。"[1]批判孔子、批判传统文化，矛头所指的是封建专制主义，这是一种政治诉求，而在此基础上建立的则是体现现代社会变革的中华民族新文明。

批判以孔子思想为核心的传统思想文化，和提倡以西方文化为代表的新思想文化，是当时新文化运动的两个主要方面。"这种'新思想'的趋势，是一面对于农业社会旧思想的攻击，一方是西洋工业资本社会新思想的介绍"[2]。

新文化运动对中国传统文化的批判具有重大的历史影响。"伴随着这场荡涤中国旧文化、旧观念污垢的文化运动，科学、民主观念和精神得到了空前的发扬，中国的文化迎来了一个新的时代。以科学文化为主导的西方近代文化在中国得到更全面深入的传播"[3]。新文化运动是中国历史上第一次伟大的思想解放运动。新文化运动对封建思想的猛烈攻击，震动了整个思想文化界，犹如狂飙席卷大地，催人猛醒。民主和科学精神的大力弘扬，民主主义思想更加广泛的传播，启发了新一代青年知识分子以前所未有的觉悟和激情去探索救国的新道路。新思想、新文化的启蒙本因救亡而起，新思想、新文化的启蒙又进一步推动了救亡运动。启蒙与救亡，都是为了中华民族的复兴，为了中华文化的复兴。

新文化运动的伟大思想启蒙，积聚了巨大的思想力量。而这种思想力量又逐渐汇聚成社会力量。

---

[1]　中共中央党史研究室著：《中国共产党历史》第1卷，中共党史出版社2010年版，第28页。

[2]　郭湛波著：《近五十年中国思想史》，山东人民出版社1997年版，第80页。

[3]　段治文著：《中国现代科学文化的兴起（1919—1936）》，上海人民出版社2001年版，第30页。

七、中西文化观的交锋与论战

但是，新文化运动并不是顺利地被社会认同的，它受到了"文化本位主义"或"文化保守主义"的抵抗。这种文化保守主义和历史上曾经出现过的顽固的守旧派不一样。实际上，"当历史进入到20世纪，特别是民国后，就很难再找出有影响的顽固守旧思潮的代表人物了"[①]。20世纪的"文化本位主义"或"文化保守主义"并不是要恢复传统社会的经济政治秩序，也不是完全反对现代化变迁，而是主张重建主体性的中华文化传统，以中华文化的观念框架同化、吸收某些外来文化的东西。他们以认同、回归民族文化传统为特点，认为经济、政治层面的现代化固然能够引起文化习俗、观念的现代化，但这种变化并不一定是全盘的，并不必然蕴含文化价值层面的全面反传统。他们所主张的，实际上是要通过恢复传统文化的积极性因素和主体性功能，使其适应现代化的趋势，以重建和振兴民族文化。

中国文化保守主义者的共同特点是：他们能以比较开放的心智面对西学，但反对"全盘西化"，主张在学习和吸收外来文化的过程中坚持本民族文化的主体性。中国文化保守主义的出现，更与当时中国的社会文化环境有密切关系。戊戌变法失败，特别是义和团运动以后，章太炎认识到不推翻清廷统治，"欲士之爱国，民之敌忾，不可得也，浸微浸削，亦终为欧美之陪隶已矣"（《客帝匡谬》）。民国初年，梁漱溟目睹时艰，悲悯地发出"吾曹不出如苍生何"的呐喊。他更有感于"今日的中国，西学有人提倡，佛学有人提倡，只有谈到孔子羞涩不能出口……孔子之真若非我出头，可有那个出头？"[②]遂以复兴孔学为己任，号召国人走孔家路，寻孔颜乐处，重开宋明儒讲学之风，并坚信世界最近的未来必是中国文化的复兴。由此可见，梁氏

---

① 郑大华主编：《中国文化发展史》（民国卷），山东教育出版社2013年版，第95页。
② 梁漱溟著：《东西文化及其哲学》，商务印书馆1999年版，第221页。

在西化之风昌盛之时，高扬儒学之旗，讲学著书，奔走呼号，目的并不仅仅是复活古老文明，而是要以儒学精神昭苏国人的人生态度，开辟出现实的人生之路，进而求得中国社会和中华文化的新生。他曾指出，唯有复兴中国文化，才能昭苏中国人的人生态度，才能使生机剥尽、死气沉沉的中国人复活过来，从里面发出动作，才是真动。中国不复活则已，中国而复活，只能于此得之，这是独一无二的路。

20世纪前期，西方文化大规模传播，在全面引进西方文化、中华传统文化受到强大冲击的情况下，传统文化受到巨大冲击。而与此同时，文化保守主义思潮也十分活跃。《东方杂志》主编杜亚泉及其后继者钱智修，《欧游心影录》的作者梁启超，《东西文化及其哲学》的作者梁漱溟，《甲寅杂志》的主编、主撰章士钊，以及科学与人生观论战中的玄学派主将张君劢等，都是这一时期文化保守主义的代表人物。他们反对新文化运动激进的向西方学习的主张，而是大力提倡东方文化，因此有时人们又把他们统称为"东方文化派"。除"东方文化派"外，以东南大学教授吴宓、梅光迪为代表的"学衡派"也是这一时期文化保守主义的重要代表。

20世纪30年代，岭南大学教授陈序经出版了《中国文化的出路》一书，对"全盘西化论"作了系统论证。至此，"全盘西化"不仅作为一个口号，而且作为一种文化主张而引起注意。针对陈序经的观点，有十教授联名发表《中国本位的文化建设宣言》（以下简称《宣言》），从而形成了一场影响广泛的大论战。这个《宣言》一开头便指出：中国在文化的领域中消失了；中国政治的形态、社会的组织和思想的内容，已经失去了它的特征，中国人"也渐渐的不能算是中国人"。十教授认为，要使中国在文化领域抬头，要使中国的政治、社会和思想都具有中国的特征，就必须从事中国本位文化的建设。他们指出：中国曾经有过"文化大放异彩的隆盛期"，到了近代，这种文化发生了根本的动摇。当前的问题是如何使文化建设配合政治、经济建设，从而建设一个新的国家。他们不赞成复古派的主张，认为古代的中国已成历史，不能重演，也不需要重演；他们也不赞成盲目模仿外国，认为无论是完全模仿英、美，还是完全模仿意、德，其主张都轻视了中国空间、时间的特殊性。他们认为，"此时此地的需要"，才是"中国本位的基础"。因而中国本位文化建设的内容，既不是古代中国的思想文化，也不是欧美的文化。对于古代文化，应"存其所当存，去其所当去"；对于欧美文化，应"吸收其所当吸收"。中国本位文化建设是迎头赶上去的创造，其目的"是使在文化领域中因失去特征而没落的中国和中国人，不仅能与别国人并驾齐驱于文化的领域，并且对世界的文化能有最珍贵的贡献"。它的原则是"不守旧；不盲从；根据中国本位，采取批评态度，应用科学方法来检讨过去，把握现在，创造将来"。

　　《中国本位文化建设宣言》发表以后，许多报刊发表社评、文章，大力推崇、宣扬《宣言》的观点和主张。另一方面，十教授的《宣言》也受到西化派的尖锐批评。"本位文化"论战所涉及的不只是文化问题，而是由此引出的中国的出路即社会发展道路的问题。所谓"本位文化建设"，从中西文化冲突的角度来看，是本位文化受到外来文化严重冲击而引起的"重整反应"。在这次讨论中，对如何认识西方文化的问题，持分析态度的意见显然占上风，不论对资本主义文化还是对社会主义文化，都提倡进行客观的科学研究。就是大力支持西化论的人，也客观分析了西方生活方式的缺陷，指出西方文化也有历史的惰性，特别是指出现代资本主义文明是"奢侈文明""拜金主义"，以及阶级斗争、国际斗争的残酷；指出中西文明之不同是农业经济文明与现代工业文明之不同，中西文化比较从文化层次扩大到经济层次。在讨论中，不论是主张西化论者还是主张中国本位论者，都逐步产生一种新认识，即用"现代化"这个新概念来取代"西化"或"中国化"等概念。现代化可以包括西化，西化却不能包括现代化。中国现代化的努力方向：第一，发展自然科学，这是现代化的根本基础；第二，促进工业发展，一个国家若无现代工业，平时无法生活，战时无法进攻；第三，提倡各种现代学术，没有现代学术就不能成为一个现代化国家；第四，思想方面的科学化，以使我们的思想、态度和做事的方法都现代化、效率化、合理化。

　　20世纪30年代的文化争论是20年代文化争论的继续和扩大。从"东方化"引出"中国本位"观点，从"西化"引出"现代化"的观点，表明中国思想界对中国发展道路的思想认识在逐步深化。到20世纪40年代初，"现代化"一词引起哲学家讨论的兴趣。

20世纪30年代一个重要的文化现象是"新儒学"思潮的出现。"新儒学"的出现是现代中国思想史上一个重要的现象。在中国哲学史上，曾出现过一次新儒学哲学思潮，那就是宋明理学。近代以来，"中学"与"西学"或者"旧学"与"新学"的关系问题成了哲学上的中心问题。"新儒学"以倡导儒家学说的现代复兴、承续儒家文化精神为根本宗旨。这个宗旨是直接针对五四时代激烈反传统主义的回应。在那种急风暴雨般的反传统思潮过后，新儒家们提出了"返本开新"、重建"文化本位"的主张，以回应现代化变迁。在新儒学看来，五四与儒学的复兴不是决然对立的。贺麟后来在《儒家思想的新开展》一文中说："新文化运动……破坏和扫除儒家的僵化部分的躯壳形式末节，及束缚个性的传统腐化部分。它并没有打倒孔孟的真精神、真意思、真学术，反而因其洗刷扫除的工夫，使得孔孟程朱的真面目更是显露出来。"[①]

新儒学是在中西文明碰撞交融中产生的新的儒家学派。梁漱溟、张君劢、熊十力等人开始在新儒学的旗帜下进行儒学研究，目标是在汇通中西文化的前提下解释和发展儒学。总的来说，新儒学基本上是以儒学的"内圣外王"为立宗之本的，它是在儒学遭到普遍责难的时候出现的。关于现代新儒家及其代表人物，李泽厚先生指出："大体说来，……在辛亥、五四以来的二十世纪的中国现实和学术土壤上，强调继承、发扬孔孟程朱陆王，以之为中国哲学或中国思想的根本精神，并以它为主体来吸收、接受和改造西方近代思想（如'民主''科学'）和西方哲学（如柏格森、罗素、康德、怀特海等人）以寻求当代中国社会、政治、文化等方面的现实出路。这就是现代新儒家的基本特征。""除了马列哲学的中国化之外，在现代中国思想史、哲学史上，比较具有

---

① 贺麟著：《文化与人生》，上海人民出版社2019年版，第12页。

传承性特色和具有一定创造性的，就只能数'现代新儒家'了。"①

新儒家们力图以儒学论现代化，这种思路的展开，源于这样一个基本信念，即坚信中国文化有活的生命，坚信中国文化有一个绵延不绝的统续。他们认为，中国文化是中国人客观精神生命的表现，所以"返本"就是要畅通民族文化生命的本源，以民族文化的自觉，由文化生命的畅通，来"蓬勃"民族生命的生机。他们主张对传统文化进行创造性转化，以适合现代生活的要求，但这种创造性转化并不是传统的割裂，而是传统的承续，是中国文化生命的发扬光大。所以，他们始终坚持中国文化"本位"观，现代化是中国文化的现代化，而不是要用西方文化来代替中国文化。他们并不完全拒绝西方文化。"今天讲中国文化，首在正视西方文化"②。但是他们是站在中国传统文化的立场上，以中国传统文化的价值尺度来认识、评判、选择西方文化，是以"中"论"西"。在他们看来，当代西方文化的精彩优越之处，在于科学技术与民主政体。当代中国消化西学的问题，"就在畅通民族文化的大生命，使科学与民主的外王，能有内圣或宗教的精神源头，作一健全的开出与展现，也就是说，由本土文化传统的内圣，开当代的新外王"③。

不仅如此，在新儒家们看来，儒家思想不仅具有"开出"现代化的功能，而且还有避免与消解西方现代化带来的现代矛盾与伦理问题的功能。杜维明认为，中国现实生活中出现了某些流弊，究其文化原因，就在于未能很好地保留和弘扬传统文化，特别是儒家的政治理想和人生理想。因此，复兴儒学是补救时弊的良药。对于西方社会也是如此。为了克服西方社会现代化进程中出现的种种矛盾、冲突和危机，西方人应该向东方人学习，从儒家文化中吸取有益的启示。

---

① 李泽厚著：《中国现代思想史论》，东方出版社1987年版，第265—266页。
② 王邦雄：《当代新儒家面对的问题及其开展》，载封祖盛编《当代新儒家》，生活·读书·新知三联书店1989年版，第192页。
③ 王邦雄：《当代新儒家面对的问题及其开展》，载封祖盛编《当代新儒家》，生活·读书·新知三联书店1989年版，第193页。

八、中华文明的转型与重建

在20世纪中国的历史上，发生了一系列影响深远的重大事件。特别是在这个世纪前20年中的几件大事，具有重要的历史转折意义。1905年，延续上千年的科举制度被废除，是这个历史转折的最初标志。因为科举制度曾长期充当传统中国社会和政治动力的枢纽，所以，科举制度的废除，从根本上动摇了封建政治制度的动力基础和延续机制，同时改变了与科举制密切联系的传统教育体制，取而代之的是以传播西学为主要内容的新式学堂，从而改变了文化传承的知识体系。1911年的辛亥革命，推翻了统治中国260多年的清王朝，最后结束了两千多年的封建专制制度，宣告传统社会政治秩序的结束，继起的中华民国则是按照西方政治理念建立起来的新的国家体制。到了五四时期，新文化运动则把对传统社会的否定从政治制度的层面引申到文化心理、思想观念的层面，强烈地冲击了以孔子儒学为代表的传统文化思想体系，继而以西方的"民主"和"科学"理念、以西方文化为目标建立"新文化"。

所以，从19世纪向20世纪的转折，也就是中国从传统社会向现代社会的历史性转折，是整个社会运行机制根本性的、整体性的"转型"。这个历史性的转折和转型是如此艰难又如此重要，以致在整个20世纪，中国经历了从未有过的最激烈、最广泛、最迅速而又持续时间最长的社会大变动。直到今天，我们仍处在这个大变动的过程中，仍然实际地感受到这个大变动。我们甚至可以说，变化是20世纪中国最重要的特征。这场社会大变动极大地改变了中国人的生活背景、生活舞台、生活世界，极大地改变了中国人的生活观念、生活内容、生活方式。20世纪给予中国人的生命活动以新的文化意义，同时在极大的程度上对中国人的心理品质和民族性格进行了再塑造。

20世纪中华文明的变迁是总体性的。在变迁的过程中，不是个别新文化因素的出现或旧文化因素的丧失，不是对原有体系框架的改造、调整或充实，也不是原有文化精神的继续和发展，而是一种结构性的变化。这种文明变迁，是对作为整体的中华传统文明体系的否定和扬弃，是整个社会文明形态诸层面和文化整体设计的更新和转变，是文化模式的演进与转型。价值观是文化的核心，只有实现了价值观念体系的转换，才有可能实现整个文化形态和文化模式从传统向现代的转型。然而，在几千年的历史进程中，中华传统文明的价值观念已经深深地积淀到中国人的深层心理结构中，成为中国人生命活动的意义依托和归属。进行这种价值观的转换，必然引起激烈的心理冲突和对文化变迁的抗拒。因此，现代中国的文化变迁经历了激烈的冲突和震荡。而正是经过了这种文化冲突和震荡，实现了新的文化融合和整合，实现了中华文明从传统向现代的结构性转变，形成现代中华文明的新格局。

中华民族现代文明的嬗变或变迁以迎接西方文明的挑战为契机，但是，这并不等于西方文明会取代、兼并或淹没中华文明。西学东渐在中国社会发挥作用的程度，取决于中国社会的需要程度和接受程度，取决于现有中华文明架构的容纳程度。中华文明在悠久历史中锻造的强大生命力，不会在西方文明的冲击下崩溃和瓦解，而是通过自我调整和自我更新来迎接挑战、适应变革。这样，经过现代化的冲击和洗礼，中华文明在痛苦的历史嬗变中获得了新生和复兴。

20世纪，中华文明经过了"不可避免的艰难苦痛"，实现了自我更新和复兴，并向世界展现出新的风采、新的气象。

中华文明的复兴和整个中国社会的复兴是一致的。近代以来的中国历史，是殖民主义、帝国主义欺辱、掠夺、侵略中国的历史，也是中国人民觉醒、抗争和奋进的历史。中华民族在争取民族解放和国家独立的长期斗争中表现出来的坚忍不拔、不屈不挠、自强不息的民族精神，赢得了世界各国人民的尊重。

1949年中华人民共和国成立以后，特别是1978年党的十一届三中全会实行改革开放政策以后，中国的现代化建设取得了重大成就，中国的国际地位日益提高，在国际事务中发挥着越来越重要的作用。古老的中国焕发了青春，以崭新的面貌出现在世界舞台上。国家的强盛推动了文化的繁荣。国家的兴旺发达，也引起其他国家的人们对中华文化的关注。所以，中国的复兴和发展，促使中华文明走进广阔的现代世界，恢复昔日的无尽魅力。

在几千年文明发展中孕育的中华文明，积淀着中华民族最深层的精神追求，是内蕴深厚、历久弥新的精神财富，为中华民族的生生不息、发展壮大提供了丰厚滋养，成为我们今天推进现代化建设的强大精神力量。经历了现代化的改造与重建，中华文明完成了历史性的蜕变和更新，成为一个用崭新的现代文化装备的、具有现代价值观念和文化精神的现代民族文明。而在中华民族现代文明更新改造的过程中，我们重建着我们的文化精神，重构着我们的意义体系，重塑着我们的民族心魂，从而，创造着现代中国人生机勃勃的、丰富多彩的文化世界。与此同时，中华文明经过历史性的嬗变而获得新生和复兴。在现代世界的文化交流中，具有悠久历史传统的中华文明，正以全面开放的姿态，为人类文明作出新的更大的贡献。

第十章

建设中华民族现代文明

中华民族现代文明是五千多年来锻造的民族文化精神、民族文化生命力的延续和发展。中华民族现代文明建设，要从中国本身的悠久文化传统中获得激发力和文化资源，实现马克思主义基本原理与中华优秀传统文化的结合，走中国式的现代化道路，创造人类文明的新形态。这是代表人类文明进步的发展方向，展现不同于西方现代化模式的一种全新的人类文明形态。

一、传统与我们：建设民族现代文明的基础

本书前面各章从多个层面论述了中华文明的连续性，论述了中华文明在历史发展中形成的各种特征，试图揭示了中华文明生生不息的秘密。五千多年来，中华民族在广袤的东亚大地上，以其聪明才智，以其民族的智慧和创造性，进行了艰苦卓绝的文化创造，在人类文明的各个领域都创造了辉煌灿烂的成就，成为世界文明史上的一个巍峨的高峰。而且，更为突出的是，在人类文明的发展历程中，中华文明是唯一没有中断、始终保持其连续性的文明形态。五千多年的历史中，中华文明有过无数辉煌的文化壮举，也经受过外部文化的冲击和碰撞，但中华文明始终如万古江河，川流不息。即使是在近代以来西方工业文明强烈冲击的情况下，中华文明仍然通过对西方工业文明成果的吸收和自身的转型调整，实现在现代条件下的文明重建和新的发展。五千多年的古老中华文明，始终保持着强大的生命力，传承着旺盛的、生生不息的民族文化精神。

这种强大的生命力，这种生生不息的民族文化精神，是我们建设现代文明、实现中华民族伟大复兴的强大力量。建设中华民族现代文明，正是五千多年锻造的民族文化精神、民族文化生命力的延续和发展。五千多年来创造的丰富多彩、博大精深的文明成就，五千多年来形成的民族文化传统，是我们进行现代文明建设的现实基础。

建设中华民族现代文明，首先要解决的是传统文化与我们今天社会生活的关系。在现代社会中，传统文化到底具有怎样的价值意义？在建设中华民族现代文明的过程中，我们应该怎样对待传统？这也就是传统文化与现代化的关系问题。

传统文化与现代化的关系问题，是世界各国在现代化进程中普遍存在的一个文化矛盾。这个文化矛盾首先表现为传统文化与现代化的二元对立。传统文化与现代化的对立，根源于它们各自的历史属性。"现代化"，简单地

说，就是人们利用现代科学技术全面改造自己生存的物质条件和精神条件的过程。现代化开创了新的生产方式，改变了社会物质生产的面貌，同时改变了整个社会结构和社会关系，改变了人们的生活方式。因此，现代化是一种"宏观社会变迁"，是整个社会生活的一个全新时代。在现代化变迁中，它将创造出一种全新的文化形态、全新的文化形式。现代的科学技术、现代的生产方式、现代的交通通信手段、现代的政治体制和社会组织以及现代的观念、规范、准则，与前现代化社会的传统文化相比，都是异质性的，前所未有的、闻所未闻的。"传统文化"这个概念本身就是与"现代化""现代文化"相对应的。传统文化属于过去，属于前现代化那种以自然经济为基础的社会形态，是从过去的历史发展而来的。传统文化的观念、原则、形式、体制等，都带有自然经济时代人们实践活动的特征和印记。而现代化，首先就是要从传统文化的束缚中解放出来，从传统文化里面走出来，创造一种新的文化世界。就是说，现代化本身就意味着对传统文化的反抗。因而，现代化启动之初，就面临着与传统文化的尖锐对立、矛盾和冲突。

这是一个普遍性的文化矛盾，是所有国家和民族都曾遇到的文化矛盾。任何一个国家或民族，无论是先走上现代化道路的西方国家，还是第三世界的后发展国家，现代化开始启动，就要接受现代化运动创造的文化成果，接受现代化的文化原则，它们的传统文化就要面临现代化的冲击和挑战。因此，我们一直在反省传统、批评传统，并且把如何克服传统看作推动和发展现代化的一个重要方面。

但是，这样对"传统"概念的理解是有限的，即把传统作为一种"既定事物"，一种不属于今天的"过去"。然而，如果我们这样理解和使用"传统"的概念，就很难解释现代社会中大量且仍然是有意义的传统文化的遗存，就很难解释为什么中国传统社会文化体系解体一百多年之后，我们还在讨论传统。

"传统"是一种"既定事物"，是"过去"，但又不仅如此，它还有更多的内涵。凡是代代相传的、被人类赋予价值和意义的事物都可以看作传统。

不过，传统在代代相传的过程中必然会发生变化。人们在继承传统之后，会对所继承的传统进行解释，使传统在延传的过程中发生变异，改变原来的面貌。然而，在这些变体之间又有某种永续的东西，即共同的文化主题，共同的源泉，相近的表达方式和出发点，体现出内在的一脉相承的连续性。这种传统的"延传变体链"（Chain of Transmitted Variants of a Tradition）也被称为"传统"，或者说是传统的一种特殊内涵。①正是由于代代相传的传统，正是由于传统在代代相传的过程中，在保持共同文化主题的前提下的种种变异，使得代与代之间、现在与过去之间，既有变化与发展，又保持了某种连续性与同一性。

传统是从过去延传至现在的一切事物，是在过去与现在之间的一条有意义的联系纽带。这样理解传统，也就是理解了传统在现代社会生活中存在的理由和意义，以及我们与传统的关系，我们应该如何对待传统。

当我们参与传统的进程并规定传统、改变传统的时候，我们就与传统构成了一种关系，这种关系使"传统"转化为"我们"解释的新的文化成果。这种参与和创造，是从历史发展到今天的这个出发点，用现代的文化眼光，对传统文化的要素进行现代化处理，使其具有新的意义、新的价值、新的功能，从而在我们的现代生活中"发挥作用"。这就是说，要把传统"化"为现代，而不是把现代"化"为传统，更不是把现代消解在传统中。也许通过这种方式，使传统文化获得现代性生命成为可能。因为经过这样的处理，传统文化与现代化的关系就可能超越二元对立的状态，成为同一文化架构中互相影响、互相联系的两个方面。中国的现代化将从中国本身的悠久文化传统中获得激发力和文化资源，以自身的传统作为动力和源泉；中国的传统文化也将在现代化运动中获得新的价值和意义，以文化的现代化作为自己生命的合理延续。

这样，传统文化与现代化之间，就不仅仅表现为尖锐的对立，它们还有相互依存、相互联系的一面。因为"传统文化"这个概念本身就是相对于"现

---

① ［美］E. 希尔斯著：《论传统》，傅铿、吕乐译，上海人民出版社1991年版，第17—18页。

代化"提出来的。如果没有现代化,谈论传统文化就没有意义。另一方面,现代化意味着对传统的超越。但对传统的超越并不意味着彻底地、全盘地否弃传统。彻底地反传统并不等于实现了现代化,毋宁说,现代中国文化是"传统"的"现代化",是"传统"在现时代的更新、开拓与发展。中华民族现代文明是中国现代化的结果,是由中国的传统文明而"过渡"和"转变"来的,是中华文明的自我更新。

文化在本质上是与社会历史相联系的,社会历史的发展必然引起文化的改变。但是这种发展,即使是从传统社会向现代社会这样的在根本性质上的改变,也不应该被理解为历史的中断,而是在原来基础上的社会进步,因此具有一定的连续性和继承性。无论现代文化与传统文化多么不同,它仍然带有中国文化传统的气派和风格。在这个意义上,可以把传统文化和现代文化都看作中华文明的特殊发展阶段。在历史进程中,每个新的阶段都包含着对上一阶段的重新估价和重新认识。在这种重新认识中,既实现对过去的超越,又把过去融合到现在,积淀到现在。我们对中华民族现代文明的探讨,必须与中华文明的历史联系起来,从对中华文明历史各个方面的正确认识,从历史事实和发展过程中,从中华文明历史演变的轨迹中,寻找中华民族现代文明的特征。我们建设中华民族现代文明的任务,就是要开出中国文化传统的现代走向,在"过去"与"现在"之间建立起有意义的承续。

现代化的过程包含着对传统文化的吸收、改造和转型,包含着充分发挥传统文化优秀遗产的功能和作用。因此,中华民族现代文明应该对传统文化有着深刻的理解,能更好地利用前人的文化成果。现代人反对迷信、保守、僵化的态度,积极全面地吸收传统文化中的宝贵财富。现代人更理解文化遗产的价值,并主动赋予传统文化以新的生命力和存在形式。

所以,现代化并不是要全面否定和抛弃中华传统文化的优秀遗产,而是要把它对于现代化发展的消极的因素和功能清除掉,把它的积极、健康的方面改造为有利于现代化的东西,把它们融合到现代文明中。就是说,中华民族现代文明仍然保留着中国传统文化优良的品质,保留着民族文化特有的风范。

二、开掘传统文化的现代生命

在中国的现代化变迁中，传统文化接受现代化价值的"解释"和"选择"，经过"现代化处理"和"价值转换"，就有可能成为中华民族现代文明有机系统中的一个重要组成部分，成为与历史发展趋势相一致的文化内容。经过这样的处理，传统文化与现代化的关系就可能超越了二元对立的状态，成为同一文化架构中互相影响、互相联系的两面。中华民族现代文明将从中国本身悠久的文化传统中获得激发力和文化资源，以自身的传统作为动力和源泉；中国的传统文化也将在现代文明中获得新的价值和意义，以文化的现代化作为自己生命的合理延续。

因此，开掘传统文化的现代生命，或者说使传统文化的生命得到合理延续，关键就在于使传统文化走进现代生活，在现代化变迁中与现代中国人的生活世界融为一体，成为现代中国文化情境的一部分，而不是游离于文化主流之外。生活是文化生命之源。传统文化将在现代中国人的实践活动中获得新的生命之源。

传统文化要在中国人的现代化实践活动中获得新的生命之源，首先就要挖掘传统文化的现代性因素，使之成为中国人实现现代化的文化资源，为中国现代化提供文化推动力量。传统文化作为一个整体，是与现代化相对立的，但其中一些因素本身就包含某种程度的现代性特点。这些因素固然曾经是传统文化体系的一部分，其价值意义是与传统文化体系的功能相联系的，但也包含与传统文化功能不同甚至相反的价值取向。如果超出这个体系的范围，进入现代文化的功能体系中，就可能成为有利于现代化的因素。

挖掘传统文化中的现代性因素，同时就要把这些因素从传统文化功能体系中剥离出来，纳入现代文明的功能体系中。这些文化要素将在现代文明的功能体系中继续发挥作用，并获得新的价值意义。我们主张弘扬优秀传统文化，开掘传统文化的现代生命，就在于使传统文化走进现代化的历史进程，走进现代生活中。

中国传统伦理价值观与中国传统社会的经济政治制度、传统文化体系是高度同构同质的。对传统社会秩序来说，这种伦理价值观的功能与作用主要是积极的，发挥着促进社会稳定发展的作用。但是，对于现代化来说，传统伦理价值观是一种保守的、消极的、起阻碍作用的精神力量，特别是在现代化启动初期，传统伦理价值观主要起到一种维护传统社会、排斥和抗拒现代化的社会功能。现代化浪潮给传统伦理价值观以沉重的冲击，使它失去了社会主导伦理价值观的意义和地位。因为它已经不能适应现代化的要求，不能为进行现代化运动的中国人提供稳定的价值意义。现代化过程的社会大变动，必然要求体现新的社会价值目标，反映新的利益关系的道德文化的根本性改造和变革，重建社会主导伦理价值观。

重建社会主导伦理价值观，其核心要求是反映现代社会的道德关系，反映现代化发展的价值目标。因而，它在本质上是与传统伦理价值观不同的。但是，现代社会主导的伦理价值观的建立不是凭空产生的，不能对历史上的伦理道德遗产采取虚无主义的态度。传统伦理价值观是我们重建社会主导伦理价值观的过程中不可回避又不可轻视的文化遗产。

但是，在重建社会主导伦理价值观的过程中开发和利用传统伦理价值观的文化资源，使它成为支援和促进现代化的一种精神力量，并不是说拿过来照搬照用，并不是说我们又要回到传统的观念框架中去，而是要做许多细致的清理工作，把传统道德文化和伦理价值观中的积极因素纳入现代化的框架中，其实质就是要对传统伦理价值观进行"现代化处理"。进行"现代化处理"，就是站在我们今天的时代，从发展中国的现代化出发，以现代化的价值观体系为尺度解释和选择传统伦理价值观，改造传统伦理价值观，给传统伦理价值的文化要素赋予新的意义、新的价值、新的功能。那么，传统伦理价值观中的文化要素，由于进行了"现代化处理"和"价值转换"，就会由传统文化的结构功能体系转换到现代文化的结构功能体系中，所体现的功能、价值、意义就完全不同了。经过这样的"现代化处理"，就有可能使中国传统伦理价值观的文化要素成为中华民族现代文明有机系统中的一个组成部分，成为现代中国社会主导伦理价值观的一个组成部分，成为与历史发展趋势相一致的内容。

对传统伦理价值观进行"现代化处理"，首先，要按照现代化的价值尺度，对传统伦理价值观中的诸层面内容、诸文化要素进行认真的清理。这其中主要有以下几种情况：第一，传统伦理价值观中超历史性的、关乎全人类性的内容。道德文化和伦理价值观虽然反映特定时代的道德关系，具有历史性，但由于它相对于社会经济基础而言具有相对独立性，因而它包含着一切人类文明发展的优秀成果，包含着超历史的内容、关乎全人类性的内容。这部分内容是应该继承和发扬的。第二，在现代化启动时期就曾起到促进作用，激励中国人艰苦奋斗、坚定走向现代化之路的那部分内容。中国人走向现代化是从反传统开始的，但是，鼓舞和激励中国人坚定不移地为反对传统文化的束缚、否定和摧毁传统社会的封建专制制度而进行不屈不挠的英勇斗争的，正是中国传统伦理价值观塑造的中国人自强不息、吃苦耐劳、艰苦奋斗的民族精神，"天下兴亡，匹夫有责"的社会责任感和理想人格的浩然之气。这部分内容也是我们应该发扬的。第三，传统伦理价值观在现代化启动时期曾起到排斥和抗拒现代化的功能与作用，但在现代社会，它的消极、保守性的一面逐渐减弱，而积极作用的一面在逐渐加强。对这部分内容需要认真加以辨析，把曾经对现代化起到消极作用的因素转化为有利于现代化的积极因素。第四，现代社会生活中仍然束缚人的精神世界、阻碍中国走向现代化的那部分内容。这说明至今我们仍然要继续进行反对旧道德、实现观念更新和变革的任务。只有彻底清除传统伦理价值观对现代化的消极影响，才能真正建立起与现代化要求相适应的社会主导伦理价值观，才能把现代化事业继续推向前进。

对传统伦理价值观进行现代化处理，重点在于实现"价值转换"。对传统伦理价值观中的积极因素进行开发，就要把这些因素从传统文化功能体系中剥离出来，纳入现代文化的功能体系中。这些文化要素将在现代文化的功能体系中继续发挥作用，并获得新的价值意义。例如，中国传统伦理价值观与中国传统社会结构相联系的家族本位、孝亲意义以及派生的集体主义价值取向，当然都与现代化的目标相背离。但是，如果我们打破传统伦理价值观与传统社会经济政治结构的联系，实现"价值转换"，那么，中国人在历史上形成的伦理精神就会朝向有利于现代化的方向发展。美国学者卡恩（Herman Kahn，1922—1983）指出，儒家伦理学始终如一地提倡个人和家庭的节制，对教育的高度重视，对各种技艺（特别是学术的和文化的）的精益求精，对各种使命、职责和义务的坚守。一个受过严格训练的儒家文化的信奉者，是勤奋的、具有责任感的和学有专长的人，而且助人为乐，总是想方设法帮助团体。他们很少强调追求个人私利。在某些情况下，他们具有从事有目的和富有成效的共同组织活动的能力。在现代世界中，这甚至比个人品质更重要，虽然两者都是不可缺少的。卡恩认为，在一个组织中保持稳定和谐的人际关系，这是大多数儒学社会大力提倡的，究其原因，一方面固然是由于部分地保持着某种宗法等级的传统，另一方面更主要的是由于儒家比西方社会更着重强调人与人关系的相互补充。在卡恩看来，儒家大力倡导的伦理价值观和中国人的伦理精神，都可以成为促进现代化发展的积极因素。实际上，中国传统伦理价值观的许多方面，如以孝亲意识为中心的人际关系准则，集体主义的价值取向，追求和谐的道德心态，以及它所提倡的道德理想和理想人格，经过"现代化处理"和"价值转换"，都能除去其消极、保守的特性，成为促进现代化发展的积极因素。

中华优秀传统文化有很多重要元素，都是应该继承和发扬的。比如，天下为公、天下大同的社会理想，民为邦本、为政以德的治理思想，九州共贯、多元一体的大一统传统，修齐治平、兴亡有责的家国情怀，厚德载物、明德弘道的精神追求，富民厚生、义利兼顾的经济伦理，天人合一、万物并育的生态理念，实事求是、知行合一的哲学思想，执两用中、守中致和的思维方法，讲信修睦、亲仁善邻的交友之道等，都是传统文化留给我们的宝贵精神遗产。

可以说，传统文化与现代化是建设中华民族现代文明的两块基石。"文化振兴"是社会成员一种自觉地、有组织地试图建造一种更令人满意的文化的努力。这种努力的价值目标，就是现代化的中国新文化，就是既与世界历史发展潮流相一致的、现代化的，又体现中国人特殊贡献的、有民族特色的现代中国文化。在向着这种价值目标努力的过程中，传统文化和现代化将被整合为统一的文化力量。

三、马克思主义基本原理与中华优秀传统文化相结合

近代以来西方思想文化向中国传播的过程中，马克思主义作为一种思想文化和意识形态，在中国的传播具有更大的影响，具有更深刻的意义。20世纪初，中国许多先进分子为争取民族独立和国富民强，向西方探寻救国救民真理。"马克思主义哲学在中国的传播，几乎贯穿整个20世纪。这是一个由涓涓细流汇成汹涌波涛、由少数文化精英向广大民众扩展的漫长历史过程。"① "马克思主义在我国传播是中西文化交流史上前所未有的思想革命，是近代中国继资产阶级民主思想启蒙之后的又一次伟大的思想启蒙运动。"②

马克思主义在中国的传播，是20世纪中国文化史上的一件大事，也是中国现代化变迁过程中的一件大事。马克思主义以它巨大的精神力量改变着中国社会的面貌和中国人的精神结构，并在现代中国的文化格局中获得重要的位置，成为一种占主导地位的意识形态。马克思主义不仅是一种思想文化，而且是中国人认识世界、改造社会的思想武装。如果没有马克思主义在中国的传播和中国人对马克思主义的接受，20世纪的中国和中国人就可能是另外一种样子，20世纪中国的文化史、经济史、政治史、社会史就都需要重新改写。

马克思主义在中国的传播，是近代以来中西文化冲突与交流过程的产物；中国人对马克思主义的接受和传播，是回应现代化变迁的一种方式、一种结果。近代以来，西学东渐，西方文化的各种形式都逐渐传到中国来，各种社会

---

① 徐素华：《马克思主义哲学在中国——传播、应用、形态变化及发展前景》，《东方论坛》2002年第1期。

② 田子渝等著：《马克思主义在中国初期传播史（1918—1922）》，学习出版社2012年版，第1页。

思想、哲学思想也都在中国有所介绍。在这种情况下，马克思主义也作为一种"西学"被介绍和引进中国。不过，起初马克思主义并没有受到特别的重视。直到俄国十月革命的消息传到中国，才使中国人对马克思主义产生了浓厚的兴趣。五四以后的知识分子，从追求资本主义发展到批评资本主义，进而追求一种比资本主义更为合理的社会制度。俄国十月革命给苦苦探索的中国人提供了一个新的榜样。从追求资本主义转变为追求社会主义，从学习西方转变为学习俄国，这是中国人在追寻国家、民族希望的道路上的一次重大转折。当时传入中国的社会主义并不仅仅是马克思主义的科学社会主义，还有形形色色的各种社会主义流派。不过，只有马克思列宁主义在中国社会扎下根来，召集新的社会力量，以前所未有的局面掀开了百年寻梦的新篇章。由色彩纷纭的新思潮到科学社会主义一枝独秀，饱含着那一代追求真理的人们艰辛的探索与追求，他们的选择体现了历史的选择。如李大钊指出的："中国人在近百年来，既被那些欧美把长成的资本主义武装起来的侵略的帝国主义践踏摧凌于他的铁骑下面，而沦降于弱败的地位，我们劳苦的民众，在二重乃至数重压迫之下，忽然听到十月革命喊出的'颠复世界的资本主义'、'颠复世界的帝国主义'的呼声，这种声音在我们的耳鼓里，格外沉痛，格外严重，格外有意义。"[①]毛泽东也说过："中国人找到马克思主义，是经过俄国人介绍的。……十月革命一声炮响，给我们送来了马克思列宁主义。十月革命帮助了全世界的也帮助了中国的先进分子，用无产阶级的宇宙观作为观察国家命运的工具，重新考虑自己的问题。"[②]

在十月革命的影响下，李大钊、陈独秀等先进知识分子以高度的热情大规模地介绍、引进、宣传马克思主义。到五四时期，马克思主义在中国的传播达到一个高潮。五四新文化运动的兴起，为马克思主义在中国的广泛传播创造了条件，而马克思主义的广泛传播，又"丰富了新文化运动的内涵，并使之

---

① 《李大钊选集》，人民出版社1959年版，第401页。
② 《毛泽东选集》第4卷，人民出版社1991年版，第1470—1471页。

具有了新的发展方向"①。中国共产党成立后，马克思主义的传播在新的基础上得到了更大的发展，并且逐渐在现代中国的意识形态领域取得了主导地位，成为现代中华文化的重要组成部分，被中国人作为进行现代化指导思想的理论基础，在中国的现实生活中发挥着重要作用。我们看到，在西学东渐之风中，没有任何一种西方理论学说、学派思潮能像马克思主义那样在中国获得广泛传播、广泛接受和广泛认同，能像马克思主义那样在中国的现代化运动（革命和建设）中发挥如此重要的作用。马克思主义在中国的传播，是中华文化在回应现代化浪潮中接受、融合西方文化的一个成功的范例。

马克思主义在中国传播的成功，有其特殊的社会文化原因。中国在走向现代化的过程中面临着一个特殊的文化矛盾：中国要走向现代化，必须引进、学习、吸收现代西方文化，包括现代西方的科学技术、政治思想、哲学思想等，接受现代大工业的生产方式及其生活方式、思考方式。就是说，中国人必须对西方文化采取积极接受的态度，以促进文化的传统形态向现代形态的转变。从政治内容上讲，反封建主义是当时的主要问题。但是，现代西方文化的传入，又是在殖民主义、帝国主义的侵略、压迫下开始的。殖民主义、帝国主义带着"血与火"的征伐、侵略和掠夺，使中华民族面临着生死存亡的危机。所以，反帝救亡，又是当时中国社会迫在眉睫的大问题。因而，当时中国人的心中存在着极强烈的对帝国主义的仇恨情绪和排斥情绪。这样，反帝与反封建就成为互相联系又有区别的两大任务。学习西方与排斥（抗拒）西方两种倾向的交织，是中国人心中难解的"情结"。而马克思主义的出现，则为中国人解开这个"情结"提供了机会。一方面，马克思主义是一种"西方文化"，是一种"西学"。它是西方工业社会文化的产物，具有现代文化的科学精神和进步意义，因而它可以为反封建主义、为解决由传统向现代的转变提供思想武器。另一方面，马克思主义又是一种"反西方的西方文化"。马克思主义是在充分吸收人类优秀文明成果，尤其是在深入揭示资本主义社会运行机制和发展规

---

① 黄楠森等主编：《有中国特色社会主义文化研究》，山东人民出版社1999年版，第256页。

律、批判、扬弃资本主义社会弊端的基础上发展起来的。它对西方的历史和社会现实进行了深刻的批判，对资本主义的社会制度和剥削本质进行了尖锐的揭露，可以满足中国当时高涨的爱国主义和民族主义心理，可以为中国人的反帝救亡、争取民族解放提供思想武器。毛泽东在谈到马克思主义在中国的传播时曾经说道：

在一个很长的时期内，即从一八四〇年的鸦片战争到一九一九年的五四运动的前夜，共计七十多年中，中国人没有什么思想武器可以抗御帝国主义。旧的顽固的封建主义的思想武器打了败仗了，抵不住，宣告破产了。不得已，中国人被迫从帝国主义的老家即西方资产阶级革命时代的武器库中学来了进化论、天赋人权论和资产阶级共和国等项思想武器和政治方案，组织过政党，举行过革命，以为可以外御列强，内建民国。但是这些东西也和封建主义的思想武器一样，软弱得很，又是抵不住，败下阵来，宣告破产了。

一九一七年的俄国革命唤醒了中国人，中国人学得了一样新的东西，这就是马克思列宁主义。……从此以后，中国改换了方向。[①]

自从中国人学会了马克思列宁主义以后，中国人在精神上就由被动转入主动。从这时起，近代世界历史上那种看不起中国人，看不起中国文化的时代应当完结了。[②]

马克思主义在中国的广泛传播，使"中国人在精神上由被动转入主动"，并"重新考虑自己的问题"。马克思主义给中国人提供了一种新的观念（概念）和意义系统，提供了一种新的思维方法和参照框架，提供了一种新的世界观、历史观、文化观，给中国人以新的精神武装和新的意义依托（归属、认

---

① 《毛泽东选集》第4卷，人民出版社1991年版，第1513—1514页。
② 《毛泽东选集》第4卷，人民出版社1991年版，第1516页。

同），从而使中国人建立起整合现代中国文化的主体性结构和价值原则，能在传统文化与现代文化、中国文化与西方文化的冲突与碰撞中，在社会文化形态的变迁与演进中，摆脱了被动、招架、应激的状态，进行主动、积极、有创造性的选择和重组，为中国文化在20世纪的重建和振兴创造条件。换句话说，马克思主义为中国人的文化振兴设计提供了精神蓝图。可以说，在20世纪，特别是在20世纪后半期（1949年以后）中国文化的重建中，在相当大的程度上是这种精神蓝图的具体化和现实化。

马克思主义在中国的传播，是中华民族现代文明的一部分，也是马克思主义中国化的过程。马克思主义的"中国化"，就是马克思主义的理论与中国革命和建设的具体实践相结合的过程，就是中国人（特别是中国共产党人）在实践中丰富和发展马克思主义的过程。只有将马克思主义基本原理同中国具体实际相结合，以马克思主义世界观和方法论来研究中国问题，才能把握中国作为"特殊对象的特殊逻辑"，进而将抽象的普遍性转化为中国的具体性，真正解决中国的问题。

马克思主义的"中国化"，意味着马克思主义的基本精神与中国传统文化的某些因素、特质和形式等方面的融合。这是马克思主义在中国传播获得成功的重要条件。毛泽东说："使马克思主义在中国具体化，使之在其每一表现中带着必须有的中国的特性，即是说，按照中国的特点去应用它，成为全党亟待了解并亟须解决的问题。"[1]毛泽东等中国共产党人为这种"融合"做了大量的工作。他们采用一些民族的通俗形式，伴以一些中国文化可似理喻、为民众"喜闻乐见"的传统方式，使马克思主义理论学说带上了浓厚的中国气派和中国风格。更为重要的是，中国共产党人结合中国的历史和社会现实生活，结合中国革命和建设的实践，进行马克思主义的理论分析和阐述，丰富和发展了马克思主义的理论学说。可以说，马克思主义与中国传统文化的这种融合是相当成功的，所以它能在中国社会得到广泛的传播。

---

[1] 《毛泽东选集》第2卷，人民出版社1991年版，第534页。

美国学者施拉姆（Stuart R.Schram）认为，中国人在运用马克思主义的过程中，受到这个事实的影响，即从过去继承下来的思想和行为方式，不仅是革命家们必须与之打交道的社会特点，而且是这些革命家自身的特点。"马克思主义被领袖自觉地'中国化'给群众，同时，它还被领袖们用自己的领悟马克思主义的方法，不自觉地'中国化'给自己"①。就是说，中国人是从中国文化提供的"视界"去"理解"、"解释"和"选择"马克思主义的。特别是最早接受马克思主义的那一代知识分子，基本上是在传统社会文化条件下成长起来的，他们的知识结构、观念框架、思考方式都不免受到传统文化的影响。因而，马克思主义在中国被接受和阐释的过程本身，就浸润着中国传统文化的因素。马克思主义的一些原理、原则，被中国传统文化的框架做了"理解"和"解释"，被中国传统文化的某些观念进行了"替换"。马克思主义在中国得以广泛传播，就说明了这种"解释"的价值意义，因为它回答了中国现代化变迁过程中一些带有根本性的问题。

马克思主义与中国革命实践相结合的过程，也就是与中华优秀传统文化相结合的过程。习近平总书记指出："在五千多年中华文明深厚基础上开辟和发展中国特色社会主义，把马克思主义基本原理同中国具体实际、同中华优秀传统文化相结合是必由之路。这是我们在探索中国特色社会主义道路中得出的规律性的认识，是我们取得成功的最大法宝。"要把握中国道路和中国式现代化实践的中国特色和本质要求，离不开五千多年的中华文明史，离不开马克思主义及其中国化时代化的发展历程，更离不开"两个结合"。实现马克思主义的中国化时代化，马克思主义对中华民族和中华文明所产生的深远影响也愈加深刻，马克思主义的融入使中华文明的发展动力得到了增强，使中华文明有了新的发展方向。中国式现代化使中华文明获得了在新时代繁荣发展的强劲动力，马克思主义基本原理同中国具体实际、同中华优秀传统文化相结合的融合创新，为中华民族伟大复兴提供了源源不断的动力。

---

① 引自冯天瑜等著：《中华文化史》，上海人民出版社1990年版，第1131页。

中国共产党将马克思主义基本原理同中国具体实际、同中华优秀传统文化相结合，领导和团结中国人民用中国化的马克思主义指导中国的革命、建设与改革，使马克思主义在扎根于中华文明之后愈加呈现其真理的光芒，而中华文明亦从马克思主义科学体系中获得了现代性。这种现代性的获得是科学性、革命性、人民性、创新性的滋养，是中国共产党、中国人民、中华民族作为社会主体实现对自身命运的自主性掌控的文化自觉，它成为党领导和团结人民推动中华文明现代化转型和中华民族伟大复兴的科学基因和创新动能。

马克思主义基本原理同中国具体实际、同中华优秀传统文化相结合，使中华文明焕发勃勃生机，将铸就一种崭新的人类文明形态，彰显一种全新的现代化和人类文明新图景，代表人类文明进步的发展方向。

四、建设中国式的现代化

近代以来，现代化一直是中国人孜孜以求的梦想。随着西方工业文明的发展，中华文化在世界文明格局中的领先地位渐次衰落，让位于用现代科学装备起来的西方文化。与此同时，西方殖民主义者大举东进，开始对中国进行野蛮的殖民侵略和掠夺，使得有几千年灿烂文明的中华民族，受到了外部世界强大的压力。中华民族陷入空前的民族危机和深重灾难，亡国灭种的厄运无情地撞击着中国先进分子的心灵。也就是从这个时候开始，无数仁人志士前赴后继，进行着不屈不挠的探索和奋斗，寻找民族复兴和国家强盛的现代化之路，寻找失落的民族尊严和文化辉煌，重新创造我们这个伟大民族的历史光荣。中国的现代化与中华民族的复兴是紧紧联系在一起的，实现现代化、造就中华民族新的文明形态、实现中华民族伟大复兴，凝聚着几代中国人的探索与奋斗、光荣与梦想。

但是，直到1921年中国共产党成立以后，中华民族才在马克思主义的指导下，找到了正确方向。特别是1949年新中国诞生以后，中国人民在中国共产党的领导下，一步一步地把中华民族的强国之梦变成了生动的现实。

我们的光荣由此开始，实现梦想的帷幕由此拉开。

为了实现强国之梦，以毛泽东为杰出代表的中国共产党人，深刻认识和把握中国国情，提出了"分两步走"的战略，即通过新民主主义革命和社会主义革命，把一个半殖民地半封建的旧中国经过新民主主义转变为社会主义新中国的理论。在这个理论的指导下，中国共产党经受了大革命的洗礼和十年土地革命战争的艰苦磨炼；以中流砥柱之气概团结全民族进行抗日战争，取得了近百年来中国人民抗击外国侵略的第一次全面胜利；接着又在短短三年多时间里，彻底摧毁国民党反动政权，取得了人民解放战争的伟大胜利，建立中华人民共和国，开创了中国历史的新纪元。

为了实现强国之梦，党领导人民完成了从战争到建设、从以阶级斗争为纲到以经济建设为中心这样两个工作重点的战略转移，走上了一条强国之路，即建设中国特色社会主义的道路。中国人民在中国共产党的领导下，开始把一个不发达的社会主义国家建设成为一个富强、民主、文明、和谐、美丽的社会主义现代化国家。

现代化是一种全球性的现象，是一个世界性的历史过程。现代化的进程把各个民族、各个社会都纳入统一的"世界社会"，使世界成为一个有机整体。在这个整体的世界中，几乎没有一个国家或民族可以游离于世界体系之外，任何国家和民族的现代化都不能忽视整个世界互相依存的事实，都必须把自己纳入整个国际体系中去。但是，它并不是同时在世界各地普遍开展的，而是渐次推进、逐步开展的过程，是从西欧开始而逐渐向世界各地扩散的过程，因而世界的现代化呈现出发展的阶段性和不平衡性。每个国家和民族都要向现代化前进，但每个国家和民族的情况千差万别。因此，现代化只能是普遍性与特殊性、共性与个性的统一，现代化没有统一的模式。每个国家都要从自己的实际出发，选择最适合自己的道路，建设具有自己特色的现代化。"现代化"不等同于"西方化"。历史和现实充分表明，西方的现代化道路具有其固有的弊端和局限性，它并不是走向现代化的"唯一道路"和"终极模式"。人类历史上没有一个民族、一个国家可以通过依赖外部力量，照搬外国模式，跟在他人后面亦步亦趋地实现现代化，实现民族振兴。那样做的结果，不是必然遭遇失败，就是必然成为他人的附庸。

中国的现代化是世界现代化潮流中的一部分。但是，中国在走向现代化的过程中，又有自己的特殊性，有自己所面对的特殊情况，所要解决的特殊问题。所以，中国在世界性现代化潮流中的特殊性和所面临的国际环境，决定了中国现代化进程的复杂性和艰巨性，决定了中国对现代化的特殊理解、接受和回应方式，决定了对现代化目标的战略选择。为了国家富强，我们进行了艰苦的探索，就是探索中国走向现代化的道路，探索中国式的现代化。早在改革开放之初，邓小平就强调，过去搞民主革命，要适合中国情况，走毛泽东开辟的农村包围城市的道路。现在搞建设，也要适合中国情况，走出一条中国式的现代化道路。中国式的现代化，必须从中国实际出发。党的十一届三中全会后，开始了改革开放，建立社会主义市场经济体制，做出了全党工作重点向社会主义现代化建设转移的决策。从这时开始，我国进入了一个社会主义现代化建设的新时期。改革开放40多年来，中华大地发生了天翻地覆的变化。国家经济发展，政治稳定，民族团结，人民正在向着实现社会主义现代化的目标前进。从中国式现代化道路的形成与发展来看，其源于对中国特色社会主义的坚持和发展，是对中国特色社会主义道路的高度概括和系统总结。因此，走中国式现代化发展道路，就是走中国特色社会主义道路。

100多年前，维新志士们喊出了"强国"的口号。今天，我们可以说，在中国共产党的领导下，经过全国人民的艰苦奋斗，先辈们的强国之梦正在变成现实。我们用我们的智慧战胜了一个个困难，用我们的光荣去实现我们的梦想。环顾今天的神州大地，一穷二白的面貌已经彻底改变，实现了前所未有的高速发展。

衡量一个国家的现代化发展水平，主要是看它的工业化程度和经济发展水平。现代化的基本含义是现代科学技术的发展引起社会生产方式的变革，从而促进社会生产力的极大提高和经济的快速增长。经济现代化是整个社会现代化的基础和动力，没有一定的经济实力，没有现代化的物质基础，任何社会的现代化变迁都是不可能的。中国奇迹是经济持续高速增长的奇迹。中国在1980年前后就进入经济起飞阶段，经过40多年的高速发展，经过改革开放和经济社会的全面发展，人民生活总体达到了小康水平，中国建立起完备的工业体系，大大提高了国家的工业化和现代化程度，综合国力大为增强，社会面貌也发生了重大变化，政治、经济、文化、法治建设等都迈上了新台阶。

习近平指出："独特的文化传统，独特的历史命运，独特的基本国情，注定了我们必然要走适合自己特点的发展道路。"中国式现代化的本质要求是：坚持中国共产党领导，坚持中国特色社会主义，实现高质量发展，发展全过程人民民主，丰富人民精神世界，实现全体人民共同富裕，促进人与自然和谐共生，推动构建人类命运共同体，创造人类文明新形态。

中国式现代化，既有各国现代化的共同特征，更有基于自己国情的中国特色。中国式现代化既基于自身国情又借鉴各国经验，既传承历史文化又融合现代文明。中国式现代化是人口规模巨大的现代化。我国14亿多人口整体迈进现代化社会，规模超过现有发达国家人口的总和，艰巨性和复杂性前所未有，发展途径和推进方式也必然有自己的特点。我们始终从国情出发想问题、作决策、办事情，既不好高骛远，也不因循守旧，保持历史耐心，坚持稳中求进、循序渐进、持续推进。中国式现代化是全体人民共同富裕的现代化。共同富裕是中国特色社会主义的本质要求，也是一个长期的历史过程。我们坚持把实现人民对美好生活的向往作为现代化建设的出发点和落脚点，着力维护和促进社会公平正义，着力促进全体人民共同富裕，坚决防止两极分化。中国式现代化是物质文明和精神文明相协调的现代化。物质富足、精神富有是社会主义现代化的根本要求。物质贫困不是社会主义，精神贫乏也不是社会主义。我们要不断厚植现代化的物质基础，不断夯实人民幸福生活的物质条件，同时大力发展社会主义先进文化，加强理想信念教育，传承中华文明，促进物的全面丰富和人的全面发展。中国式现代化是人与自然和谐共生的现代化。人与自然是生命共同体，无止境地向自然索取甚至破坏自然，必然会遭到大自然的报复。

我们要坚持可持续发展，坚持节约优先、保护优先、自然恢复为主的方针，像保护眼睛一样保护自然和生态环境，坚定不移走生产发展、生活富裕、生态良好的文明发展道路，实现中华民族永续发展。中国式现代化是走和平发展道路的现代化。我国不走一些国家通过战争、殖民、掠夺等方式实现现代化的老路，那种损人利己、充满血腥罪恶的老路给广大发展中国家人民带来深重苦难。我们坚定地站在历史正确的一边、站在人类文明进步的一边，高举和平、发展、合作、共赢旗帜，在坚定维护世界和平与发展中谋求自身发展，又以自身发展更好地维护世界和平与发展。

中国式现代化的核心主题是实现中华民族伟大复兴。中国式现代化的总目标，是全面建成社会主义现代化强国。实现第一个百年奋斗目标之后，我们开启了向全面建成社会主义现代化强国——第二个百年奋斗目标迈进的新征程。第二个百年奋斗目标引领了我国现代化建设的前进方向。全面建成社会主义现代化强国，党和国家总的战略安排是分两步走："从二〇二〇年到二〇三五年基本实现社会主义现代化；从二〇三五年到本世纪中叶把我国建成富强民主文明和谐美丽的社会主义现代化强国。"到二〇三五年，我国发展的总体目标是："经济实力、科技实力、综合国力大幅跃升，人均国内生产总值迈上新的大台阶，达到中等发达国家水平；实现高水平科技自立自强，进入创新型国家前列；建成现代化经济体系，形成新发展格局，基本实现新型工业化、信息化、城镇化、农业现代化；基本实现国家治理体系和治理能力现代化，全过程人民民主制度更加健全，基本建成法治国家、法治政府、法治社会；建成教育强国、科技强国、人才强国、文化强国、体育强国、健康中国，国家文化软实力显著增强；人民生活更加幸福美好，居民人均可支配收入再上新台阶，中等收入群体比重明显提高，基本公共服务实现均等化，农村基本具备现代生活条件，社会保持长期稳定，人的全面发展、全体人民共同富裕取得更为明显的实质性进展；广泛形成绿色生产生活方式，碳排放达峰后稳中有降，生态环境根本好转，美丽中国目标基本实现；国家安全体系和能力全面加强，基本实现国防和军队现代化。在基本实现现代化的基础上，我们要继续奋斗，到本世纪中叶，把我国建设成为综合国力和国际影响力领先的社会主义现代化强国。"

中国式现代化道路破解了人类社会发展的诸多难题，摒弃了西方以资本为中心的现代化、两极分化的现代化、物质主义膨胀的现代化、对外扩张掠夺的现代化老路，拓展了发展中国家走向现代化的途径，为人类探索更好的社会制度提供了中国方案。

五、创造人类文明新形态

习近平指出："中国式现代化，深深植根于中华优秀传统文化，体现科学社会主义的先进本质，借鉴吸收一切人类优秀文明成果，代表人类文明进步的发展方向，展现了不同于西方现代化模式的新图景，是一种全新的人类文明形态。"

中华民族现代文明，是以马克思主义为指导，以中华优秀传统文化为根魂，以中国革命文化、社会主义先进文化为文化基础，以中国式现代化为实践基础，是中国共产党领导团结中国人民推动中华文明创造性转化和创新性发展的过程和结果，是以世界各国人民创造的文明成果作为外部借鉴、把马克思主义中国化时代化和中华文明同马克思主义相结合的自主创新。中华民族现代文明，既是中国式现代化的文化形态，也是中华民族贡献于世界的人类文明新形态。这种新的文明形态就是让马克思主义成为中国的，中华优秀传统文化成为现代的，从而造就一个有机统一的新的文化生命体，造就中国式现代化的文化形态，造就中华民族现代文明。

习近平指出："对历史最好的继承，就是创造新的历史；对人类文明最大的礼敬，就是创造人类文明新形态。"中华民族现代文明是中华民族在五千多年历史中创造的伟大文化传统在新时代的延续和发展，其中包含着历史上中华民族创造的一切优秀文化成果。中华民族现代文明是历史文明的延续，内蕴着中华民族文明的历史。文化总是要随着时代生活的变化而发展的。发展中又保持其核心精神和核心价值，就是文化传承的本质意义。现代中华文化仍然保留着中华传统文化的精神内核，保留着民族文化特有的风范。中华优秀传统文化为现代文明建设提供了丰富的、取之不尽的文化资源。中华传统文化的核心价值、文化理想，以及它所锻造的思维方式和精神力量，仍然以强大的生命力展现在新时代的生活中，开辟出新的境界、新的气象，仍然继续照耀着中华民族前进的脚步。"自强不息、厚德载物"是对中华民族进取精神、道德精神的经典概括；"仓廪实而知礼节，衣食足而知荣辱"是对物质文明与精神文明关系的正确认知，是当今现代文明形态——物质文明与精神文明协调发展的重要来源。

近代以来人们孜孜以求的新文化建设，特别是中国共产党人领导全国人民从事革命建设事业中锻造的伟大精神，成为中华优秀传统文化的一个组成部分，成为中华文化的新传统。马克思主义基本原理与中华优秀传统文化相结合，马克思主义在中国的新发展和中国化，不仅为中华民族现代文明建设提供了理论指导，锻造了现代中国人的世界观和方法论，而且成为中华民族现代文明的重要组成部分，成为中华文明和中国精神的时代精华。中华优秀传统文化同马克思主义基本原理相结合，是马克思主义中国化的必然结果，是马克思主义和中华文明强大生命力的生动体现，是中国式现代化、中华民族现代文明、人类文明新形态的学术理论和政治话语表达。

中华民族文明的新文化形态，是在现代科学技术发展条件下发展起来的新文明。现代化大浪潮最早是由第一次工业革命推动的，从英国开端然后向西欧扩散的工业化进程。19世纪下半叶至20世纪初电的广泛应用，继蒸汽时代之后又开辟了一个新的经济技术时代，开辟了第二次工业革命，形成了推动现代化的第二次大浪潮。20世纪下半叶出现的高科技、新能源、新原材料与人工智能相结合，使科学直接转化为生产力，大大加速了现代化的世界进程。

建设中华民族现代文明新形态，要立足中华民族当代实践，也就是要立足当代中国人民在参与和推进文明创造实践中对文明形态的丰富和完善。这种文明新形态是建立在中国式现代化基础上的。习近平在文化传承发展座谈会上强调，中国式现代化赋予中华文明以现代力量，中华文明赋予中国式现代化以深厚底蕴。在新的起点上继续推动文化繁荣、建设文化强国、建设中华民族现代文明，是我们在新时代的文化使命。在现代化建设中，中华文明发生了深刻变革，并在深刻变革中得到创造性转化和创新性发展，形成了并继续创新发展着以中国式现代化为主要标志的人类文明新形态。文化软实力建设不仅成为提升国家综合国力的重要战略，而且成为提升中华民族现代文明影响力、传播力的动力。中国人民在文明的生产、生活和生态保护实践中，从不同方面、不同层次丰富着中华民族现代文明的形态。中华民族现代文明为世界贡献了人类文明新形态。这一新形态，将随着中国式现代化道路的进一步拓展、中国式现代化理论的进一步发展，日益散发着中华民族现代文明的光芒。

人类文明新形态的内在核心是坚持"五大文明"（物质文明、政治文明、精神文明、社会文明、生态文明）全面协调发展的整体文明，是突显全面均衡、宏观谋划、整体发展的新文明形态。中国式现代化道路所创造的人类文明新形态，坚持"五大文明"整体协调推进，注重社会发展的全面性、整体性、协同性，在整体协调发展中推动和实现社会全面进步。物质文明反映了我国物质生产方式和经济生活的进步，是社会发展的基础和前提。坚持和完善社会主义基本经济制度，始终把发展看作党执政兴国的第一要务和解决一切问题的关键。政治文明反映了我国社会的物质文明和精神文明建设的制度化、规范化水平，是社会发展的保证。坚持中国特色社会主义政治发展道路，要不断健全和完善保障人民当家作主的制度体系，坚持党的领导、人民当家作主、依法治国有机统一。精神文明反映出人民群众智慧和道德的进步状态、社会和文化的发展状态，坚持社会主义文化发展方向和道路，在中华传统、当代现实和当今时代的结合中发展服务于广大人民群众的中国特色社会主义文化，为文明发展提供思想保证和精神动力。社会文明包含社会关系文明、社会制度文明、社会行为文明、社会主体文明、社会观念文明等，反映了整个社会的文明进步状态。加强和创新社会治理，推进国家治理体系和治理能力现代化，打造共建共治共享的社会治理格局，创造不断促进人的自由全面发展的社会文明，为文明发展提供秩序基础和组织支持。生态文明反映了人们遵循人、自然、社会和谐发展的客观规律而取得的物质与精神成果总和，强调人与自然是生命共同体，推动绿色发展，建设美丽中国，创造了人与自然和谐共生的现代化生态文明。

"五个文明"相辅相成、辩证统一，富有层次性，共同构成了人类文明新形态的有机体，推动着社会的全面发展。人类文明新形态体现了"五个文明"的全面构建。从整体性、协同性、全方位的视角去构建和创造人类文明，本质上体现的是和谐共生。同时，人类文明新形态的突出特点，也表现在"五个文明"的宏伟蓝图是与"五位一体"总体布局相互呼应的整体文明，反映出中国式现代化的鲜明特点，为建成富强、民主、文明、和谐、美丽的社会主义现代化强国和实现中华民族伟大复兴指明了发展方向。

人类文明新形态的最终目标是实现人民对美好生活的向往。中国所创造的人类文明新形态坚持人民至上，始终把人民对美好生活的向往作为奋斗目标，始终坚持人民利益至上，推动发展成果更多更公平地惠及全体人民，不断满足人民日益增长的美好生活需要，不断推动人的全面发展和全体人民共同富裕。实现共同富裕是社会主义的内在要求和本质特征，是中国特色社会主义的题中应有之义。实现共同富裕体现了坚持"以人民为中心"的根本立场，指明了社会主义发展的价值归旨所在。人类文明新形态所蕴含的人民至上的价值意蕴，对其他国家的社会发展和文明进步具有重要的借鉴意义。

创新是中华文明生生不息的源泉和动力。创新不仅表现为对原有文化成果的继承、超越和发展，还表现为对外来文化的吸收和借鉴。中华民族现代文明对世界文明兼收并蓄，主张不同文明交流互鉴。人类社会创造的各种文明，都闪烁着璀璨光芒，为各国现代化积蓄了厚重底蕴、赋予了鲜明特质，并跨越时空、超越国界，共同为人类社会现代化进程作出了重要贡献。不同文明闪烁着璀璨光芒，交相辉映，这正是生机勃勃的文明"互鉴"。文明共享、互学互鉴、互利共赢的精神，文化的开放精神和包容精神，是人类文明的宝贵精神财富。各民族、各文明间的相遇、对话、交流、互动，是人类文明得以形成的条件，也是人类文明整体的基本内容。习近平在全球文明倡议中强调要尊重世界文明的多样性，共同倡导弘扬全人类共同价值，共同倡导重视文明传承和创新，共同倡导加强国际人文交流合作。

近几十年现代科学技术的发展，互联网和全球化趋势的发展，把整个世界连成一体。我们生活在一个整体世界之中，全球化的变化已经涉及人们日常生活的各个方面。全球化时代开启了新的世界变革历史进程。在全球化进程中，国家间的相互依存、相互渗透，在政治、经济、军事和文化领域多层次地发展着，整个人类社会正在形成一个相互感应、相互制约的整体，整个人类面临着共同的命运和考验。建设人类命运共同体，就要促进和而不同、兼收并蓄的文明交流。人类命运共同体的建设，是为了保存多样的文明形态，使得每种文明的民众都能享受到自身文明蓬勃发展的成果。而人类命运共同体的最终形成，亦将体现在人类文明的交融发展中。中华文明突出的包容性决定了中华民族交往交流交融的历史取向，决定了中华文明对世界文明兼收并蓄的开放胸怀，中华文明突出的和平性又决定了中国始终是世界和平的建设者和全球发展的贡献者，决定了中国必然弘扬人类共同价值。中华民族现代文明就是面向人类命运共同体的人类文明新形态。

现在，各国学者都在关心在现代科学技术革命和全球化条件下世界文化走向的问题，都在讨论未来世界文化的可能性。2013年，习近平提出建设"新丝绸之路经济带"和"21世纪海上丝绸之路"的战略构想，强调要打造互利共赢的"利益共同体"和共同发展繁荣的"命运共同体"。2017年5月14日，习近平在"一带一路"国际合作高峰论坛开幕式上发表主旨演讲，深刻阐释了丝绸之路精神的丰富内涵，全面描绘了建设和平、繁荣、开放、创新、文明的"一带一路"的美好前景。习近平提出，我们完全可以从古丝绸之路中汲取智慧和力量，本着和平合作、开放包容、互学互鉴、互利共赢的丝绸之路精神来推进合作，共同开辟更加光明的前景。从"丝绸之路"到"一带一路"，是全球化时代对文明交流与互鉴认识的深化，是历史上文明对话与互动的新发展，也是对全人类文明愿景的新展望。互联互通和文化共享，是丝路精神的核心所在。在全球化的大趋势下，在现代世界新的政治经济和文化格局中，"一带一路"为古老的丝路精神赋予了新的时代内涵，使丝路精神获得了新的生机，为中华文化的繁荣发展，为世界文化的繁荣发展，贡献出新的智慧和力量。

经历了现代化的改造与重建，中华文明完成了历史性的蜕变和更新，成为一个用崭新的现代文化装备的、具有现代价值观念和文化精神的现代民族文明。而在中国现代文明更新改造的过程中，我们重建着我们的文化精神，重构着我们的意义体系，重塑着我们的民族精神，从而创造着现代中国人生机勃勃的、丰富多彩的文化世界。与此同时，中华文明经过历史性的嬗变而获得新生和复兴，向世界重现了独特的风采和魅力。中华民族现代文明体现了中国式现代化是基于世界历史规律来实践人类文明的愿景，是以"各美其美，美人之美，美美与共，天下大同"的文明理念来建构"人类命运共同体"的文明愿景。在现代世界的文化交流中，具有悠久历史传统的中华文明，正以全面开放的姿态为人类文明作出新的更大的贡献。

主要参考文献

［1］白寿彝主编：《中国通史》第1卷，上海人民出版社、江西教育出版社2015年版。

［2］吴小如主编：《中国文化史纲要》，北京大学出版社2001年版。

［3］樊树志著：《国史十六讲》，中华书局2006年版。

［4］钱穆著：《中国文化史导论》（修订本），商务印书馆1994年版。

［5］钱穆著：《国史大纲》（修订本），商务印书馆1994年版。

［6］钱穆著：《黄帝》，生活·读书·新知三联书店2004年版。

［7］钱穆著：《理学与艺术》，载《宋史研究集》第七辑，台湾书局1974年版。

［8］李定一著：《中华史纲》，中国长安出版社2012年版。

［9］傅乐成著：《中国通史》，中信出版社2014年版。

［10］吕思勉著：《中国文化史》，新世界出版社2008年版。

［11］冯天瑜等著：《中华文化史》，上海人民出版社1990年版。

［12］范文澜著：《中国通史简编》（修订本）第2编，人民出版社1964年版。

［13］范文澜著：《中国通史简编》（修订本）第3编第2册，人民出版社1965年版。

［14］夏曾佑著：《中国古代史》，中华书局2015年版。

［15］李济著：《中国文明的开始》，江苏教育出版社2005年版。

［16］李光谟编：《李济学术文化随笔》，中国青年出版社2000年版。

［17］苏秉琦主编：《中国远古时代》，上海人民出版社2010年版。

［18］苏秉琦著：《中国文明起源新探》，生活·读书·新知三联书店1999年版。

［19］刘莉、陈星灿著：《中国考古学——旧石器时代晚期到早期青铜时代》，生活·读书·新知三联书店2017年版。

［20］白至德编著：《远古时代》，中国友谊出版公司2010年版。

［21］陈建宪著：《神祇与英雄：中国古代神话的母题》，生活·读书·新知三联书店1994年版。

［22］许进雄著：《中国古代社会——文字与人类学的透视》，中国人民大学出版社2008年版。

［23］谢维扬著：《中国早期国家》，浙江人民出版社1995年版。

［24］施治生、郭方主编：《古代民主与共和制度》，中国社会科学出版社1998年版。

［25］方汉文著：《比较文明史——新石器时代至公元5世纪》，东方出版中心2009年版。

［26］石声汉著：《中国农学遗产要略》，农业出版社1981年版。

［27］游修龄主编：《中国农业通史》（原始社会卷），中国农业出版社2008年版。

［28］龚廖名春主编：《中国文化发展史》（先秦卷），山东教育出版社2013年版。

［29］［美］张光直著：《中国青铜时代》，生活·读书·新知三联书店2013年版。

［30］［美］张光直著：《商代文明》，毛小雨译，北京工艺美术出版社1999年版。

［31］李峰著：《西周的政体——中国早期的官僚制度和国家》，吴敏娜等

译，生活·读书·新知三联书店2010年版。

［32］葛兆光著：《宅兹中国——重建有关"中国"的历史论述》，中华书局2011年版。

［33］黄怀信主撰：《论语汇校集释》，上海古籍出版社2008年版。

［34］冯天瑜著：《中华元典精神》，武汉大学出版社2006年版。

［35］杨向奎著：《大一统与儒家思想》，中国友谊出版公司1989年版。

［36］吕思勉著：《先秦史》，上海古籍出版社1982年版。

［37］李学勤著：《东周与秦代文明》，上海人民出版社2007年版。

［38］杨宽著：《战国史》，上海人民出版社2003年版。

［39］张波、樊志民主编：《中国农业通史》（战国秦汉卷），中国农业出版社2007年版。

［40］［美］陆威仪著：《早期中华帝国：秦与汉》，王兴亮译，中信出版公司2016年版。

［41］许殿才主编：《中国文化通史》（秦汉卷），北京师范大学出版社2009年版。

［42］黄朴民等著：《中国文化发展史》（秦汉卷），山东教育出版社2013年版。

［43］周桂钿、李祥俊著：《中国学术通史》（秦汉卷），人民出版社2004年版。

［44］张广达著：《西域史地丛稿初编》，上海古籍出版社1995年版。

［45］陈佳荣著：《隋前南海交通史料研究》，香港大学亚洲研究中心2003年版。

［46］王永平著：《从"天下"到"世界"：汉唐时期的中国与世界》，中国社会科学出版社2015年版。

［47］韩昇主编：《中国文化发展史》（魏晋南北朝卷），山东教育出版社2013年版。

［48］向世陵著：《中国学术通史》（魏晋南北朝卷），人民出版社2004年版。

［49］孙昌武著：《隋唐五代文化史》，东方出版中心2007年版。

［50］王育济等著：《中国文化发展史》（宋元卷），山东教育出版社2013年版。

［51］杨渭生等著：《两宋文化史》，浙江大学出版社2008年版。

［52］冯友兰著：《中国哲学史》，生活·读书·新知三联书店2009年版。

［53］冯友兰著：《中国哲学简史》，赵复三译，生活·读书·新知三联书店2009年版。

［54］葛兆光著：《七世纪前中国的知识、思想与信仰世界》（中国思想史第1卷），复旦大学出版社1998年版。

［55］孙昌武：《中国佛教文化史》第1卷，中华书局2010年版。

［56］孙昌武：《中国佛教文化史》第4卷，中华书局2010年版。

［57］［荷兰］许理和著：《佛教征服中国》，李四龙等译，江苏人民出版社1998年版。

［58］吕澂著：《中国佛学源流略讲》，中华书局1979年版。

［59］［加］秦家懿、［德］孔汉思著：《中国宗教与基督教》，吴华译，生活·读书·新知三联书店1990年版。

［60］张中行著：《禅外说禅　佛教与中国文学》，中国社会科学出版社1995年版。

［61］［美］柯嘉豪著：《佛教对中国物质文化的影响》，赵悠等译，中西书局2015年版。

［62］黄能馥、陈娟娟编著：《中国服装史》，中国旅游出版社1995年版。

［63］张岱年著：《文化论》，河北教育出版社1996年版。

［64］张岱年、汤一介等著：《文化的冲突与融合——张申府、梁漱溟、汤用彤百年诞辰纪念文集》，北京大学出版社1996年版。

［65］［美］许倬云著：《西周史》（增订本），生活·读书·新知三联书店1994年版。

［66］［美］许倬云著：《中国文化与世界文化》，贵州人民出版社1991

年版。

［67］［美］许倬云著:《历史大脉络》,广西师范大学出版社2009年版。

［68］［美］许倬云著:《说中国——一个不断变化的复杂共同体》,广西师范大学出版社2015年版。

［69］［美］许倬云著:《许倬云说历史:中西文明的对照》,浙江人民出版社2013年版。

［70］［美］许倬云著:《献曝集——许倬云自选集》,上海人民出版社2013年版。

［71］陈寅恪著:《金明馆丛稿二编》,生活·读书·新知三联书店2015年版。

［72］李鹏程著:《当代文化哲学沉思》,人民出版社2008年版。

［73］丁伟志、陈崧著:《中体西用之间——晚清中西文化观述论》,中国社会科学出版社1995年版。

［74］蒋廷黻著:《中国近代史》,岳麓书社2010年版。

［75］李长莉著:《晚清上海社会的变迁》,天津人民出版社2002年版。

［76］侯宜杰著:《二十世纪初中国政治改革风潮》,人民出版社1993年版。

［77］罗荣渠、牛大勇编:《中国现代化历程的探索》,北京大学出版社1992年版。

［78］许纪霖、陈达凯主编:《中国现代化史》第1卷,学林出版社2006年版。

［79］郑大华主编:《中国文化发展史》(民国卷),山东教育出版社2013年版。

［80］李华兴主编:《民国教育史》,上海教育出版社1997年版。

［81］王奇生著:《中国留学生的历史轨迹:1872－1949》,湖北教育出版社1992年版。

［82］郭湛波著:《近五十年中国思想史》,山东人民出版社1997年版。

［83］段治文著：《中国现代科学文化的兴起（1919—1936）》，上海人民出版社2001年版。

［84］田子渝等著：《马克思主义在中国初期传播史（1918—1922）》，学习出版社2012年版。

［85］封祖盛编：《当代新儒家》，生活·读书·新知三联书店1989年版。

［86］季羡林著：《中印文化交流史》，中国社会科学出版社2008年版。

［87］［法］安田朴著：《中国文化西传欧洲史》，耿昇译，商务印书馆2013年版。

［88］［美］伊佩霞著：《剑桥插图中国史》，赵世瑜、赵世玲、张宏艳译，山东画报出版社2001年版。

［89］［英］李约瑟著：《中国科学技术史》第1卷《导论》，袁翰青等译，科学出版社、上海古籍出版社1990年版。

［90］［俄］叶莲娜·伊菲莫夫纳·库兹米娜著：《丝绸之路史前史》，李春长译，科学出版社2015年版。

［91］［英］吴芳思著：《丝绸之路2000年》（修订版），赵学工译，上海辞书出版社2016年版。

［92］［日］长泽和俊著：《丝绸之路史研究》，钟美珠译，天津古籍出版社1990年版。

［93］［美］韩森著：《开放的帝国：1600年前的中国历史》，梁侃、邹劲风译，江苏人民出版社2009年版。

［94］［美］费正清编：《中国的世界秩序——传统中国的对外关系》，杜继东译，中国社会科学出版社2010年版。

［95］［美］费正清、赖肖尔和克雷格著：《东亚文明：传统与变革》，黎鸣等译，天津人民出版社1992年版。

［96］［美］费正清、刘广京编：《剑桥中国晚清史》下卷，中国社会科学院历史研究所编译室译，中国社会科学出版社1985年版。

［97］［美］费正清编：《剑桥中华民国史》上卷，杨品泉等译，中国社会

科学出版社1994年版。

［98］［英］赫伯特·乔治·威尔斯著：《世界史纲》，孙丽娟译，北京理工大学出版社2016年版。

［99］［美］威廉·麦克尼尔著：《西方的兴起：人类共同体史》，孙岳等译，中信出版社2015年版。

［100］［美］威尔·杜兰著：《世界文明史》第1卷《东方的遗产》，幼狮文化公司译，东方出版社1999年版。

［101］［美］E．希尔斯著：《论传统》，傅铿、吕乐译，上海人民出版社1991年版。

［102］［德］卡西尔著：《国家的神话》，范进、杨君游、柯锦华译，华夏出版社2015年版。

［103］［法］布罗代尔著：《15至18世纪的物质文明、经济和资本主义》第1卷，顾良、施康强译，生活·读书·新知三联书店1992年版。

［104］［美］P. K.博克著：《多元文化与社会进步》，余兴安、彭振云、童奇志译，辽宁人民出版社1988年版。

［105］田汝康、金重远选编：《现代西方史学流派文选》，上海人民出版社1982年版。

［106］［美］马文·哈里斯著：《文化人类学》，李培茱、高地译，东方出版社1988年版。